AV

Jost Schneider

Einführung in die moderne Literaturwissenschaft

AISTHESIS VERLAG

Bielefeld 2008

Abbildung auf dem Umschlag:
Mithilfe von Bildbearbeitungssoftware verfremdeter Ausschnitt aus
Johann Heinrich Wilhelm Tischbeins Ölgemälde 'Goethe in der
Campagna' (1786-1788)

Bibliographische Information Der Deutschen Bibliothek

Die Deutsche Bibliothek verzeichnet diese Publikation in der
Deutschen Nationalbibliographie; detaillierte bibliographische
Daten sind im Internet über http://dnb.ddb.de abrufbar.

5. Auflage

© Aisthesis Verlag Bielefeld 2008
Postfach 10 04 27, D-33504 Bielefeld
Druck: docupoint GmbH, Magdeburg
Alle Rechte vorbehalten

ISBN 978-3-89528-212-6
www.aisthesis.de

INHALTSVERZEICHNIS

0. Vorbemerkung

Dieses Buch ist als Textgrundlage für akademische Einführungskurse sowie als Einstiegslektüre für Studienanfänger konzipiert. Es wendet sich in erster Linie an (Neu-)Germanisten. Da die meisten der behandelten Themen die Literatur im allgemeinen betreffen, kann es aber auch für Komparatisten, Anglisten, Romanisten oder für Studierende anderer Philologien von Nutzen sein; bei einer Verwendung im Rahmen des Studiums solcher Fächer sollten die im Text zitierten Passagen aus deutschsprachigen literarischen Werken nach Möglichkeit durch Beispieltexte aus der jeweiligen fremdsprachigen Literatur ergänzt werden.

Neuere Entwicklungen im EDV- und Medienbereich sind durchgängig mitberücksichtigt worden; die Lektüre setzt jedoch keine besonderen Vorkenntnisse auf diesen Feldern voraus. Am Ende eines jeden Kapitels werden die darin behandelten Hauptbegriffe noch einmal aufgelistet. Es folgen Diskussionsfragen und Arbeitsaufgaben, die eine vertiefende Auseinandersetzung mit dem jeweiligen Thema (zuhause, in Arbeits- und Diskussionsgruppen oder im Seminar) ermöglichen. Um verwirrendes name dropping und unübersichtliches Layout zu vermeiden, werden anstelle von Fußnoten mit Einzelnachweisen jeweils an den Kapitelenden kommentierte Literaturempfehlungen geliefert. Fortgeschrittene Leser werden leicht realisieren, wieviel ich im einzelnen den hier genannten Autoren schulde. Der Titel des Buches und meine methodologischen Prämissen werden am Ende des dritten Kapitels erläutert.

Für die dritte Auflage wurden die Literaturhinweise aktualisiert. Der Abschnitt über die Silbentrennung im Metrik-Kapitel wurde um Hinweise auf die diesbezüglichen Veränderungen in der neuen deutschen Rechtschreibung ergänzt. Mein besonderer Dank für wertvolle Korrekturvorschläge gilt Kristina Hilgenstock, Christian Kluwe, Angela Weber, Andreas Browa, Markus-Oliver Spitz, Daniel Händel, Melanie Hanstein, Anke Landmeyer, Heike Schröder und Axel Gierke. Darüber hinaus danke ich den vielen Teilnehmern an meinen Lehrveranstaltungen, die auf die Konzeption dieses Buches Einfluß genommen haben. Es hat seinen Zweck erfüllt, wenn es etwas von der Faszinationskraft eines Faches vermittelt, in welchem Kunst und Wissenschaft einander steigern können, wenn sie vorsichtig und engagiert zusammengeführt werden.

1. Allgemeine Analysekategorien

In diesem ersten Teil des Buches sollen zentrale Kategorien zur Analyse literarischer Werke vorgestellt werden; anders als im zweiten Teil ist dabei keine Unterscheidung zwischen Romanen, Gedichten, Dramen und anderen literarischen Gattungen erforderlich, denn die hier behandelten Fragestellungen lassen sich auf alle literarischen Texte in gleicher Weise beziehen.

1.1 Gegenstandsabgrenzung: Was ist Literatur?

Bevor der Literaturwissenschaftler tätig werden kann, muß er zunächst erkennen und entscheiden können, ob ein bestimmter Text überhaupt in seine Zuständigkeit fällt, ob es sich also um einen *literarischen* Text handelt, der mit literaturwissenschaftlichen Mitteln analysiert werden kann. Nur wenn dies der Fall ist, kann er mit seinen Werkzeugen etwas anfangen, wobei dann allerdings nicht nur der Text selbst, sondern auch noch 'alles um ihn herum', also Autor, Zensurbehörden, Verlag, Leserschaft und vieles andere mehr, berücksichtigt und untersucht werden.

Welche Texte literarische Texte sind, ist nun allerdings nicht in zwei Worten zu sagen. Hier wird die folgende Definition zugrunde gelegt, deren wissenschaftlicher Status und deren einzelne Elemente anschließend ausführlich kommentiert werden: <u>Ein literarischer Text ist eine Sequenz von Laut- oder Schriftzeichen, die fixiert und/oder sprachkünstlerisch gestaltet und/oder ihrem Inhalt nach fiktional ist.</u>

Bevor diese anfangs gewiß unverständlich wirkende Begriffsbestimmung erläutert wird, sei hier kurz auf einige prinzipielle Probleme des Definierens hingewiesen. Grundsätzlich zu unterscheiden ist zunächst zwischen *normativen* und *deskriptiven* Definitionen, wobei letztere - häufig auf induktivem Wege - die gemeinsamen Merkmale der in der breiten Öffentlichkeit bzw. von der Allgemeinheit für 'literarisch' gehaltenen Texte zu beschreiben versuchen, während erstere - oftmals nach deduktiver Methode - die Charakteristika der nur von den Definierenden (und den Anhängern ihrer ästhetisch-weltanschaulichen Positionen) als 'literarisch' anerkannten Texte erfassen sollen.

Beide Definitionsformen haben mit gewichtigen Problemen zu kämpfen. Die deskriptiven Definitionen tendieren zu einem in sich widersprüchlichen, zufällig wirkenden und nicht sehr trennscharf abgegrenzten Literaturbegriff. Die normativen Definitionen sind dagegen im Idealfall zwar in sich stimmig und literaturtheoretisch wohlbegründet, dafür läßt sich jedoch unter Umständen nur eine kleine (weltanschaulich gleichorientierte) Leserschar für einen solchen Begriff gewinnen und auch nur eine begrenztere Anzahl von Texten in den Rahmen dieser - im allgemeinen engeren - Festlegungen einzwängen.

Eine besondere Schwierigkeit ergibt sich zudem aus dem Umstand, daß der Literaturbegriff auf unterschiedlichen Abstraktionsebenen definiert werden kann. Einer pragmatisch-oberflächlichen Begriffsbildung läßt sich hierbei ein philosophisch-tiefgründiges Bestimmungsverfahren gegenüberstellen, wobei in der kulturellen Praxis offenbar für beide Definitionsformen legitimer Bedarf besteht. Der Herausgeber eines Sammelbandes über „Das Bild Napoleons in der deutschen Literatur" wird z.B. einen pragmatischen Literaturbegriff benötigen, um aufgrund 'äußerlicher' Erkennungsmerkmale entscheiden zu können, ob ein bestimmter Text als 'literarisch' anzusehen und damit in seinen Band aufzunehmen ist. In der Festrede zur Eröffnung eines neuen Heine- oder Kafka-Archivs dürfte demgegenüber mit einiger Sicherheit auf einen anspruchsvolleren Literaturbegriff zurückgegriffen werden, der durch Bezugnahme auf das - vermeintliche oder tatsächliche - Wesen der Literatur den 'höheren Nutzen' (sowie die kultur- und finanzpolitische Legitimation) einer solchen Institution deutlicher hervortreten läßt.

In der *Wissenschaft* bemüht man sich in der Regel um eine möglichst deskriptive, auf klar identifizierbare Erkennungsmerkmale rekurrierende Begriffsbestimmung. Drei verschiedene Hauptmerkmale von Literatur werden hierbei immer wieder genannt, deren - weiter unten durch eine Graphik veranschaulichte - Kombination uns zu der Gewinnung eines sieben Teilmengen umfassenden Literaturbegriffs führt.

1. Merkmal: Künstlerische Sprachverwendung

Gemeint ist hiermit die Annahme, daß literarische Texte im Unterschied zu nicht-literarischen einen spezifischen, an besonderem Wohlklang, unkonventioneller Wortwahl, freiem Satzbau oder anderen Elementen festzumachenden Stil aufweisen. Wie dieser Stil im einzelnen beschrieben werden kann, ist allerdings in der Stilistik als der für solche Fragestellungen zuständigen Wissenschaftsdisziplin umstritten. Grundsätzlich können wir jedoch festhalten, daß hierbei meistens auf die besondere sprachgestalterische *Komplexität* und/oder auf die stilistische *Neuartigkeit* eines Textes rekurriert wird.

Folgende, weiter unten im einzelnen erläuterte Erkennungsmerkmale werden in vielen Fällen genannt:

- Häufung und bewußte Verwendung rhetorischer Kunstmittel ('geschmückte Sprache')
- Abweichung von der Alltags- oder Standardsprache (Sprechen nach eigenen, neugeschaffenen Regeln der Wortbildung, der Interpunktion, der Satzgliedstellung etc.)
- Vernachlässigung oder Einschränkung der Kommunikationsfunktion von Sprache (Konzentration auf Klangwirkung oder Schriftbild, Unverständlichkeit bzw. Schwerverständlichkeit durch erlesenes Vokabular oder verzwickte Syntax, Akohärenz etc.)
- (gehäufte) Verwendung angeblich literaturspezifischer Ausdrucksmittel (Reime, episches Präteritum etc.)

2. Merkmal: Fiktionalität

Hierbei wird unterstellt, daß der Inhalt literarischer Texte (nur) erfunden oder erdichtet ist. Fraglich ist allerdings, was genau unter dieser Bestimmung verstanden werden soll, da viele moderne Schulen der Erkenntnistheorie vom Neukantianismus bis zum Konstruktivismus davon ausgehen, daß unsere gesamte Weltwahrnehmung - also keineswegs nur diejenige des Dichters - teilweise oder sogar überwiegend auf einer Aktivität des erkennenden Bewußtseins beruht. *Jedes* alltägliche Wahrnehmen oder Denken ist demnach bis zu einem gewissen Grad und in einem gewissen Sinne ein 'Erdichten'; als Menschen sehen wir die Welt immer durch die Brille unseres Denk- und Wahrnehmungsapparates.

Resonanz finden vor diesem Hintergrund vor allem die folgenden Ansätze zur Erklärung von literarischer Fiktionalität:

- bloße graduelle Steigerung gegenüber der gewöhnlichen Konstruktionstätigkeit des erkennenden Subjekts ('normale Brille, aber stärker eingefärbt')
- gleichrangige, aber anders funktionierende, nach (festen) eigenen Regeln ablaufende Weltkonstruktion ('andere, aber nicht nach freiem Belieben des Autors, sondern nach literaturspezifischen Gesetzen eingefärbte Brille')
- spielerische, im Freiraum der Kunst von Autor und Leser zugelassene Alternativkonstruktion ('andere, nach freiem Belieben des Autors eingefärbte Brille')

Als - freilich nicht immer zuverlässige - Indikatoren für das Vorliegen von Fiktionalität können ein hohes Maß an Innenweltdarstellungen sowie eine besondere Detailfülle in der Objektbeschreibung gelten. Zur Veranschaulichung seien hier fünf Sätze geliefert, deren erster wohl nur wenige, deren letzter aber sehr viele Leser zu der Vermutung bringen wird, daß es sich um einen fiktionalen Text handelt:

1. In den Oktobertagen des Jahres 1813 begann Napoleon stets zeitig mit der Schlachtplanung.
2. Am 15. Oktober 1813 stand Napoleon früh auf und begann sofort mit der Schlachtplanung.
3. Am 15. Oktober 1813 schlug Napoleon schon kurz nach fünf Uhr seine Bettdecke zurück und trat an den Kartentisch, um die Schlachtplanung zu kontrollieren.
4. Am 15. Oktober 1813 schlug Napoleon schon wenige Minuten nach fünf Uhr mit einem Seufzer seine wattierte Bettdecke zurück und trat an den Kartentisch, um seine Pläne vom Vorabend noch einmal mit der beschlossenen Schlachtordnung zu vergleichen.
5. Am 15. Oktober 1813 schlug Napoleon schon wenige Minuten nach fünf Uhr mit einem bekümmerten Seufzer seine wattierte, aber kaum wärmende Bettdecke zurück und trat mit einem unguten Gefühl an den verhaßten Kartentisch, um seine Ideen vom Vorabend noch einmal mit der beschlossenen Schlachtordnung zu vergleichen.

Auch wenn wir als Leser womöglich nicht genau abschätzen können, welche Fülle an Details aus dem Leben Napoleons der Geschichtswissenschaft überhaupt bekannt sind, werden wir doch den fünften Satz höchstwahrscheinlich von vornherein für literarisch-fiktional erklären. Innenwelt- und Detaildarstellung erreichen hier ein Ausmaß, wie es selbst bei einem möglichen Rückgriff auf Tagebucheintragungen ungewöhnlich wäre, und folgerichtig unterstellen wir, daß der Verfasser einen Teil seiner Informationen fingiert hat. Ziehen sich derartige Passagen über mehrere Seiten hin oder gar durch ein ganzes Buch hindurch, so wird unsere Ahnung beinahe zur Gewißheit, und der Autor würde arg in Beweisnot geraten, wenn er uns einen solchen Text als nicht-fiktionale, z.b. geschichtswissenschaftliche Darstellung verkaufen wollte.

3. Merkmal: Fixierung

Hierbei wurde ursprünglich angenommen, daß alles zur Literatur gehört, was in gedruckter Form als Buch vorliegt und z.b. in Archiven oder Bibliotheken gesammelt wird. Die Entdeckung und Analyse der 'Oral poetry' sowie die Weiterentwicklung der Speicher- und Kommunikationsmedien haben diese sehr simple Definition, die unterschwellig noch in Begriffen wie 'Fachliteratur' oder 'Sachliteratur' fortlebt, veralten lassen. Heutzutage spricht man genereller von der Fixierung einer Sequenz sprachlicher Zeichen, wobei es zwar technisch, nicht aber vom Prinzip her einen Unterschied ausmacht, ob die Fixierung dieser Zeichen elektronisch auf einer Festplatte, drucktechnisch in einem Buch oder auch rein mnemotechnisch durch zuverlässiges Auswendiglernen im Gehirn eines (u.U. schriftunkundigen) Märchenerzählers erfolgte und erfolgt. Im Hinblick auf das Internet ist zu betonen, daß die 'Fixiertheit' nicht die 'Lokalisiertheit' impliziert, d.h. daß die Fixierungsmedien und innerhalb derselben die einzelnen konkreten Zeichenträger (einzelne Speicher) beliebig oft wechseln können.

Für die Fixierung von (u.U. kontrolliert und in begrenztem Maße variierten) Sequenzen sprachlicher Zeichen, die in mündlicher Form als Laute oder in schriftlicher Form als Buchstaben und Ideogramme auftreten, können hierbei folgende Bedingungen aufgestellt werden:

- (relative) Dauerhaftigkeit (z.B. kein 'in den Wind gesprochenes' und sofort wieder vergessenes Spontangedicht),
- (relative) Öffentlichkeit, d.h. Erreichbarkeit und Wahrnehmbarkeit für potentielle Rezipienten (z.B. keine Formulierung, die mir bloß 'im Kopf herum geht').

Die drei genannten Erkennungsmerkmale können alleine oder in kombinierter Form zur Grundlage einer Definition des Literaturbegriffs gemacht werden. Von allergrößter Bedeutung ist es dabei, daß der hierdurch variierende Literarizitätsgrad *nicht* mit literarischer Qualität korreliert oder gar identifiziert werden darf. Texte, die alle drei genannten Merkmale aufweisen, sind also nicht grundsätzlich 'besser' als solche mit nur einem oder zwei Merkmalen, sondern bloß definitionskonformer, d.h. sie werden von mehr und unterschiedlicheren Definitionsansätzen erfaßt. Ein Blick auf die sieben Textkorpora, die von den durch Kombination gewinnbaren sieben Literaturbegriffen eingegrenzt werden, soll diesen Sachverhalt illustrieren.

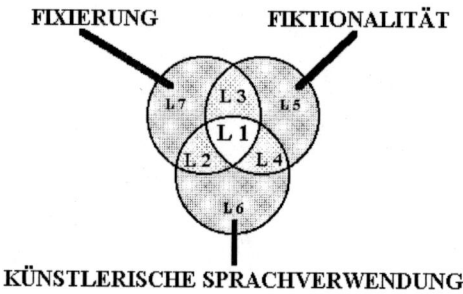

L 1 (Fixierung und künstlerische Sprachverwendung und Fiktionalität)
Zu dieser Schnittmenge, die im Dreikreisschema die Zentralposition besetzt, gehören Texte wie z.b. Goethes *Wahlverwandtschaften*, Thomas Manns *Zauberberg* oder Hugo von Hofmannsthals *Elektra*. So gut wie jeder Interpret wird diese Werke als literarisch bezeichnen; zu den Gegenständen der Literaturwissenschaft wurden sie von jeher hinzugerechnet. Wenn die zuverlässige Abspeicherung im Gedächtnis (zuverlässiges Auswendiglernen) - wie oben vorgeschlagen - als Fixierung aufgefaßt wird, ist darüber hinaus auch der größte Teil der 'Oral poetry', die seit den 80er Jahren stärker erforscht wird, dieser Gruppe zuzurechnen.

L 2 (Fixierung und künstlerische Sprachverwendung, aber keine Fiktionalität)
In diese Schnittmenge gehören Textgattungen wie z.b. der Brief, das Tagebuch, die Autobiographie, der Reisebericht, die (feuilletonistische) Glosse oder der Essay. Als Beispiele wären etwa Goethes Briefwechsel

mit Schiller, Hebbels Tagebücher oder Alexander von Humboldts Reise-
beschreibungen zu nennen. Texte dieser Gruppe werden häufig als 'halbliterarisch' bezeichnet, in Werkausgaben sind sie aber in den allermeisten
Fällen mit enthalten. Die Literaturwissenschaft hat sich mit ihnen am
Rande schon sehr früh, besonders intensiv jedoch erst seit den 60er Jahren
beschäftigt, als es im Zusammenhang mit der Studentenbewegung zu einer generellen Ausweitung des Literaturbegriffes kam. Weltanschaulich-
programmatische oder poetologische Passagen aus Texten dieses Typs
werden sehr häufig zur argumentativen Absicherung von Interpretationen
zu Werken der Gruppe L 1 herangezogen.

L 3 (Fixierung und Fiktionalität, aber keine künstlerische Sprachverwendung)
In diese Schnittmenge gehört vor allem der größte Teil der sogenannten
'Trivialliteratur'. Die sprachliche Gestaltung von Texten dieses Typs wird
im allgemeinen (und manchmal vielleicht etwas zu pauschal und zu vor-
eilig) für nicht-komplex und für nicht-innovativ gehalten. Als Beispiele
wären etwa Groschenhefte, Schlagertexte oder Stücke für das Volkstheater zu nennen. Aber auch Werke von Nestroy oder Fontane standen zeitweilig unter Trivialitätsverdacht und gelangten erst im Lauf der Zeit in
die oben beschriebene Kategorie L 1. Seit Ende der 60er Jahre werden
Werke der Gruppe L 3 im allgemeinen zu den anerkannten Gegenständen
der Literaturwissenschaft gerechnet. Forschungsarbeiten zu diesem Bereich behandeln aber in der Regel keine Einzelwerke, sondern zusammenfassend größere Untergattungen (also 'den' Kriminalroman, 'den' Heimatroman, 'den' Fantasy-Roman etc.).

L 4 (Fiktionalität und künstlerische Sprachverwendung, aber keine Fixierung)
Zu dieser Schnittmenge gehören vor allem bestimmte Formen der sogenannten 'Alltagserzählungen', also z.B. spontan improvisierte Gute-
Nacht-Geschichten oder gleichnishaft-didaktische Erzählungen, sofern sie
ad hoc erfunden und nicht weitgehend aus der Erinnerung geschöpft sind.
Die literaturwissenschaftliche Analyse von Texten dieses Typs setzt
schwierige empirische Vorarbeiten voraus und ist erst seit den 1980er
Jahren in Gang gesetzt worden. Lyrische Texte sind in dieser Gruppe in
der Minderzahl; im Bereich des Dramas wäre vor allem an das Stegreif-

theater zu denken. Auch manche Formen der für das Internet geschriebenen Literatur können (tendenziell) dieser Gruppe zugeordnet werden.

L 5 (Fiktionalität, aber keine künstlerische Sprachverwendung und keine Fixierung)
Hierzu gehören ebenfalls in erster Linie bestimmte Formen der 'Alltagserzählung', und zwar beispielsweise prahlerische 'Lügen'- und Phantasiegeschichten von Jugendlichen (Weiterspinnen von Filmhandlungen, von Comicgeschichten u.ä.) oder monologische bzw. selbstgesprächartige, detailliert ausgemalte Rachephantasien. Texte dieses Typs haben die Literaturwissenschaft bisher kaum beschäftigt.

L 6 (Künstlerische Sprachverwendung, aber keine Fiktionalität und keine Fixierung)
In diese Teilmenge gehören z.B. Stegreifansprachen im feierlich-gehobenen Stil, Diskussionsbeiträge in geschliffener Sprache oder Wortspiele in der Alltagskommunikation. Texte (bzw. Textpassagen) dieses Typs sind nur von denjenigen Literaturwissenschaftlern stärker beachtet worden, die das stark rhetorisch geprägte Sprechen für eine wesentliche Grundlage des literarischen Sprechens halten.

L 7 (Fixierung, aber keine Fiktionalität und keine künstlerische Sprachverwendung
Hierzu zählen z.B. Telefonbücher, Gebrauchsanweisungen und Kochrezepte, aber auch - sofern man sie nicht der Kategorie L 2 zuordnen kann - die sogenannte 'aleatorische Dichtung' (Zufallsdichtung), die im Dadaismus, Futurismus und Surrealismus relativ verbreitet war und die heute v.a. in der mit Zufallsgeneratoren erzeugten Computerlyrik eine Wiederbelebung erfährt. Texte dieses Typs finden (verstärkt seit den 60er Jahren) bei denjenigen Literaturwissenschaftlern Interesse, die sich mit (tiefen-) psychologischen Aspekten der Textproduktion oder -rezeption beschäftigen, sowie bei denjenigen, die aufgrund bestimmter sprachtheoretischer Vorannahmen das Lesen für eine sehr aktive, überwiegend kreative Tätigkeit halten. Auch in der Assyriologie, der Hethitologie und anderen relativ quellenarmen Philologien wird häufig ein großzügiger Literaturbegriff verwendet, der Texte der Kategorie L 7 mit einschließt.

Die Hierarchie dieser sieben Kategorien korreliert nicht - um es noch einmal zu unterstreichen - mit Qualität, sondern nur mit *Literarizität*. Texte der Kategorie L 1 sind also nicht besser, sondern nur literarischer als solche der Kategorie L 4 oder L 7, d.h. sie werden von einer im Vergleich größeren Anzahl von Rezipienten für literarische Texte gehalten und als solche behandelt.

Der Literaturbegriff der Literaturwissenschaften hat sich im Laufe der Zeit erweitert. Umfaßte er zu Beginn (Anfang des 19. Jahrhunderts) nur die Gruppen L 1 und (z.T.) L 2, so ist er ab Ende der 1960er Jahre auf die Gruppe L 3 und seit den 80er Jahren im Rahmen bestimmter Theoriekonzepte (Intertextualität; Dekonstruktivismus) sogar auf alle weiteren Gruppen ausgeweitet worden. Theorie und Praxis klaffen hierbei jedoch nicht selten weit auseinander; literaturwissenschaftliche Einzelanalysen beziehen sich bis heute ganz überwiegend auf Texte der Typen L 1 und L 2.

Der Wandel des Literaturbegriffs läßt sich übrigens auch an der Wortgeschichte ablesen. Das lateinische Wort 'litteratura' bedeutete ursprünglich in einem weitgefaßten Sinne soviel wie 'Buchstabenschrift' bzw. 'Geschriebenes', d.h. daß unter etymologischen Gesichtspunkten das definitorische Erkennungsmerkmal der Fixiertheit (Fixierung einer Sequenz sprachlicher Zeichen) als primär anzusehen ist. Der manchmal als Synonym zu 'Literatur' verwendete deutsche Begriff 'Schrifttum' bewahrt die Erinnerung an diesen Zusammenhang. Die Bedeutung des Wortes 'Literatur', das im Deutschen zuerst 1571 bei Simon Roth (*Ein Teutscher Dictionarius*) erscheint, war allerdings mannigfachen Wandlungen unterworfen. Von der Renaissance bis ins 18. Jahrhundert hinein bezeichnete es zunächst die 'Gelehrsamkeit', und zwar speziell die 'Schriftgelehrsamkeit'. Am Ende des 18. Jahrhunderts erscheint das Wort auch in der Bedeutung von 'Bibliographie' oder 'Wissenschaft', weshalb - als Übersetzung des seit dem 17. Jahrhundert in Frankreich verbreiteten 'belleslettres' (daher dt. 'Belletristik') - zu dieser Zeit oftmals präzisierend von 'schöner Literatur' gesprochen wird. Ungefähr seit den 1820er Jahren setzt sich dann als Abkürzung für diese zusammengesetzte Formulierung der Begriff 'Literatur' in seiner bis heute üblichen, nicht ganz klar definierten Bedeutung durch.

Während die Begriffe 'Belletristik' und 'Sprachkunst(werke)' das definitorische Erkennungsmerkmal der künstlerischen Sprachverwendung in den Mittelpunkt stellen, legen die heute weniger gebräuchlichen Bezeichnungen 'Poesie' (von griech. 'poiesis'='das Machen, Dichten') und

'Dichtung' den Akzent auf das Erfinden und Fingieren, also auf das definitorische Erkennungsmerkmal der Fiktionalität.

Die literaturwissenschaftliche Definition des Literaturbegriffs unter Bezugnahme auf möglichst eindeutige Erkennungsmerkmale ist heuristisch unentbehrlich, taugt jedoch alleine noch nicht zur Erfassung der Wandlungen der von Autoren und Theoretikern im Verlauf von Jahrhunderten immer wieder veränderten Literaturauffassung. Die normative Festsetzung von Wesensmerkmalen ersetzte oder ergänzte in aller Regel die deskriptive Ermittlung von Erkennungsmerkmalen. Literaturdefinitionen berühmter Schriftsteller oder Dichtungstheoretiker taugen deshalb fast nie zur Unterscheidung zwischen literarischen und nicht-literarischen Texten. Vielmehr zielen sie auf eine Unterscheidung zwischen guten, also das postulierte Wesen von Literatur realisierenden, und schlechten, d.h. dieses vermeintliche Wesen der Literatur verfehlenden, Werken. Die Aussage, daß ein Text nicht zur Literatur gehöre, meint in diesem Kontext nur, daß es sich nach Meinung des Definierenden um einen schlechten, nicht zur 'eigentlichen', 'wahren' Literatur gehörenden Text handelt.

Die Anzahl möglicher Begriffsdefinitionen ist hierbei nicht kleiner als die Vielzahl der Weltanschauungen, Sprachtheorien und ästhetischen Konzepte, die in eine solche Wesensbestimmung mit einfließen können. Über die Einzelheiten der historischen Entwicklung des Literaturbegriffs von wichtigen schulbildenden Autoren, Philosophen und Literaturtheoretikern informiert die Poetikgeschichte. Besonders unterschiedlich sind hierbei die Meinungen über die historische Entstehung, über die richtige Schreibmethode sowie über die Wirkungsziele und -möglichkeiten von Literatur (vgl. unten Kapitel 1.7).

Aufgabe des Literaturwissenschaftlers ist es nicht, möglichst emphatisch oder gar starrsinnig für einen der Literaturbegriffe L1 bis L7 zu plädieren. Vielmehr ist es sinnvoll, für die verschiedenen Bereiche, in denen der Literaturbegriff eine Rolle spielt, verschiedene Definitionen bereitzuhalten. Für einen Literaturkritiker ist es zum Beispiel sinnvoll, einen möglichst weiten Literaturbegriff zu verwenden, damit ihm nicht neue Literaturformen, die von den alten Kategorien nicht erfaßt werden, entgehen oder fremd bleiben. Als Herausgeber eines Schullesebuches für die Sekundarstufe I wird man dagegen u.U. eher einen engen Literaturbegriff favorisieren, um die Auswahl der Texte zunächst einmal auf den Kanon derjenigen Werke eingrenzen zu können, deren Kenntnis zur Allgemeinbildung gehört.

Ziehen wir an dieser Stelle Bilanz: Für die Abgrenzung literarischer von nicht-literarischen Texten werden üblicherweise drei Erkennungsmerkmale angeführt, deren Kombination einen sieben Teilmengen umfassenden Literaturbegriff ergibt. Wir brauchen uns nicht endgültig auf eine bestimmte Definition festzulegen, müssen aber ggf. in konkreten Anwendungsfällen pragmatisch rechtfertigen können, weshalb wir diese oder jene Teilmenge nicht mitberücksichtigen. (Damit ist auch erklärt, weshalb in der eingangs formulierten Definition zweimal die etwas unpräzise Formulierung „und/oder" auftaucht.) Generell ist zu beachten, daß der Trend innerhalb der Literaturwissenschaft heute eher zu einem weiten Literaturbegriff geht.

Ob ein Text ein *literarischer* Text ist, könnten wir nach dem bisher Gesagten in allen konkreten Anwendungsfällen entscheiden, und wir könnten diese Entscheidung auch argumentativ verteidigen. Insofern sein Gegenstand damit abgegrenzt und konstituiert ist, kann der Literaturwissenschaftler nun eigentlich seine Arbeit beginnen. Doch der Handwerker muß nicht nur wissen, *was* er bearbeiten soll, sondern auch, *wie* er es zu bearbeiten hat. Zusätzlich zu den Untersuchungs*gegenständen* müssen also auch noch Untersuchungs*aspekte* oder -*aufgaben* benannt werden. In den Kapiteln 1.2 bis 1.9 sowie 2.1 bis 2.4 werden die wichtigsten dieser Aspekte und Aufgaben vorgestellt. Vorläufig sei hier dazu nur bemerkt, daß sich die Aufmerksamkeit des Literaturwissenschaftlers nicht nur auf die Analyse der Texte im engeren Sinne richtet, sondern auf den Gesamtbereich dessen, was man als *literarische Kommunikation* bezeichnet. Neben den eigentlichen Texten gehören hierzu die drei Bereiche der *Literaturproduktion (Schreiben)*, der *Literaturdistribution (Verlegen, Verkaufen, Verleihen)* und der *Literaturrezeption (Lesen bzw. im Theater auch Hören und Zusehen)*. Sämtliche Faktoren, die an der Entstehung, Verbreitung oder Wirkung von literarischen Texten beteiligt sind, werden also von der Literaturwissenschaft analysiert.

WICHTIGE BEGRIFFE

Normative und deskriptive Definitionen / Dreikreisschema (künstlerische Sprachverwendung, Fiktionalität, Fixierung) / Literaturbegriffe (L1 bis L7) / Literarizität versus Qualität / literarische Kommunikation (Produktion, Distribution, Rezeption)

DISKUSSIONSFRAGEN UND ARBEITSAUFGABEN

• Sollte der Literaturbegriff der Philologie so ausgeweitet werden, daß er sämtliche Teilmengen im Dreikreisschema (also L1 bis L7) umfaßt?

• Welche sprachlichen Äußerungen können in gar keinem Fall zur Literatur gerechnet werden, selbst wenn man alle Teilmengen des Dreikreisschemas berücksichtigt?

• Welche erkenntnistheoretischen und kognitionspsychologischen Probleme sind beim Versuch einer genaueren Festlegung des Begriffes 'Fiktion' zu berücksichtigen?

• Verorten Sie Literaturdefinitionen aus verschiedenen (u.U. auch fremdsprachigen) Literatur- und Universallexika im Dreikreisschema!

• Suchen Sie im Internet nach literarischen Texten, die im Dreikreisschema der Kategorie L4 zuzurechnen wären!

LITERATURHINWEISE

Eicher, Thomas / Wiemann, Volker (Hg.): Arbeitsbuch: Literaturwissenschaft. 2., durchges. Aufl. Paderborn u.a. 1997.
[Liefert u.a. in verständlicher Form ausführlichere Angaben zur philologischen und linguistischen Diskussion über die drei oben genannten Erkennungsmerkmale.]

Lamping, Dieter: Literatur [Art.]. In: Killy, Walther (Hg.): Literaturlexikon. Bd. 14. Gütersloh u. München 1993. S. 26-30.
[Behandelt detaillierter die geschichtliche Entwicklung des Literaturbegriffes von den Anfängen bis zur Gegenwart.]

Schweikle, Günther / Schweikle, Irmgard (Hg.): Metzler Literatur-Lexikon. Begriffe und Definitionen. 2., überarb. Aufl. Stuttgart 1990.
[Bestes z.Zt. verfügbares, über 3000 Stichwörter behandelndes Literaturlexikon; für jeden Philologiestudenten eine empfehlenswerte Anschaffung.]

Wilpert, Gero von: Sachwörterbuch der Literatur. 7., verb. u. erw. Aufl. Stuttgart 1989.
[Teilweise veraltet, aber mit über 5000 Stichwörtern besonders umfangreich und deshalb als Ergänzung zu Schweikle/Schweikle manchmal unverzichtbar.]

1.2 Editionsphilologie

Nachdem wir unseren Gegenstand abgegrenzt haben, wollen wir uns gleich in die literaturwissenschaftliche Analyse stürzen. Doch sofort treten neue Probleme auf, die eine weitere Vorbesinnung erfordern. Gehen wir von einem konkreten Fall aus. Beispielsweise könnte sich unser Interesse auf den Literaturnobelpreisträger Heinrich Böll richten, der trotz des Welterfolges seiner Romane mehrfach die Kurzgeschichte als seine Lieblingsgattung bezeichnet hat. So werden wir unser Augenmerk vielleicht auf Bölls Sammelband *Erzählungen* lenken, der 1958 im Friedrich Middelhauve Verlag (Opladen) erschien. Selbst bei Zugrundelegung eines sehr engen Literaturbegriffes wäre unstrittig, daß die in diesem Band versammelten Erzählungen und Kurzgeschichten zu den anerkannten Gegenständen der Literaturwissenschaft gehören.

Bölls Buch enthält unter anderem eine kirchenkritische Geschichte mit dem Titel *Kerzen für Maria*, deren etwas rätselhafte Handlung eine genauere Lektüre und Analyse erfordert. Beginnen wir uns nun für diesen Text zu interessieren, so werden wir in jeder Studie über Böll darauf hingewiesen, daß der gleiche Text zuerst Anfang 1950 publiziert worden ist, und zwar unter dem Titel *Die Kerzen* in den *Frankfurter Heften*, einer damals recht bekannten und wichtigen Literaturzeitschrift. Darüber hinaus erschien die Erzählung auch in Bölls 1950 publiziertem Sammelband *Wanderer, kommst du nach Spa...*, und zwar mit der gleichen Überschrift wie in der Ausgabe von 1958. Weshalb, so werden wir uns vielleicht fragen, ist der Titel der Geschichte verändert worden? Und gibt es darüber hinaus weitere Differenzen im Wortlaut? Zur Überprüfung besorgen wir uns in einer Bibliothek den Sammelband von 1950, das entsprechende Exemplar der *Frankfurter Hefte* von 1950 sowie die Ausgabe der Erzählungen von 1958 und überfliegen alle drei Texte.

Sofort fallen uns massive Unterschiede ins Auge. Nicht nur der Titel ist geändert worden, sondern im gesamten Text gibt es viele Differenzen im Wortlaut. Heißt es hier „Ich antwortete", so lesen wir dort „Ich erwiderte ihren Gruß". Aus einem „Umhang" wird unversehens ein „Mantel". Und das Wort „Gepräge" ist plötzlich durch den gewiß nicht ganz bedeutungsgleichen Begriff „Aussehen" ersetzt. Insgesamt finden sich mehr als zwanzig derartige Unterschiede im Wortlaut. Für eine Geschichte mit einem Umfang von einem Dutzend Seiten eine ganze Menge. Und wenn wir uns auf diesen Befund hin die Mühe machen, auch andere Texte aus dem

Erzählungsband von 1958 mit anderen Ausgaben zu vergleichen, so stellen wir fest, daß unsere Beispielgeschichte alles andere als einen Ausnahmefall darstellt.

Wie ist so etwas möglich? Hat Böll seine Geschichte etwa fortlaufend überarbeitet? Und welcher Logik folgen die Variationen, welche Tendenz weisen sie auf? Wird der Sinn des Textes insgesamt verändert? Ist z.B. die Kirchenkritik dadurch gemildert oder verstärkt?

Gehen wir diesen Fragen nach, so stoßen wir auf ein irritierendes Ergebnis. Die Herausgeber und Redakteure der *Frankfurter Hefte* (v.a. Walter Dirks und Eugen Kogon) pflegten nämlich die ihnen eingereichten Manuskripte stilistisch zu 'verbessern', und auch der Lektor des Middelhauve-Verlages, Paul Schaaf, schreckte keineswegs vor massiven Textänderungen und 'Überarbeitungen' zurück. Heinrich Böll war über diese Eingriffe nicht immer vor Drucklegung informiert. Doch seine Proteste gegen dieses Verfahren sind nicht sehr ausgeprägt. In den *Frankfurter Heften* publizierte er in den folgenden Jahren noch mehrere andere seiner Werke, und die stilistischen Korrekturen des Middelhauve-Lektors charakterisierte er 1977 in einem Interview sogar als lehrreich. Auf der anderen Seite müssen wir allerdings berücksichtigen, daß Böll Anfang der 50er Jahre noch kein etablierter Autor war und daß er deshalb froh sein mußte, überhaupt in den *Frankfurter Heften* und im Middelhauve-Verlag publizieren zu können.

Wie sind nach alledem die beschriebenen Textunterschiede einzuschätzen? Und vor allem: Welche Ausgabe unserer Beispielerzählung ist die 'richtige'? Welche würden wir abdrucken, wenn wir sie in ein aktuelles Schullesebuch aufnehmen wollten? Wie auch immer unsere Entscheidung in diesem konkreten Einzelfall aussieht, so ist gewiß unbestreitbar, daß nicht einfach irgendeine der drei Ausgaben gewählt werden kann. Vielmehr muß die *Entstehungs- und Publikationsgeschichte* des Textes ermittelt und dokumentiert werden, dann muß eine wissenschaftlich begründete Entscheidung für eine bestimmte Textfassung getroffen werden, und unter Umständen muß zudem den Lesern - zumindest bei interpretationsrelevanten Unterschieden im Wortlaut - ein Hinweis auf abweichende Textfassungen gegeben werden. Mit allen diesen Tätigkeiten befaßt sich die sogenannte *Editionsphilologie* oder *Textologie*, bei der es wirklich um Punkt und Komma geht. Natürlich gibt es hierbei zwischen den einzelnen Textgattungen große Unterschiede. Bei einem Witz, der in mehreren Tageszeitungen abgedruckt wird, dürfte es uns im allgemeinen wenig interessieren, ob der Wortlaut immer ganz identisch ist. Im Falle eines Schullesebuches werden wir dagegen unnachsichtiger sein. Und bei einem Richter, vor dem wir als Angeklagte stehen, würden wir gewiß größten Wert darauf legen, daß er die relevanten Gesetze im hundertprozentig korrekten Wortlaut vorliegen hat und auf uns anwendet. Wie man hieran übrigens sieht, gibt es auch Fälle, in denen die Editionsphilologie den Bereich der Literaturwissenschaft überschreitet. Textologischer Sachverstand ist überall gefragt, wo ein Text aus irgendwelchen Gründen für wichtig gehalten wird, also außer bei kanonischen Klassikern der Literatur auch noch bei Gesetzestexten, bei 'heiligen' Schriften (Bibel, Koran etc.), bei wissenschaftlichen Publikationen, bei internationalen diplomatischen Vereinbarungen usw.

Kehren wir jedoch noch einmal kurz zu unserem Böll-Beispiel zurück (das übrigens keineswegs einen literaturgeschichtlichen Ausnahmefall darstellt). Wir hatten ja noch nicht geklärt, welche Textfassung denn nun die vermeintlich richtige ist und deshalb in künftigen Ausgaben abgedruckt werden soll oder darf. Bei der Beantwortung dieser Frage können zwei verschiedene Gesichtspunkte in den Vordergrund gerückt werden. Erstens können wir die *Autorisation* zur Grundlage unserer Entscheidung machen. Dann ist diejenige Fassung zu bevorzugen, die der Autor selbst zuerst publiziert hat (autorisierter Erstdruck) oder die er als letzte zu Lebzeiten veröffentlichte (sogenannte Ausgabe letzter Hand). Zweitens kann aber auch die *Rezeptionsgeschichte* als Argumentationsbasis dienen. Dann favorisieren wir diejenige Ausgabe, welche die größte oder stärkste Wirkung bei den Lesern hervorgerufen hat, selbst wenn der Autor sie ablehnte oder gar nicht kannte.

Ein prominentes Beispiel für einen Streitfall stellt hierbei Goethes *Werther* dar. Der Roman erschien zuerst 1774, mit Goethes Kenntnis und Zustimmung, bei Weygand in Leipzig. Ein Jahr später brachte der Berliner Verleger Himburg, ohne Goethes Kenntnis und Zustimmung, einen (kommerziell erfolgreichen) Raubdruck auf den Markt, der gegenüber dem von Goethe autorisierten Text zahlreiche Abweichungen enthielt. Als Goethe aber 1781 eine Neuausgabe des Romans vorzubereiten begann, legte er selbst diesen Raubdruck zugrunde und nahm daran bloß einige zusätzliche Veränderungen vor; die Abweichungen von seiner ursprünglichen Fassung blieben fast durchgängig erhalten. Diese zweite, überarbeitete, aber auf dem Raubdruck basierende Ausgabe wurde 1787 gedruckt und bildete fortan, bis in unsere Gegenwart, die Grundlage für die allermeisten Neuauflagen des Werkes. Offenkundig muß ein Verleger, der Goethes *Werther* heute in sein Programm aufnehmen will, eine grundsätzliche Vorentscheidung treffen. Will er das Werk so publizieren, wie es von Goethe ursprünglich verfaßt worden ist, oder soll er die Ausgabe von 1787 zugrunde legen, die über mehr als zwei Jahrhunderte hinweg die größte Verbreitung fand und die jene Fassung bietet, die am stärksten auf das öffentliche Bewußtsein, also auf das Denken und Empfinden der allermeisten Leser, eingewirkt hat? Beide Anliegen sind im Prinzip legitim. Man muß sich nur darüber im klaren sein, daß die erstgenannte Variante das Augenmerk stärker auf den Autor, die letztgenannte dagegen stärker auf die Rezeptionsgeschichte richtet.

Strenggenommen brauchen wir also von allen Texten, soweit sich der Aufwand bei ihnen lohnt, mehrere Ausgaben. Doch in der Praxis ist dies leider kaum realisierbar. Zur Beschreibung der jeweiligen Editionslage müssen wir zunächst eine Unterscheidung zwischen drei verschiedenen Typen von Textausgaben treffen, nämlich zwischen Leseausgaben, Studienausgaben und historisch-kritischen Ausgaben.

Eine *Leseausgabe* stellt hierbei die billigste Lösung, aber zugleich auch den editionsphilologischen Nullpunkt dar. Bei ihr handelt es sich um die nackte, kommentarlose Wiedergabe des Textes, wobei vielfach nicht einmal die Ausgabe genannt wird, auf welcher der Abdruck basiert. Philologisch ist ein solcher Abdruck (außer natürlich bei Erstdrucken aktueller Neuerscheinungen) so gut wie wertlos; in der Bibliothek eines Literaturwissenschaftlers hat er nichts zu suchen, sofern eine finanziell halbwegs akzeptable Alternative existiert.

Eine *Studienausgabe* bietet demgegenüber - zumindest bei vielen neueren Ausgaben - einen ehrenwerten Kompromiß zwischen philologischer Akkuratesse und pragmatisch-ökonomischem Realismus. Sie basiert auf der explizit erläuterten Auswahl einer textologisch akzeptablen Druckvorlage, sie liefert die wichtigsten Angaben zur Entstehungs- und Publikationsgeschichte, sie listet die interpretationsrelevanten Unterschiede im Wortlaut verschiedener Fassungen auf, und sie bietet schließlich in vielen Fällen einen begleitenden Textkommentar, der von der Worterklärung bis zur vollständigen Interpretation reichen kann. Als empfehlenswerte Beispiele für derartige Ausgaben seien hier die Hamburger Ausgabe der Werke Goethes bei dtv (14 Bände), die Novalis-Ausgabe des Carl Hanser Verlages (3 Bände) oder die Lessing-Ausgabe der Wissenschaftlichen Buchgesellschaft (3 Bände) angeführt. Obwohl derartige Ausgaben natürlich teurer als entsprechende Leseausgaben sind, können sie doch im Hinblick auf das Preis-Leistungs-Verhältnis, auf ihre philologische Zuverlässigkeit und auf ihre Wertbeständigkeit als günstig bezeichnet und zur Anschaffung empfohlen werden.

Eine *historisch-kritische Ausgabe* stellt schließlich das editionsphilologische Optimum dar. Sie basiert auf der vergleichenden ('textkritischen') Analyse sämtlicher Überlieferungsträger in ihrer historischen Abfolge, wobei insbesondere die ggf. noch erhaltenen Originalmanuskripte des Autors mit herangezogen werden. Im Anschluß an den eigentlichen Textteil enthalten derartige Ausgaben einen sogenannten *Apparat*. Darin werden sämtliche relevanten Überlieferungsträger (Manuskripte von der Entwurfsskizze bis zur reinschriftlichen Druckvorlage, Buchausgaben und sonstige Abdrucke, Publikationen des jeweiligen Textes auf CD-ROM u.ä., Schallplattenaufnahmen usw.) verzeichnet und beschrieben. Die gesamte Entstehungs- und Publikationsgeschichte wird also detailliert geschildert, wobei unter Umständen zur Verdeutlichung ein Stammbaum (Stemma) der Überlieferungsträger angefertigt wird. Unleserliche Stellen werden ggf. phototechnisch reproduziert, und die von Überlieferungsträger zu Überlieferungsträger u.U. variierenden *Lesarten* einer bestimmten Textpassage (Varianten) werden möglichst übersichtlich wiedergegeben, wobei allerdings zwischen *Autorvarianten* (Textveränderungen durch den Autor selbst) und *Fremdvarianten* (durch Schreiber, Lektoren, Setzer usw.) nicht immer zuverlässig unterschieden werden kann. Übersteigen die Autorvarianten quantitativ ein bestimmtes Maß oder liegt - wie bei der zweiten *Werther*-Ausgabe von 1787 - der gesamte Text in einer überarbeiteten Version vor, so kann ein separater Abdruck beider (oder sogar mehrerer) *Fassungen* erforderlich sein. In einem Zeilenkommentar werden von Zeile zu Zeile alle unklaren Formulierungen, Anspielungen, Zitate, Fachbegriffe usw. erläutert, wobei die vom Autor des edierten Textes benutzten Quellen (natürlich mit vollständigen und korrekten bibliographischen Angaben) genannt und ggf. zitiert werden. Als Beispiele für historisch-kritische Ausgaben seien die Düsseldorfer Ausgabe der Werke Heinrich Heines von Manfred Windfuhr und die Frankfurter Hofmannsthal-Ausgabe von Rudolf Hirsch u.a. genannt. Historisch-kritische Ausgaben werden in oft jahrzehntelanger Arbeit von einem eigenen Arbeitsstab erstellt, was natürlich zu entsprechenden Herstellungskosten und zu Ladenpreisen im vier- oder fünfstelligen Bereich führt. Eine Anschaffung kommt deshalb für Privatpersonen im allgemeinen nicht in Frage, doch zumindest ab dem Hauptstudium wird bei der Anfertigung von Hausarbeiten erwartet, daß eine ggf. existierende historisch-kritische Ausgabe mitberücksichtigt und daß möglichst auch nach ihr zitiert wird. Die Unterschiede zwischen den drei Ausgabentypen sind allerdings fließend. Und nicht alles, was als Studien- oder historisch-kritische Ausgabe angepriesen wird, hält einer philologischen Überprüfung auch wirklich stand. Anhand der oben genannten Beispiele sollte man sich deshalb zu Beginn des Studiums einen Eindruck davon verschaffen, was man von welchem Ausgabentypus erwarten darf.

Besondere Beachtung verdient noch die Frage des Wandels der Überlieferungsträger. Bei der weitaus größten Anzahl aller Texte handelt es sich noch um schriftliche Dokumente auf Papier, doch in letzter Zeit gewinnen elektronische Speichermedien hierbei zunehmend an Bedeutung. Dabei haben Disketten und Festplatten unter editionsphilologischem Aspekt einen entscheidenden Nachteil und einen entscheidenden Vorteil im Vergleich mit Überlieferungsträgern aus Papier. Der Nachteil besteht darin, daß die Entstehung eines Textes vielfach nicht mehr rekonstruierbar ist, weil später vom Autor verworfene Formulierungen in der Regel nicht nur durchgestrichen, sondern gelöscht sind. Während man einem Gedichtmanuskript Hölderlins also in der Regel ablesen kann, wie der Text allmählich entstanden ist, existiert ein elektronisch gespeicherter Text oftmals nur noch in der Endfassung. Kreativitätspsychologische, zensurgeschichtliche, biographische und andere Fragen sind damit in Zukunft tendenziell schwerer zu beantworten als im Papierzeitalter. Editionsphilologisch von Vorteil ist demgegenüber der Umstand, daß elektronisch gespeicherte Texte oftmals vom Autor selbst druckfertig an den Verlag geliefert werden, so daß Irrtümer und Fehler durch Drucker und Setzer immer seltener werden. Besonders deutlich ist dies in den Fällen, in denen der Autor seine Werke ins Internet stellt. Sofern technische Fehlerquellen ausgeschaltet werden können, handelt es sich hierbei um - im editionsphilologischen Sinne - hochgradig autorisierte Texte. Grundsätzlich können wir festhalten, daß im Zeitalter des elektronischen Buches der textologische Rekurs auf die Autorintention erleichtert, die Bezugnahme auf die Rezeptionsgeschichte eines Textes hingegen erschwert wird. Zwar wird ein ins Internet gestellter Text womöglich häufiger, verschiedenartiger und kreativer rezipiert als ein gedrucktes Werk, aber diese elektronischen Rezeptionsakte sind weitaus 'flüchtiger', d.h. sie können kaum dokumentiert und editionsphilologisch analysiert werden. Wenn also ein Text im Internet publiziert, von einem Benutzer variiert, in dieser variierten Form tausendfach rezipiert und anschließend wieder gelöscht wird, ist es für den Editor meistens unmöglich, diese unter Umständen massenwirksame Textfassung nachträglich zu dokumentieren. Natürlich wäre ein solcher Vernichtungsprozeß auch zum Beispiel bei dem Himburgschen Raubdruck von Goethes *Werther* denkbar, doch in aller Regel macht sich hierbei die relative Stabilität von Papiererzeugnissen positiv geltend, so daß vielgedruckte Texte (mit Ausnahme von Gebrauchstexten wie z.b. Kalendern, die nach der Rezeption vernichtet werden) auch öfter erhalten sind als wenig gedruckte. Generell können wir in diesem Zusammenhang feststellen, daß der Wechsel vom Buch zum Computer - zumindest bisher - stärkere Auswirkungen auf die Literatur*rezeption* als auf die Literatur*produktion* hat. Es entstehen also nicht unbedingt neuartige Literaturgattungen mit vorher nie gesehenen Formen und Inhalten, wohl aber neuartige Leseweisen, bei denen die linear-sukzessive Abfolge der Schriftzeichen nicht eingehalten wird. Eine Literatur-CD-ROM mit einem Drama Shakespeares wird man kaum vom ersten bis zum letzten Auftritt durchlesen, sondern eher mit Hilfe der medientypischen Such- und Hilfsfunktionen 'durchspringen'. Ob ein solches Springen eine vorherige Buchlektüre erfordert oder eine anschließende derartige Lektüre erleichtert und initiiert, hängt von den Rezeptionsinteressen und -umständen ab.

Philologiegeschichtlich bemerkenswert ist in diesem Zusammenhang noch der Umstand, daß das an elektronisch gespeicherten Texten so geschätzte Hilfsinstrument der Volltextsuche im Papierzeitalter einen fast vollwertigen Vorläufer besaß, und zwar in Gestalt der sogenannten *Konkordanzen*. Hierbei handelt es sich um (dickleibige) alphabetische Verzeichnisse aller in einem (kanonischen) Text oder Textkorpus vorkommenden Wörter mit genauen Stellenangaben. Der Konkordanz zu Rilkes Gedichten läßt sich so beispielsweise entnehmen, in welchen Gedichtzeilen Rilkes die Wörter 'Engel', 'Stern' oder 'Herz' vorkommen. Solange noch nicht alle (kanonischen) Texte digitalisiert sind, stellen die Konkordanzen zweifellos unentbehrliche Hilfsmittel der Textanalyse und -interpretation dar.

Wie erfahre ich jedoch, ob es zu einem bestimmten Werk eine Konkordanz gibt? Das schnellste Verfahren hierzu wäre die Durchsicht einer sogenannten Personalbibliographie. *Bibliographien* sind Schriftenverzeichnisse, und eine *Personalbibliographie* enthält demgemäß eine Auflistung sämtlicher Schriften von einem und über einen Autor. In einer Rilke-Bibliographie findet sich demgemäß eine Auflistung sämtlicher Werke, die

Rilke jemals publiziert hat, sowie sämtlicher Bücher, Artikel usw., die jemals über Rilke publiziert worden sind. Übrigens gibt es auch *Sachthemenbibliographien*, in denen alles verzeichnet ist, was bisher zu einem bestimmten Thema wie z.B. Autobiographien, Rhetorik oder Trivialliteratur veröffentlicht worden ist. Wichtig sind zudem die *periodischen Fachbibliographien* wie z.B. die *Germanistik* oder die *Bibliographie der deutschen Sprach- und Literaturwissenschaft*, die in regelmäßigen Abständen erscheinen und in denen die jüngst erschienene Forschungsliteratur verzeichnet ist. Wer z.B. eine germanistische Seminararbeit über Heines *Wintermärchen* anfertigt, sollte unbedingt die letzten acht oder zehn Jahrgänge einer dieser beiden Bibliographien, die beide nützliche Register haben, durchsehen. Ein Verzeichnis wichtiger Bibliographien zur Literaturwissenschaft liefert das in den Literaturangaben am Ende dieses Kapitels genannte Buch von Hansjürgen Blinn.

Wer mit solchen Bibliographien arbeitet, wird sofort bemerken, daß die darin verzeichneten Schriften nach einem bestimmten Schema 'notiert' werden. Die Fülle der vorhandenen Publikationen macht eine korrekte bibliographische Erfassung von Buchtiteln in der Tat unentbehrlich. Gäbe es nur hundert Bücher in der Welt, so würde die Formulierung 'das große grüne Buch mit den blauen Querstreifen' vielleicht genügen, um ein bestimmtes Buch identifizierbar zu machen. Da es jedoch viele Millionen von Publikationen gibt, bedarf es genauerer Beschreibungen, die zudem auch eine möglichst präzise Vorstellung von Inhalt und Bedeutung des so beschriebenen Werkes vermitteln sollten. Tatsächlich läßt sich einer korrekten bibliographischen Angabe eine Menge an Informationen ablesen. Sie enthält den Namen und Vornamen des Autors, Titel (und ggf. Nebentitel) des Werkes, Erscheinungsort und Erscheinungsjahr. Sofern vorhanden, wird außerdem der Herausgeber namentlich genannt (mit dem Zusatz 'Hg.'), und bei Schriften, die in mehreren Auflagen erschienen sind, wird der Auflagenstand markiert. Darüber hinaus können von Fall zu Fall weitere Angaben von Nutzen sein, die das jeweilige Werk zusätzlich charakterisieren. Schauen wir uns einige typische Beispiele an:

- Bartsch, Kurt: Ingeborg Bachmann. Stuttgart 1988.
- Lennox, Sara: Christa Wolf und Ingeborg Bachmann: über die Schwierigkeiten beim Schreiben der Wahrheit. In: Brandes, Ute (Hg.): Zwischen gestern und morgen. Schriftstellerinnen der DDR aus amerikanischer Sicht. Berlin u.a. 1992. S. 199-219.

- Schmid-Bortenschlager, Sigrid: Spiegelszenen bei Bachmann: Ansätze einer psychoanalytischen Interpretation. In: MAL 18 (1985), Heft 3/4, S. 39-52.
- Pasolini, Pier Paolo: Freibeuterschriften. Aufsätze und Polemiken über die Zerstörung des Einzelnen durch die Konsumgesellschaft. Mit einem Vorwort v. Maria-Antonietta Macciocchi. Aus d. Italienischen v. Thomas Eisenhardt. Hg. u. mit einer Biographie sowie Anmerkungen versehen v. Agathe Haag. Neuausgabe. Berlin 1988.

Bei dem ersten und dem letzten Beispiel handelt es sich um Monographien, bei dem zweiten um einen Artikel in einem Sammelband und bei dem dritten um einen Aufsatz in einer Fachzeitschrift. Vergegenwärtigen wir uns kurz den Informationsgehalt der wichtigsten Angaben.

- Der Autorname informiert über das Geschlecht, (z.T.) über die Nationalität sowie - bei bekannten Forschern - über die Reputation des Verfassers.
- Der Titel indiziert die Sprache, in der das Werk verfaßt ist, das - enge oder weite - Thema des Textes sowie unter Umständen, wie etwa im dritten Beispiel, die angewandte Methode.
- Der Erscheinungsort läßt Rückschlüsse auf Größe und Bedeutung des Verlages zu. Frankfurt am Main, Stuttgart und Leipzig sind beispielsweise bekannte Verlagsorte. Allerdings verlieren der Erscheinungsort und der - manchmal mit aufgeführte - Verlagsname immer mehr an Bedeutung, da heute fast alle Verlage auf ein eigenes Lektorat verzichten, so daß die Profile und Qualitätsmaßstäbe der Verlage einander immer ähnlicher werden.
- Das Erscheinungsjahr läßt Rückschlüsse auf die Aktualität eines Werkes zu. In Verbindung mit einer hohen Auflagenziffer (z.B. '12. Aufl. 1996') kann es auch auf ein Standardwerk hindeuten.

Zu diesen Angaben können ergänzende Hinweise auf Übersetzer, auf Vorworte, Register etc. treten, die etwas über Benutzbarkeit und Bedeutung einer Publikation aussagen. Die Namen von Fachzeitschriften ('MAL'='Modern Austrian Literature') werden im allgemeinen abgekürzt, was für den Anfänger gewöhnungsbedürftig ist. Ein aktuelles Verzeichnis dieser Abkürzungen findet sich in jedem Jahrgangsband der beiden oben erwähnten periodischen Fachbibliographien. Nach einer Zeit hat man die wichtigsten Abkürzungen im Kopf und kann auch mit vielen Verfassernamen, die einem bei Studienbeginn natürlich alle völlig unbekannt sind, etwas anfangen. Auch feinere Hinweise auf die verwendete Methode, die sich manchmal schon einem bestimmten Fachterminus oder einer Anspielung entnehmen lassen, erschließen sich zunehmend im Fortgang des Studiums.

In diesem Zusammenhang sei auch noch allgemein etwas über die korrekte *Zitierweise* in schriftlichen Arbeiten gesagt. Viele Studienanfänger sind im Zweifel, was eigentlich alles zitiert und was ohne Nachweis übernommen werden darf. Hierbei gilt grundsätzlich, daß wörtlich übernommene Formulierungen in Anführungszeichen zu stellen und in einer Fußnote mit korrekter bibliographischer Angabe nachzuweisen sind. Folgt man einer Vorlage hingegen nicht wörtlich, sondern nur im Gedankengang, so ist ein zusammenfassender Hinweis unter Verwendung der Abkürzung 'vgl.' für 'vergleiche' in einer Fußnote angebracht. Solche Hinweise sind aber nur erforderlich, wenn der übernommene Gedankengang autorspezifisch ist. Allgemein anerkannte und bekannte Tatsachen wie z.B. geschichtliche Daten brauchen also nicht nachgewiesen zu werden. Um die korrekte Zitierweise einzuüben, orientiert man sich als Anfänger am besten an wissenschaftlichen Publikationen, wie sie in aktuellen Fachzeitschriften (liegen in jeder Fachbibliothek aus) zu finden sind. Als Faustregel kann man festhalten, daß pro Seite in einer schriftlichen Hausarbeit durchschnittlich 4 bis 6 Fußnoten mit einer Gesamtlänge von 8 bis 10 (kleiner gedruckten) Zeilen zu veranschlagen sind. Über die Feinheiten des korrekten Bibliographierens und Zitierens informieren im übrigen spezielle Publikationen, von denen man zu Studienbeginn wenigstens eine - z.B. das recht witzig geschriebene, unten angeführte Bändchen von Eckhardt Meyer-Krentler - lesen sollte. Dabei ist allerdings zu berücksichtigen, daß manche Universitätsinstitute und Fachbereiche intern eigene Regelungen getroffen haben, die manchmal auch in entsprechenden Leitfäden für die Anfertigung von Seminararbeiten niedergelegt sind. Kann einem in der Fachschaft oder im Geschäftszimmer niemand weiterhelfen, so sollte man direkt den jeweiligen Dozenten, bei dem man eine Arbeit schreibt, danach fragen oder sich stillschweigend an einer der letzten Buchpublikationen desselben orientieren.

1.2 Editionsphilologie

Rekurs auf Autorisation oder Rezeptionsgeschichte / Leseausgabe / Studienausgabe / Historisch-kritische Ausgabe; Apparat, Lesart (Autor- und Fremdvariante), Fassung / Editionsphilologischer Vor- und Nachteil von elektronischen Speichermedien / Konkordanz / Bibliographie (Personalbibliographie, Sachthemenbibliographie, periodische Fachbibliographie) / Informationsgehalt bibliographischer Angaben (Autorname, Titel, Erscheinungsort, Erscheinungsjahr und Auflagenstand)

DISKUSSIONSFRAGEN UND ARBEITSAUFGABEN

• Nach welchen Kriterien kann bei einem konkreten Editionsvorhaben entschieden werden, ob stärker auf die Autorisation oder auf die Rezeptionsgeschichte zu rekurrieren ist?
• Welche Vor- und Nachteile haben Leseausgaben, Studienausgaben und historisch-kritische Ausgaben?
• Erfordern oder verdienen Texte der Kategorie L1 größere editorische Sorgfalt als Texte der Kategorie L7 oder anderer Kategorien (vgl. oben Kap. 1.1)?
• Vergleichen Sie die zwei oben erwähnten historisch-kritischen Ausgaben miteinander im Hinblick auf die 'Benutzerfreundlichkeit' und auf die Nützlichkeit der Erläuterungen (Zeilenkommentare)!
• Machen Sie sich anhand der *Internationalen Hölderlin-Bibliographie* (hg. v. Hölderlin-Archiv der Württembergischen Landesbibliothek Stuttgart) mit den Möglichkeiten und Grenzen einer Personalbibliographie vertraut!

LITERATURHINWEISE

Blinn, Hansjürgen: Informationshandbuch Deutsche Literaturwissenschaft. Dritte, neu bearb. u. erweiterte Ausg. Frankfurt a. M. 1994.
[Unentbehrliches, preisgünstiges Standardwerk, das alle wichtigen Hilfsmittel für den Germanisten, aber auch für den Literaturwissenschaftler im allgemeinen auflistet, darunter Lexika, Bibliographien, Fachzeitschriften, Bibliotheken und Archive sowie Datenbanken.]

Martens, Gunter / Zeller, Hans (Hg.): Texte und Varianten. Probleme ihrer Edition und Interpretation. München 1971.
[Bietet auf hohem Niveau Einblicke in die prinzipiellen Probleme und die alltäglichen kleinen Schwierigkeiten bei der Edition von literarischen Texten.]

Meyer-Krentler, Eckhardt: Arbeitstechniken Literaturwissenschaft. 7., unveränd. Aufl. München 1997.
[Enthält praxisnahe Hinweise zum Bibliographieren, zum Zitieren und zur Anfertigung schriftlicher Hausarbeiten.]

1.2 Editionsphilologie

Plachta, Bodo: Editionswissenschaft. Eine Einführung in Methode und Praxis der Edition neuerer Texte. Stuttgart 1997.
[Sehr empfehlenswertes und informationsreiches Büchlein, das in verständlicher und anschaulicher Weise alle wichtigen Editionsprobleme darstellt.]

Röhring, Hans Helmut: Wie ein Buch entsteht. Einführung in den modernen Buchverlag. 6., überarb. Aufl. Darmstadt 1997.
[Informiert knapp und kenntnisreich über Entstehung, Verlag und Vertrieb von Büchern.]

Thomasberger, Andreas: Textsicherung und Textkritik. In: Brackert, Helmut / Stückrath, Jörn (Hg.): Literaturwissenschaft. Ein Grundkurs. 5. Aufl. Reinbek bei Hamburg 1997. S. 455 - 466.
[Kurze Einführung in Geschichte und Grundbegriffe der Textologie.]

Wittmann, Reinhard: Geschichte des deutschen Buchhandels. Ein Überblick. 2. Aufl. München 1999.
[Gut lesbare Darstellung der geschichtlichen Entwicklung von Autorberuf, Verlags- und Bibliothekswesen sowie Leserschaft und Lesegewohnheiten.]

1.3 Figurenanalyse

Nach unseren bisherigen Vorarbeiten sind wir nun endlich gerüstet, um mit der literaturwissenschaftlichen Textanalyse im engeren Sinne zu beginnen. Vor uns liegt (oder flimmert auf dem Monitor) ein Text, den wir mit wohlerwogenen Argumenten als literarisch bezeichnen können, und zwar in einer historisch-kritischen oder zumindest in einer Studienausgabe.

Vielleicht ist nun zu Anfang noch ein grundsätzlicher Hinweis darauf angebracht, daß jedweder Analyse natürlich eine vollständige und aufmerksame, in vielen Fällen auch eine wiederholte Lektüre des jeweiligen Textes vorausgehen muß. Hierbei muß unbedingt mit Unterstreichungen und Randnotizen gearbeitet werden; wer seine schönen Bücher nicht ruinieren will oder wer den Text ausgeliehen hat, muß zusätzliche Photokopien anfertigen, in denen dann hemmungslos herumgemalt und gekritzelt werden kann; Computerfreaks sind bei nicht kopierbaren Dateien auf das Vorhandensein einer Randnotizfunktion angewiesen. Was angestrichen wird, hängt natürlich von der Fragestellung ab, die ich bearbeite. Häufig wird bei einer ersten Lektüre alles angestrichen, was einem irgendwie wichtig vorkommt, und im zweiten Durchgang wird dann speziell im Hinblick auf die jeweilige Fragestellung gelesen und unterstrichen. Die Hauptlinien des Handlungsverlaufs (bzw. bei essayistisch-theoretischen Texten die Schaltstellen des Argumentationsganges) sollten bei nachträglichem Überfliegen nur der markierten Stellen erkennbar sein. Ein sauberer Text, in dem gar nichts angestrichen und kommentiert wurde, wirkt unprofessionell.

Nun aber zur eigentlichen Textanalyse. Wir beginnen mit einem Aspekt, auf den sich auch bei normaler, nicht-wissenschaftlicher Lektüre oftmals zuerst und in erster Linie die Aufmerksamkeit richtet, nämlich auf das Denken, Empfinden und Verhalten der handelnden und sprechenden Personen. Daran ist nichts Anstößiges, denn „das eigentliche Studium der Menschheit ist der Mensch", wie Goethe in seinen *Wahlverwandtschaften* (im Anschluß an Pierre Charron und Alexander Pope) schreibt. Von 'Personen' zu sprechen, ist hierbei allerdings nicht ganz korrekt, denn die sprachlich konstituierten Welten der Literatur werden von den unterschiedlichsten Wesen bevölkert, auf die dieser Terminus mit seinen schwerwiegenden psychologischen Implikationen nicht unbedingt zutreffen muß. Neben mehr oder minder realistisch gezeichneten Menschen begegnen uns darin nämlich auch sprechende Tiere und Pflanzen (Fabeln), vermenschlichte Götter, Titanen und Engel (religiöse und mythologische Texte), handelnde und kommunizierende Computer oder Roboter (Science-Fiction-Literatur), Gespenster und Wiedergänger (Phantastische Literatur), belebte Alltagsgegenstände oder Spielzeuge (Kinderliteratur) sowie alle nur denkbaren Misch- und Übergangsformen zwischen den verschiedenen Figurengattungen oder -arten.

Anstelle der Bezeichnung 'Person' verwenden wir deshalb in der Literaturwissenschaft den neutraleren Terminus 'Figur', dessen allgemeine Definition aufgrund dieser Vielfalt allerdings relativ abstrakt bleiben muß: Eine literarische Figur ist eine körperlich manifeste, kommunizierende Bewußtseinsinstanz innerhalb eines literarischen Textes. Als 'körperliche Manifestation' gilt hierbei jede äußere, u.U. durchaus veränderliche Erscheinungsform, die unter Rekurs auf Sinneseindrücke beschrieben werden kann. 'Kommunikation' meint die Interaktion mit anderen Figuren oder sonstigen an der literarischen Kommunikation beteiligten Adressaten (z.B. Erzähler im Roman, Publikum im Drama), wobei Äußerungen in natürlicher Sprache, in der (menschlichen) Sprache des Nonverbalen und in allen Idiomen, die in eine dieser beiden Sprachen übersetzt werden können, als Interaktion anzusehen sind. Als 'Bewußtseinsinstanz' seien schließlich alle denkenden und/oder fühlenden Wesen definiert, die ein Bewußtsein ihrer selbst besitzen und die deshalb 'ich' sagen können oder (wenn sie es zufällig nicht tun) könnten, ohne daß es sich hierbei allerdings um ein vollgültiges menschliches Selbstbewußtsein handeln muß. Gemeint ist damit, daß der Begriff des 'Selbstbewußtseins' innerhalb der literaturwissenschaftlichen Figurenanalyse nur den Aspekt der Selbstwahrnehmung, nicht jedoch die in der Anthropologie und der Psychologie häufig damit verknüpften Aspekte der Selbsterkenntnis, der Selbstbehauptung oder der Selbstzentriertheit impliziert. Gefordert ist also nur, daß die Figur sich als eine von anderen unterschiedene Gestalt wahrnimmt, nicht aber, daß sie eine zutreffende Vorstellung von ihrem eigenen Wesen besitzt, daß sie sich gegen andere Figuren durchsetzen kann oder daß sie die Geschehnisse in ihrer Umwelt ganz oder überwiegend auf sich selbst bezieht.

Obwohl diese Definition des Begriffs 'Figur' und seiner Komponenten auch nichtmenschliche Wesen erfaßt, macht sie doch gleichzeitig deutlich, daß diese Wesen bis zu einem gewissen Grade immer vermenschlicht oder menschenähnlich sind. Wo ein Gott, ein Außerirdischer oder auch ein Tier als das 'ganz Andere' verstanden werden, können sie nur noch *von* Figuren beschrieben, aber nicht mehr *als* Figuren konzipiert werden. Deutlich wird dies z.B. an der Tierdichtung, die zwar seit dem 19. Jahrhundert (u.a.) das Tier in seinem Eigenleben und aus seiner eigenen Perspektive zu schildern versuchte, die aber hierbei dem Zwang zur Anthropomorphisierung niemals ganz zu entgehen vermochte. Rudyard Kiplings *Jungle Books* (1894/95), Waldemar Bonsels' *Biene Maja* (1912) oder Felix Saltens *Bambi* (1923) enthalten also mit ihren vermenschlichten Tiergestalten gemäß der oben vorgestellten Definition genauso Figuren wie - um hier wenigstens ein Beispiel aus der Science-Fiction-Literatur anzuführen - Stanislaw Lems Roman *Solaris* (1961), zu dessen Hauptfiguren ein intelligenter Gallert-Ozean auf einem fernen Planeten zählt.

Der Übergang zwischen Figuren und figurenähnlichen Wesen oder Gegenständen ist fließend, wie es ja auch aufgrund der Mehrgliedrigkeit der oben vorgestellten Definition gar nicht anders vorstellbar ist. Körperlichkeit, Kommunikationsfähigkeit und Bewußtheit (im erläuterten Sinne) können jeweils reduziert oder ganz eliminiert werden, und speziell die Science-Fiction-Literatur verwendet beträchtliche Anstrengungen darauf, um besonders rätselhafte, menschlich-nichtmenschliche und deshalb unheimliche Misch- und Übergangsgeschöpfe zu erfinden. Gleichwohl dominiert aber in der Literatur insgesamt die Figurengattung des mehr oder minder realistisch geschilderten Menschen. Alle wichtigen Kategorien der Figurenanalyse beziehen sich in erster Linie auf diese Gattung, können aber dennoch mit Gewinn auch auf nichtmenschliche Figuren angewandt werden, da diese eben - wie erwähnt - bis zu einem gewissen Grade immer menschenähnlich sind. Zum Zwecke der Systematisierung können die relevanten Analysekategorien in drei Gruppen zusammengefaßt werden: die erste behandelt das Verhältnis zwischen Figuren und natürlichen Personen (zu denen auch der Autor rechnet), die zweite widmet sich dem Verhältnis zwischen einer Figur und ihren Mitfiguren, und die dritte Gruppe von Analysekategorien betrifft schließlich die Relation zwischen Figuren und Lesern.

a) Figuren und natürliche Personen / Figur und Autor
Literarische Figuren können natürlichen Personen, also wirklichen Menschen, ähneln oder ihnen sogar gezielt nachkonstruiert sein. So sind zum Beispiel viele Figuren in Georg Büchners Drama *Dantons Tod* (1835)

führenden Politikern der Französischen Revolution nachempfunden, der preußische Leutnant Armand Léon Baron von Ardenne war das direkte Vorbild für die Figur des Innstetten aus Theodor Fontanes Roman *Effi Briest* (1894/95), und die Wetzlarer Amtmannstochter Charlotte Buff lieferte das Modell für die Figur der Lotte aus Goethes *Werther* (1774). Trotz derartiger Parallelen dürfen jedoch literarische Figuren - schon aufgrund ihres andersartigen ontologischen Status - niemals mit natürlichen Personen identifiziert werden, von denen sie außerdem durch drei charakteristische Merkmale unterschieden sind.

Erstens ist die Vita literarischer Figuren zwangsläufig auf ein rezipierbares Format zusammengedrängt. Was ein Mensch, eine natürliche Person, innerhalb von Jahren und Jahrzehnten erlebt, kann auch im längsten Romanzyklus nur auszugsweise und nicht en détail wiedergegeben werden, so daß es notwendig zu einer *Komprimierung* des Geschehens kommt. Diese unumgängliche Handlungsverdichtung führt dazu, daß das Leben einer Figur in aller Regel so voll und ereignisreich ist, wie es dasjenige einer natürlichen Person kaum jemals sein kann. Um diesen Effekt zu kompensieren, müssen (realistische) Texte entweder eine Kongruenz von erzählter Zeit (bzw. dargestellter Zeit im Drama) und Erzählzeit (Darstellungszeit) herstellen und sich dabei auf die Beschreibung markanter Geschehnisse beschränken (vgl. Kap. 2.2), oder sie müssen offenkundige Leerphasen enthalten, die das häufige, normal-lebenstypische Stagnieren der Lebenssituation widerspiegeln.

Zweitens erreichen literarische Figuren höchstens tendenziell (strenggenommen aber niemals) die geistige und seelische Vielschichtigkeit einer natürlichen Person. Obwohl vor allem die *Haupt*figuren von literarischen Texten nicht selten eine charakterliche Komplexität aufweisen, die es erlaubt, von ihnen als unverwechselbaren *Individuen* zu sprechen, unterliegt auch ihre Biographie dem erwähnten Zwang zur Komprimierung mit der daraus resultierenden Lückenhaftigkeit in der Lebensschilderung. Figurencharakterisierungen enthalten deshalb selbst in realistischen Gesellschaftsromanen nur einen winzigen Bruchteil dessen, was in Biographien oder Autobiographien häufig auf Hunderten von Seiten (und dennoch nicht völlig erschöpfend) über eine Person und ihre Lebensumstände berichtet wird. Viele literarische Figuren besitzen darüber hinaus - aus wohlerwogenen Gründen - nicht einmal die Vielschichtigkeit von Individuen, sondern nur die konzeptuelle Simplizität von *Typen*. Solche Typen wie z.B. der stürmische Liebhaber, der zerstreute Professor oder der tolpatschige Diener sind auf einige wenige Eigenschaften reduzierte, oftmals auch bestimmte Äußerungen oder Handlungen stets wiederholende bzw. nur leicht variierende Figuren, die zumeist nicht den Haupthandlungsträgern zuzurechnen sind. Auf nur eine einzige Eigenschaft reduziert und damit maximal von der natürlichen Vielschichtigkeit eines Individuums entfernt sind schließlich die *Allegorien* oder *Personifikationen* wie z.B. die 'Sorge' aus Goethes *Faust II* (1833) oder der 'Glaube' und der 'Mammon' aus Hofmannsthals *Jedermann* (1911). Wie ihr Gegenteil, das unendlich vielschichtige Individuum, so ist allerdings auch die Allegorie ein Extrem, das strenggenommen niemals in reiner Form realisiert werden kann. Schon aufgrund ihrer äußeren Gestalt, die dem abstrakten Ausdruck eines Gedankens oder eines Prinzips notwendig etwas hinzufügt, modifiziert eine allegorische Figur diesen von ihr verkörperten Gedanken und reichert ihn mit zusätzlichen Bestimmungen und Nebenbedeutungen an. Die Unterschiede zwischen Individuen, Typen und Allegorien sind also nicht ganz scharf ausgeprägt; alle Individuen und Allegorien sind mehr oder minder typisiert, und viele Typen nähern sich umgekehrt dem Individuum oder der Allegorie an.

Von natürlichen Personen unterscheiden sich literarische Figuren drittens durch die freie Variierbarkeit ihrer Verwandlungs- und Entwicklungsfähigkeit, und zwar sowohl in geistiger und seelischer als auch in körperlicher Hinsicht. Vollkommen *statisch* wäre hierbei eine Figur zu nennen, die vom Beginn bis zum Ende der Handlung (inklusive Vorgeschichte) ihre äußere Gestalt, ihre Bewußtseinshaltung (Gedanken) und ihre Stimmung (Emotionen) nicht verändert. Als extrem *dynamisch* wäre demgegenüber eine Figur zu bezeichnen, die ihre äußere Gestalt (z.B. bei einer Verwandlung im Märchen) wechselt, die ihre moralischen, religiösen, politischen u.a. Einstellungen dauernd verändert und die zudem starken Stimmungsschwankungen unterworfen ist. Hierbei können Identitäts- und Identifikationsprobleme auftreten, wenn die Dynamik einer Figur nicht innerhalb des Spielraumes bleibt, den der jeweilige Rezipient nach Maßgabe seiner Bildung und der ihn beeinflussenden literarischen Konventionen einer Figur des jeweiligen Typs einzuräumen bereit ist. So kann ein Leser z.B. die Verwandlung des Kalifen Chasid in einen Vogel im Hauffschen *Märchen vom Kalif Storch* (1826) ohne weiteres akzeptieren, während ihm der plötzliche Gesinnungswandel des Tyrannen Thoas im letzten Auftritt von Goethes *Iphigenie auf Tauris* (1779/87) möglicherweise unplausibel erscheint. Nur wenige literarische Figuren sind vollkommen sta-

tisch oder dynamisch; lustige Figuren und Nebenfiguren sind im Durch-
schnitt statischer angelegt als tragische und Hauptfiguren.
Zu den häufigsten Fehlern bei der Textanalyse zählt die Verwechslung
von Autor und Figur. Speziell die Erzählerfiguren in Romanen mit auktorialer Erzählsituation werden regelmäßig mit den Verfassern identifiziert,
aber auch bei anderen Gattungen gibt es in weiten Rezipientenkreisen die
Neigung, in dieser oder jener Figur ein Sprachrohr des Autors zu erkennen und damit den wahrheitstheoretisch komplizierten Status künstlerischer Texte der unproblematischeren Geltungshaftigkeit von Wirklich-
keitsaussagen und Tatsachenbehauptungen anzunähern. Die moderne
Literaturwissenschaft geht demgegenüber prinzipiell von der Einsicht aus,
daß Figuren (und alle anderen einzelnen Elemente eines Werkes) nicht für
sich als unmittelbare Manifestationen bestimmter Intentionen eines Autors aufgefaßt werden dürfen. Eine 'weichere' Lehrmeinung (z.B. Sozialgeschichte, Ideologiekritik) unterstellt hierbei, daß sich solche Intentionen
nicht den Repliken einer bestimmten Figur, sondern nur der Gesamtheit
des Textes und dem Zusammenspiel *all* seiner Gestaltungselemente ablesen lassen. Eine 'härtere' Position (z.B. Dekonstruktion, Lacanismus)
geht hingegen davon aus, daß der Autor in seinem Text entweder gar
nicht präsent ist oder nur an den Bruchstellen seines Diskurses, etwa bei
stilistischen Fehlleistungen, als eigenständige Bewußtseinsinstanz hervor-
schimmert. So oder so dürfen jedenfalls einzelne Figuren, selbst wenn ihr
Schicksal direkte Parallelen zur Biographie des Autors aufweisen sollte,
nicht aus dem kompositorisch-ästhetischen Zusammenhang eines Textes
isoliert und mit dem Verfasser gleichgesetzt werden.

b) Figuren und ihre 'Mitfiguren'
Nur wenige literarische Werke kommen mit einer einzigen Figur aus. In
der Regel konstituieren literarische Werke einen eigenen sozialen Raum,
in dem ein spezifisches Beziehungsgeflecht zwischen Figuren unterschiedlicher Stellung existiert. Obwohl im Prinzip alle möglichen, frei
gewählten Kriterien zur Definition der Stellung von Figuren im textspezifischen sozialen Raum herangezogen werden könnten, sind es doch in der
Regel solche Unterscheidungsmerkmale, die auch in der realen Gesellschaft Geltung besitzen. Der neueren (Literatur-) Soziologie von Pierre
Bourdieu zufolge sind dies vor allem Besitz (z.B. Geld, Immobilien,
Sachwerte), Bildung (z.B. akademische Titel, Kultur, Weisheit), Beziehungen (z.B. Liebesverhältnisse, Freundschaften, Verbindungen) und An-

sehen (z.B. gesellschaftliche Geltung, Reputation, Ehre). Diese vier Faktoren bezeichnet Pierre Bourdieu als *materielles, kulturelles, soziales und symbolisches Kapital*. Um den Gegebenheiten in der Literatur stärker Rechnung zu tragen, kann diese Begriffsreihe durch einen fünften Faktor erweitert werden, nämlich um das *körperliche Kapital*, das als Maß für die Schönheit, die Gesundheit und die körperliche Leistungsfähigkeit einer Figur anzusehen ist.

Die Stellung einer Figur im sozialen Raum ergibt sich aus ihrer spezifischen *Kapitalstruktur*, d.h. aus der individuellen Menge an materiellem, kulturellem, sozialem, symbolischem und körperlichem Kapital, das diese Figur zu einem bestimmten Zeitpunkt besitzt. Figuren mit ähnlicher Kapitalstruktur gehören der gleichen Klasse an. Soziale Mobilität, eines der Zentralthemen von Literatur überhaupt, ist demnach die (Möglichkeit zur) Veränderung der Kapitalstruktur von Figuren.

Viele literarische Werke konzentrieren sich auf die Beschreibung von Strategien zur Akkumulation von Kapital einer bestimmten Sorte oder auf die Auslotung der Chancen zum Umtausch einer bestimmten Kapitalsorte in eine andere (Geld zu Ansehen, Reputation zu Liebe, Schönheit zu Geld etc.). Innerhalb der Trivialliteratur stehen hierbei das materielle und das körperliche Kapital im Vordergrund des Interesses, während in anspruchsvolleren Texten insbesondere die zeit- und schichtenspezifischen Möglichkeiten zur Vermehrung von kulturellem und symbolischem Kapital thematisiert werden.

Für die literaturwissenschaftliche Arbeit ergeben sich aus alledem drei Notwendigkeiten. Erstens bedarf es zur kompetenten Figurenanalyse umfänglicher sozialhistorischer Kenntnisse, damit die Stellung einer Figur im sozialen Raum überhaupt erkannt und sachangemessen beschrieben werden kann. Die Geschichte der Mode, des Wohnens, der Kochkunst und vieler anderer Gegenstände der Kultur- und Alltagsgeschichte ist hierbei zu berücksichtigen. Zweitens muß der Textinterpret - was besonders schwierig ist - eine außergewöhnliche Fähigkeit zur Selbstdistanzierung und Selbstrelativierung aufbringen, um auch diejenigen Milieus sachlich beschreiben zu können, die ihm selbst fremd oder gar verhaßt sind. Figuren aus dem Rotlichtmilieu, aus der Obdachlosenszene oder aus dem Sektenwesen müssen genauso neutral und sozialhistorisch korrekt beschrieben werden wie solche aus dem Bildungsbürgertum, aus dem Jet Set oder aus der Schickeria. Drittens bedarf es einer kontrollierten Kreativität im Hinblick auf erforderliche Analogiebildungen, die ein Verstehen

1.3 Figurenanalyse

der Struktur von besonders phantastischen sozialen Räumen in sehr alltags- und gegenwartsfernen Texten ermöglichen. Wenn z.B. bei einem Science-Fiction-Roman die Hierarchie in einer Gesellschaft von Außerirdischen ermittelt werden soll, so wäre nach den in diesem sozialen Raum anzutreffenden Entsprechungen von Besitz, Bildung, Beziehungen, Ansehen oder Schönheit zu fragen. (Zumeist sind Gesellschaften von fremdartigen Wesen in der Literatur allerdings relativ simpel und hierarchisch strukturiert: in der Regel gibt es einen König der Tiere, einen Geisterfürsten, einen Kosmokrator o.ä.).

Daß die Gestaltung sozialer Räume in der Literatur nicht völlig ins Belieben des Autors gestellt ist, zeigt sich besonders deutlich an der sogenannten *Ständeklausel*, einer poetologischen Vorschrift, die besagt, daß in bestimmten Textgattungen nur bestimmte Personengruppen als Figuren erscheinen dürfen. Im engeren Sinne versteht man unter der Ständeklausel die in Anknüpfung an Aristoteles und Horaz von Renaissance-, Barock- und Aufklärungspoetikern aufgestellte und erst im bürgerlichen Trauerspiel Lessings überwundene Maxime, wonach die Hauptfiguren des Trauerspiels zur Gewinnung von tragischer *Fallhöhe* aus hohem, diejenigen der Komödie dagegen aus niedrigem Stand sein sollten. Im weiteren Sinne könnte man als Ständeklauseln aber auch alle sonstigen, größtenteils unausgesprochenen Regeln definieren, die das Auftreten bestimmter Personengruppen in den sozialen Räumen der Literatur einschränken. Seit dem 19. Jahrhundert machen sich derartige Einschränkungen weniger im Bereich des materiellen und sozialen als vielmehr in demjenigen des kulturellen und des körperlichen Kapitals geltend. Dumm-naive Charaktere, die nicht dem Typus des 'weisen Narren' oder der 'guten Seele' entsprechen, sowie häßliche und kranke Menschen, die nicht als 'dämonische Verbrecher' oder (im weitesten Sinne) als 'blinde Seher' dargestellt werden, sind unterrepräsentiert, während uns Künstler, Philosophen oder Bildungsbürger sowie märchenhaft schöne Frauen und kraftstrotzende männliche Helden in der Literatur häufiger begegnen als in der sozialen Wirklichkeit.

Um seine Figuren einzuführen und von anderen Figuren abzugrenzen, stehen einem Autor zahlreiche *Charakterisierungstechniken* zur Verfügung. Neben der expliziten Beschreibung durch Erzähler oder Regiefigur, durch Mitfiguren und durch die betreffende Figur selbst zählen hierzu auch die Namensgebung (sprechende Namen), die Bekleidung, die Sprechweise,

40

die Gestik, die Lebens- und Wohnumgebung sowie allgemein das Verhalten und die Handlungsweise einer Figur. Relevant für die wissenschaftliche Figurenanalyse ist hierbei in der Hauptsache die Sortierung der textspezifischen Charakterisierungstechniken nach dem Grad ihrer Glaubwürdigkeit. Episch-objektive Vermittlungsinstanzen sind dabei grundsätzlich glaubwürdiger als figural-subjektive, wobei letztere allerdings ein weites Spektrum zwischen völliger Unglaubwürdigkeit und relativer Glaubwürdigkeit abdecken können. Wenn ein auktorialer Erzähler eine Figur als intelligent bezeichnet, ist diese Auskunft z.B. höher einzuschätzen, als wenn etwa der stolze Vater dieser Figur oder gar die Figur selbst ein solches Urteil fällt. Die Glaubwürdigkeit der Urteile von Figuren über Mitfiguren wird vom Rezipienten im allgemeinen danach eingeschätzt, wie zurechnungsfähig, wie unparteilich, wie gebildet und wie sympathisch die urteilende Figur ist. Im Falle widersprüchlicher Charakterisierungen durch gleichrangige Beurteilungsinstanzen handelt es sich um eine offene Figurenkonzeption, bei der die Figur enigmatische Züge besitzt, vom Rezipienten also nicht ganz durchschaut werden soll.

Bei vielen literarischen Werken wird die Aufmerksamkeit des Lesers nicht von allen Figuren in gleichem Maße in Anspruch genommen. In Abgrenzung von den sogenannten *Hauptfiguren* gelten hierbei diejenigen Figuren als *Nebenfiguren*, die geringeren Anteil an der Figurenkommunikation haben, die nicht direkt am Handlungsgeschehen beteiligt sind, über die von anderen Figuren seltener gesprochen wird, deren Lebensumstände weniger detailliert dargestellt werden und die an den jeweiligen Schauplätzen seltener präsent sind. Mischformen sind hierbei selbstverständlich vorstellbar. So kann z.B. eine Dienerfigur auf der Bühne ständig anwesend sein, ohne je ein Wort zu sagen. Und im Roman kann ein reitender Bote erscheinen, der dem Handlungsgeschehen eine entscheidende Wende verleiht, obwohl er vielleicht nur wenige Sekunden am Ort des Geschehens präsent ist. Für die wissenschaftliche Figurenanalyse ist die Differenzierung zwischen Haupt- und Nebenfiguren vor allem deshalb von Bedeutung, weil sie sozialgeschichtliche Fragestellungen, etwa im Hinblick auf die oben erwähnte Ständeklausel, zu formulieren erlaubt. Wenn Diener, Farbige oder Frauen in bestimmten Gattungen und Epochen nur als Nebenfiguren erscheinen, so wirft dieser Umstand ein Licht auf die Produzenten und Rezipienten der entsprechenden Texte und allgemein auf die Zeit, in der diese entstanden.

c) Figur und Leser

Umso expliziter und dezidierter literarische Figuren eine bestimmte Meinung oder Einstellung vertreten, umso mehr wird ein Autor in der Regel versuchen, diese Figur in einem günstigen oder ungünstigen Licht erscheinen zu lassen. Zum Zwecke einer solchen impliziten Bewertung stehen ihm besondere Techniken zur Verfügung, die sich in härtere und weichere Methoden der *Sympathielenkung* aufteilen lassen. Zu den harten Faktoren zählen alle im oben beschriebenen Sinne glaubwürdigen Hinweise darauf, daß eine Figur die vom voraussichtlichen Rezipientenkreis des Textes durchgängig akzeptierten Gesetze, Tabus und Konventionen respektiert (bzw. im Falle der Erzeugung von Antipathie nicht respektiert). So ist z.B. die dunkle Kleidung vieler Schurkenfiguren im Westernroman und -film eine Charakterisierungstechnik zur farbsymbolischen Veranschaulichung von mangelnder Gesetzestreue. Und der auf offener Bühne durchgeführte Mord an einem Unschuldigen und Wehrlosen bringt - wie zum Beispiel in Shakespeares *Macbeth* - das Publikum mit größter Sicherheit gegen den Täter auf. Zu den weichen Faktoren zählen sämtliche glaubwürdigen Hinweise darauf, daß das Verhalten und das Erscheinungsbild einer Figur mit dem Habitus, d.h. mit den klassenspezifischen Vorlieben und Abneigungen der voraussichtlichen Rezipienten, kompatibel ist (bzw. im Falle der Antipathie nicht kompatibel ist). Wie Pierre Bourdieu im einzelnen gezeigt hat, entwickeln die Akteure im sozialen Raum ein habitusspezifisches Distinktionsverhalten, d.h. eine in der Regel unreflektierte Abneigung gegenüber jenen Gruppen mit andersartiger Kapitalstruktur, mit denen sie um superiore Positionen im sozialen Raum konkurrieren oder über die sie sich erhaben dünken. Mancher bildungsbürgerliche Philharmoniebesucher schaut so unter Umständen mit Widerwillen (habitualisierte Abneigung) auf die 'zerlumpten' Besucher eines Rockkonzertes 'hinab', während letztgenannte vielleicht umgekehrt über dessen 'spießige' Korrektheit spotten. Der überraschend feste innere Zusammenhang von Klassenlage oder Kapitalstruktur einerseits und typischen Geschmacksurteilen andererseits kann von Autoren zur Sympathiesteuerung verwendet werden, indem Figuren mit vom Autor befürworteten Einstellungen habituskonform in Bezug auf die vermuteten Rezipienten gezeichnet werden, während Figuren mit vom Autor abgelehnten Einstellungen so dargestellt werden, daß sich das Distinktionsverhalten der Rezipienten gegen sie richtet. Insofern die Verwendung derartiger Leserlenkungsmethoden ein hochentwickeltes sozialpsychologisches Wissen und

Gespür voraussetzt, kann allerdings nicht bei allen Texten unterstellt werden, daß entsprechende Techniken der Sympathiesteuerung gezielt und bewußt eingesetzt worden sind.

Seit Durchsetzung der Illusions- und Mitleidserweckungskunst Lessings im späten 18. Jahrhundert dominiert in der Poetik trotz der zeitweise wirkungsmächtigen Einsprüche Brechts (Episches Theater) - nicht nur im Bereich des Dramas - bis heute die Ästhetik der *Identifikation*, die den Rezipienten dazu ermuntert, sich ganz oder teilweise in eine Figur hineinzuversetzen. Dabei ist es offenbar weniger die äußerliche Übereinstimmung zwischen Leser und Figur (etwa im Hinblick auf Alter, Geschlecht, soziale Stellung etc.) als vielmehr das Vorhandensein gleichartiger seelischer Konfliktsituationen, das nach Erkenntnissen der neueren Literaturpsychologie eine Identifikation begünstigt. Auch mit Tieren, Außerirdischen, Gespenstern usw. kann sich der Rezipient demgemäß ohne weiteres identifizieren, falls diese Figuren (in ihrer Lebenssphäre) strukturell ähnliche Konflikte wie er selbst auszutragen haben. Die Lektüre bietet dem Leser nach diesem Erklärungsansatz die Möglichkeit zur Bearbeitung seiner (u.U. unbewußten) Konflikte, wobei die von Lessing angestrebte Katharsis (Verwandlung von Mitleid und Furcht in 'tugendhafte Fertigkeiten') nur eine unter vielen möglichen Formen der Bearbeitung darstellt. Weil die Identifikation primär konfliktbezogen ist, kann es bei der Lektüre ein und desselben Werkes u.U. zur gleichzeitigen Identifikation mit mehreren Figuren oder zur flottierenden sukzessiven Identifikation mit wechselnden Figuren kommen. Die Gefahr des Eskapismus taucht auf, wenn der Identifikationsprozeß nicht durch simultane partielle Distanzierung von der Identifikationsfigur begrenzt und ausbalanciert wird.

Wenden wir uns zuletzt noch einmal dem Problem der Begriffswahl zu. Die Bezeichnung *Figur* hat erst im Laufe der letzten zwei Jahrzehnte, besonders durch den Einfluß der von Manfred Pfister in seinem Buch *Das Drama* vorgenommenen Begriffsklärung, eine dominierende Stellung in der Literaturwissenschaft erlangt. Ihre Vorzüge liegen in ihrer Universalität und ihrer Neutralität, die mit der sukzessiven Erweiterung des Begriffes 'Literatur' harmoniert. Darüber hinaus betont das Wort 'Figur' aufgrund seiner etymologischen Herkunft (von lat. fingere = bilden, formen, erdichten) das Gemachte, Künstlerische, Artifizielle von literarischen Figuren und wirkt damit in wünschenswerter Weise der weitverbreiteten, über kunstfernen Neigung entgegen, die Literatur als Fortsetzung des Lebens mit anderen Mitteln aufzufassen und literarische Figuren wie natürliche Personen zu behandeln. Andere, konkurrierende Bezeichnungen, die bestimmten Interpretationsmethoden übrigens nur im Ausnahmefall klar zugeordnet werden können, haben demgegenüber den Nachteil, daß sie sich nur auf menschliche Wesen beziehen oder daß sie ein Werturteil über die Bedeutung des bezeichneten Wesens für die Handlung implizieren. Letzteres trifft vor allem auf die Begriffe 'Held', 'Protagonist' und 'Aktant' zu, während die Bezeichnungen 'Person' und 'Charakter' kaum auf Tiere oder Roboter angewendet werden können. Relativ neutral und deshalb fast so funktionstauglich wie der Begriff 'Figur' ist nur das Wort 'Gestalt', das jedoch aufgrund seiner assoziativen und morphologischen Verbindung mit 'Gestaltung' stärker auf die Intentionalität und Reflektiertheit des künstlerischen Aktes der Figuren-'Schöpfung' verweist, als dies nach den Ergebnissen der Kreativitätsforschung zu wünschen wäre. Darüber hinaus suggeriert diese Bezeichnung eine - nicht immer vorhandene und im Hinblick auf Figuren mit veränderlicher körperlicher Hülle (Verwandlung etc.) ohnehin problematische - (relativ) stabile Gestalthaftigkeit im Sinne der Gestaltpsychologie. Zuletzt sei noch erwähnt, daß eine Nebenfigur in der Fachsprache des Theaters gelegentlich als 'Figurant' bezeichnet wird.

WICHTIGE BEGRIFFE

Figur (Definition) / Komprimierung / Individuum, Typ, Allegorie (Personifikation) / Statik und Dynamik / Kapitalstruktur (materielles, kulturelles, soziales, symbolisches und körperliches Kapital) / Ständeklausel / Fallhöhe / Charakterisierungstechniken / Haupt- und Nebenfiguren / Methoden der Sympathielenkung / Identifikation

DISKUSSIONSFRAGEN UND ARBEITSAUFGABEN

- In welchen literarischen Texten kommen überhaupt keine Figuren vor?
- Welche Relationen existieren nach ihrer Erfahrung zwischen der Kapitalstruktur des Autors, derjenigen seiner Figuren und derjenigen seiner Leser und Kritiker?
- Besteht ein Zusammenhang zwischen Sympathielenkung und Identifikation?
- Untersuchen Sie einen Dramentext Ihrer Wahl im Hinblick auf die Verwendung sprachlicher und außersprachlicher Charakterisierungstechniken!
- Analysieren Sie die Figuren in einem Erzähltext Ihrer Wahl im Hinblick auf Statik und Dynamik!

LITERATURHINWEISE

Jauss, Hans Robert: Ästhetische Erfahrung und literarische Hermeneutik. Bd. 1. Frankfurt a.M. 1977.
[Liefert eine vielzitierte Typologie wichtiger Formen der Identifikation des Lesers mit einer Figur.]

Jurt, Joseph: Das literarische Feld. Das Konzept Pierre Bourdieus in Theorie und Praxis. Darmstadt 1995.
[Bietet eine übersichtliche Einführung in die Literatursoziologie Pierre Bourdieus.]

Pfister, Manfred: Das Drama. Theorie und Analyse. 9., erw. u. aktualis. Aufl. München 1997.
[Liefert u.a. eine sehr wertvolle Darstellung der wichtigsten Kategorien zur literaturwissenschaftlichen Figurenanalyse, deren Anwendung nicht unbedingt auf das Drama beschränkt ist].

Schönau, Walter: Einführung in die psychoanalytische Literaturwissenschaft. Stuttgart 1991.
[Informiert u.a. über psychische Vorgänge beim Prozeß der Identifikation.]

Van Rinsum, Annemarie und Wolfgang: Lexikon literarischer Gestalten. 2 Bde. Stuttgart.
[Nützliches Nachschlagewerk, das in alphabetischer Ordnung Hunderte von wichtigen Figuren aus der deutschen (Bd. 1; 2., durchges. Aufl. 1993) und der fremdsprachigen (Bd. 2; 1990) Literatur wie z.B. Faust, Effi Briest, Hamlet, Emma Bovary usw. verzeichnet und charakterisiert.]

1.4 Inhaltsanalyse

Neben den Figuren ist es im allgemeinen der Inhalt eines Textes, der sofort die Aufmerksamkeit des Rezipienten auf sich zieht. Dieser Inhalt kann auf vier verschiedenen Abstraktionsebenen untersucht werden. In der Abstufung vom Allgemeineren zum Spezielleren handelt es sich hierbei um

- Themen (literarische Sujets)
- Stoffe (überlieferte komplexe Handlungsgefüge)
- Motive (überlieferte typische Handlungselemente)
- plot (konkreter Handlungsverlauf in einem einzelnen Text)

Eine Quelle vieler Verwirrungen liegt im Deutschen darin, daß der englische Begriff 'plot' manchmal mit 'Inhalt' oder 'Handlung' (im Sinne von 'Situationsveränderung') übersetzt wird. Auch die anderen drei Begriffe werden nicht immer akkurat benutzt. Umso wichtiger ist eine sorgfältige Differenzierung, wie sie nachfolgend geliefert werden soll.

a) Themen

Themen oder (literarische) Sujets werden mit allgemeinen Begriffen wie 'Liebe', 'Herrschaft', 'Tod', 'Freiheit', 'Krankheit', 'Verbrechen' oder 'Ehre' bezeichnet. Obwohl im Prinzip schlechterdings alles zu einem Thema der Literatur werden kann, gibt es doch eine gewisse Konzentration auf immer wiederkehrende Gegenstände ('die ewigen Themen der Literatur'). Dazu gehören vor allem die Liebe (mitsamt Sexualität, Ehe, Trennung usw.), die Politik (Verhältnis von Individuum und Gesellschaft, Verhältnis von Gegenwart und Geschichte u.ä.), die Psyche des Menschen, die Religion und nicht zuletzt die Literatur (bzw. allgemein die Kunst) selbst. Diese Konzentration dürfte sich einfach aus den vordringlichen Lebensinteressen von Autoren und Rezipienten ableiten lassen.

Darüber hinaus unterlag die Themenauswahl aber vielfach noch insofern einer Beschränkung, als nicht alle Themen immer für literaturfähig gehalten wurden. Hierbei ist weniger an Zensurmaßnahmen zu denken, von denen ja auch die anderen Künste betroffen waren und sind, als vielmehr an semiotische Überlegungen, die sich auf die besondere Eigenart der sprachlichen Zeichen beziehen. Deutlich wird dies im Hinblick auf die Abgrenzung der Literatur von den Schwesterkünsten Malerei und Musik.

Unter - sinnentstellender - Berufung auf die Formel 'ut pictura poesis [das Gedicht (ist) wie ein Bild]' aus der *Ars poetica* des römischen Dichters Horaz (1. Jh. v. Chr.) wurde von der Renaissance bis zum Barock vielfach eine Gleichartigkeit von Malerei und Dichtung gefordert, was z.T. zu einer 'malenden', beschreibenden, handlungsarmen und teilweise detailverliebten Literatur führen konnte, die dem heutigen, eher an handlungsreiche Kunstformen wie v.a. den Film gewöhnten Rezipienten die Lektüre entsprechender Texte erschwert.

Die Wende zur handlungsorientierten Literatur führte Lessing mit seiner 1766 publizierten kunsttheoretischen Schrift *Laokoon* herbei. Unter Anknüpfung an frühere semiotische Überlegungen Shaftesburys leitet Lessing aus dem Nacheinander von Lauten und Buchstaben eine innere Affinität der Sprachkunst zur Wiedergabe zeitlich aufeinander folgender Handlungen ab. Obwohl diese Argumentation Lessings nicht unumstritten war und ist, bestärkte und legitimierte sie doch am Ende des 18. Jahrhunderts eine Hinwendung zu handlungsreicheren Literaturformen. Es mag mit dem Aufkommen der vielfach noch handlungsreicheren Filmkunst zu tun haben, daß diese Lessingsche Reservierung der Handlungsdarstellung für die Literatur dann am Beginn des 20. Jahrhunderts eine wirkungsmächtige Korrektur erfuhr. Die akustische Literatur vieler Futuristen, Dadaisten und Lettristen (Lautgedichte, Hörtexte) basierte auf dem Prinzip einer Zusammenführung von Literatur und Musik, ja teilweise einer Transformation von Literatur in Musik. Breitere Publikumsschichten konnten für diese musikähnliche Dichtung jedoch nicht interessiert werden. Wenn sie ein Massenpublikum erreichen will, muß sich die (handlungsorientierte) Literatur mit dem Film messen, der sie in ihrer Domäne, der Handlungsdarstellung, beerbt hat. Von einer wirklichen Themeneinschränkung kann man vor dem Hintergrund dieser Entwicklungen heute zwar nicht mehr sprechen, doch es existiert eine kaum aufhebbare Verbindung zwischen bestimmten Zielgruppen innerhalb des lesenden Publikums und bestimmten Themenkomplexen, die eben mehr oder minder handlungsfördernd sind. Liebe und Verbrechen sind nicht zuletzt deshalb massenwirksame Themen, weil sich leicht actionreiche plots daraus entwickeln lassen. Geistige Entwicklungen oder Einstellungsveränderungen eines Individuums sind dagegen schon deshalb Minderheitenthemen, weil sie nicht ohne weiteres in spannende und abwechslungsreiche Handlungssequenzen übertragen werden können. Für die konkrete Textanalyse kann aber so oder so ein Vergleich mit themenverwandten Texten aus anderen

Zeiten oder Ländern sehr aufschlußreich sein. Um solche Vergleiche durchführen zu können, bedarf es natürlich einer gewissen Belesenheit, die man allmählich im Laufe des Studiums erwirbt.

b) Stoffe

Stoffe sind überlieferte komplexe Handlungsgefüge, also Zusammenstellungen bestimmter Geschehnisabfolgen, die schon mehrfach zum Gegenstand künstlerischer Darstellung geworden sind und die deshalb eine gewisse Eigengesetzlichkeit entwickelt haben. Dazu gehört beispielsweise das Schicksal von Tristan und Isolde (Chrétien de Troyes, Gottfried von Straßburg, Richard Wagner u.a.), das Leben Fausts (Christopher Marlowe, Maximilian Klinger, Goethe, Thomas Mann u.a.) oder auch die Geschichte Don Juans (Tirso de Molina, Molière, Da Ponte/Mozart, E.T.A. Hoffmann u.a.). Wie die Beispiele bereits erkennen lassen, sind Stoffbezeichnungen meistens mit Personennamen verknüpft, wobei es sich auch - wie im Falle Fausts - ursprünglich um historische Personen handeln kann, deren künstlerische Beschreibung dann in die begrenzten Bahnen bestimmter (historisch allerdings veränderlicher) Darstellungstraditionen gelenkt worden ist. Dementsprechend können wir auch vom Napoleon-, Caesar- oder Arminius-Stoff sprechen, wobei sich zugleich zeigt, daß literarische Stoffe meistens um berühmte Herrscher, Künstler, Religionsstifter, Wissenschaftler, biblische und mythische Personen oder sonstige prominente Gestalten gerankt sind.

Natürlich greift nur ein gewisser Prozentsatz aller literarischen Texte auf derartige Stoffe zurück. Wo dies geschieht, können wir jedoch fast immer ein hohes Maß an Stoffkenntnis und -bewußtheit beim Verfasser voraussetzen. Konkreten Niederschlag findet diese Bewußtheit in einem erhöhten Maß an *Intertextualität*, das für solche Werke charakteristisch ist. Intertextualität ist die durch inhaltliche oder formale Zitate und Allusionen gestiftete Verbindung zwischen einem Text und bestimmten anderen (hier: stofflich gleichartigen) Vorgängertexten. Wer heute einen *Faust* schreiben wollte, würde wohl gewiß in dieser oder jener Form auf Goethes weltbekanntes Drama eingehen und hinweisen, sei es durch wörtliche Zitate, durch ähnlichen Handlungsverlauf, durch gleiche Szeneneinteilung oder auch z.B. durch metrisch-stilistische Anklänge. Er würde damit die Stofftradition aufgreifen und fortschreiben, wobei die Stoffgeschichte lehrt, daß es hierbei zu regelrechten Fortsetzungen, aber auch zu 'Gegendarstellungen' kommen kann.

Literatur- und geistesgeschichtlich ist es aufschlußreich, wie ein bestimmter Stoff in einer bestimmten Epoche fortgeschrieben und damit interpretiert wurde. Daß zum Beispiel der germanische Feldherr Arminius in den Hermannsdramen aus der Zeit der antinapoleonischen Kriege sowie nach 1870/71 heroisiert wurde, ist natürlich kein Zufall. Wer heute ein modernes Arminius-Drama schreiben wollte, könnte und würde aber wohl dementsprechend kritisch, also vielleicht satirisch-parodistisch auf diese Stofftradition rekurrieren. Jedenfalls hat dieser Stoff eine eigene Bearbeitungstradition, die es heute schon aus politischen Gründen unmöglich macht, einfach 'naiv' an die Sache heranzugehen und zum Beispiel die heroistische Tendenz vieler bisheriger Hermannsdramen fortzuschreiben. Bei der Analyse eines Textes ist auf jeden Fall mit Hilfe entsprechender Lexika zu überprüfen, ob er in eine derartige Stofftradition einzureihen ist.

c) Motive

Motive sind bestimmte typische Handlungselemente, die - ähnlich wie die Stoffe - schon vielfach und in den unterschiedlichsten Texten gestaltet worden sind und deren Gestaltung von einer gewissen Eigengesetzlichkeit sowie entsprechend intensivierter Intertextualität geprägt ist. Anders als die den *ganzen* Text inhaltlich determinierenden Stoffe sind jedoch die Motive nur kürzere Handlungsausschnitte oder -momente, die typischerweise bei der Behandlung eines bestimmten Themas vorkommen und vom Autor sprachlich auszuformen sind.

Wenn wir beispielsweise vom Thema Liebe ausgehen, so gibt es in der einschlägigen Literatur bestimmte Situationen und Geschehnisse, die fast standardmäßig auftreten und immer wieder zu gestalten sind. Dazu gehören unter anderem das erste Zusammentreffen der Liebenden, die heimliche Flucht aus dem Elternhaus, das Duell mit dem Nebenbuhler, die Versöhnung mit den Eltern usw. Jeder Schriftsteller, der einen Liebesroman schreiben will, in dem derartige Szenen vorkommen, weiß natürlich, daß schon tausend andere Autoren vor ihm eine ähnliche Situation oder einen ähnlichen Handlungsausschnitt geschildert haben. Und so liegt es für ihn nahe, sich - sei es kopierend, sei es parodierend - auf berühmte Vorbilder zu beziehen und z.B. seinen Liebhaber ganz im Stile Romeos unter den Balkon treten zu lassen (auch wenn sein Werk ansonsten mit Shakespeares *Romeo and Juliet* vielleicht nichts gemein hat). Wie im Falle der Stoffe ist es auch hier für die Textanalyse wieder aufschlußreich, nach entsprechenden Vorbildern in der Literaturgeschichte zu fahnden oder auch unabhängig von konkreten intertextuellen Beziehungen einen historischen oder interkulturellen Vergleich mit anderen Texten anzustellen. Wie z.B. über die Jahrhunderte hinweg das Motiv der mésalliance gestaltet worden ist, verrät zweifellos etwas über den Wandel der Liebes- und Eheauffassung in unserer Gesellschaft, und umgekehrt kann natürlich auch die Verortung eines Textes in einer bestimmten Motivtradition etwas über die 'Fortschrittlichkeit' oder 'Rückschrittlichkeit' dieses Textes aussagen. Für die konkrete Textanalyse empfiehlt sich also auch hier eine, mit Hilfe entsprechender Lexika leicht durchzuführende, Überprüfung auf die Fortschreibung entsprechender Gestaltungstraditionen hin.

Nebenbei sei hier noch auf den - aus der Musikwissenschaft stammenden - Begriff des *Leitmotivs* hingewiesen, der allerdings etwas irreführend ist. Ein Leitmotiv ist nicht etwa das zentrale Motiv eines Textes, ja es ist überhaupt kein Motiv im hier erläuterten Sinne, sondern vielmehr eine bestimmte Formulierung oder Sache, die im Fortgang eines Textes (identisch oder leicht variiert) mehrfach wiederholt bzw. erwähnt wird. Ein Leitmotiv kommt also immer nur in einem einzigen Text vor, während für das Motiv ja gerade typisch ist, daß es in ähnlicher Form auch in anderen Werken erscheint. Leitmotive sind bestimmten Figuren, Situationen oder Stimmungen zugeordnet, werden also quasi als Erkennungszeichen benutzt und gliedern oder verbinden einzelne Handlungsabschnitte. Als Beispiele erwähne ich die Replik 'Das ist klassisch!', die der Hausknecht Melchior in Nestroys Posse *Einen Jux will er sich machen* an allen möglichen und unmöglichen Stellen wiederholt, sowie Ottiliens Kopfweh in Goethes *Wahlverwandtschaften*, von dem immer wieder in bestimmten Handlungszusammenhängen die Rede ist.

d) plot

Das englische Wort 'plot' hat im Deutschen keine direkte Entsprechung; die Begriffe 'Handlung' oder gar 'Inhalt' sind unpräzise Ersatzformen. Mit dem Wort 'plot' bezeichnen wir den konkreten Handlungsverlauf in einem einzelnen Text. Wir können also z.B. nach dem plot von *Emilia Galotti, Die Räuber* oder *Madame Bovary* fragen. Die Antwort wäre dann eine zusammenfassende Darstellung des Handlungsverlaufes, wobei zunächst einmal betont werden muß, daß eine solche Zusammenfassung immer und grundsätzlich im Präsens zu erfolgen hat (zur Markierung der Vorzeitigkeit wird das einfache Perfekt verwendet). Obwohl man sich über derartige Statusmerkmale auch bewußt hinwegsetzen kann, sollte man - etwa im Hinblick auf mündliche Prüfungen - wissen, daß die bei derartigen Inhaltsangaben in außerwissenschaftlichen Kreisen übliche Benutzung des Imperfekts (in Kombination mit einfachem oder Plusquamperfekt zur Markierung von Vorzeitigkeit) als deutliches Signal von Dilettantismus gilt. Hier ein kurzes Beispiel:

'RICHTIG'

Gustave Flauberts Roman *Madame Bovary* erzählt die Geschichte der jungen Emma Rouault, die als Tochter eines reichen Bauern in großer Abgeschiedenheit **aufwächst** und durch die Lektüre romantisch-rührseliger Romane stark geprägt **wird**. Nach ihrer Heirat mit dem erfolglosen und unsensiblen Landarzt Charles Bovary **führt** sie das ereignislose Leben einer Arztgattin und Mutter in einem verschlafenen normannischen Dorf der Mitte des 19. Jahrhunderts. Sie **fühlt** sich hier zunehmend eingeengt und unverstanden, so daß der weltmännische Gutsbesitzer Rodolphe Boulanger und später der Notariatsangestellte Léon keine Mühe **haben,** sie zum Ehebruch zu verführen. Doch Emma **wird** ihrer Geliebtenrolle schon bald überdrüssig, und als ein Geldverleiher die Schulden, die sie ohne Wissen ihres Mannes **gemacht hat,** gerichtlich einzufordern **droht, greift** sie zur Arsenflasche. Der völlig überraschte Charles, der von ihren Seitensprüngen nie etwas **geahnt hat, bleibt** in dumpfer Verzweiflung zurück.

'FALSCH'

Gustave Flauberts Roman *Madame Bovary* erzählt die Geschichte der jungen Emma Rouault, die als Tochter eines reichen Bauern in großer Abgeschiedenheit **aufwuchs** und durch die Lektüre romantisch-rührseliger Romane stark geprägt **wurde**. Nach ihrer Heirat mit dem erfolglosen und unsensiblen Landarzt Charles Bovary **führte** sie das ereignislose Leben einer Arztgattin und Mutter in einem verschlafenen normannischen Dorf der Mitte des 19. Jahrhunderts. Sie **fühlte** sich hier zunehmend eingeengt und unverstanden, so daß der weltmännische Gutsbesitzer Rodolphe Boulanger und später der Notariatsangestellte Léon keine Mühe **hatten,** sie zum Ehebruch zu verführen. Doch Emma **wurde** ihrer Geliebtenrolle schon bald überdrüssig, und als ein Geldverleiher die Schulden, die sie ohne Wissen ihres Mannes **gemacht hatte,** gerichtlich einzufordern **drohte, griff** sie zur Arsenflasche. Der völlig überraschte Charles, der von ihren Seitensprüngen nie etwas **geahnt hatte, blieb** in dumpfer Verzweiflung zurück.

Um die korrekte Darstellung eines plots weiter einzuüben, kann man sich an den Zusammenfassungen in *Kindlers Neuem Literaturlexikon* (Hg. v. Walter Jens) orientieren, einem nützlichen Nachschlagewerk, das jeder Philologiestudent kennen sollte. Dabei wird man bemerken, daß es noch eine weitere Besonderheit bei der Wiedergabe eines plots gibt, und zwar - wo das möglich ist - die strikte Einhaltung der natürlichen Chronologie sowie die explizite Markierung von Schauplätzen und Schauplatzwechseln. Wir berühren hier das Problem der Zeitkonzeption und der Raumkonzeption eines literarischen Textes, dem wir einige Aufmerksamkeit schenken sollten.

Unter der *Zeitkonzeption* eines Textes verstehen wir das textspezifische Prinzip der Aneinanderreihung von einzelnen Handlungsabschnitten. Diese Aneinanderreihung muß nämlich nicht unbedingt der natürlichen Abfolge der Ereignisse folgen, sondern kann durch Vorgriffe oder Rückgriffe frei gestaltet werden. Darüber hinaus kann es außerdem zur völligen 'Entzeitlichung' kommen, wenn vom Autor keine (direkten oder indirekten) Hinweise auf den zeitlichen Zusammenhang der einzelnen Handlungsabschnitte geliefert werden. Demnach können wir zwischen drei verschiedenen Haupttypen der Zeitkonzeption unterscheiden. Bei der (1) *chronologischen Darstellung* werden die Geschehnisse in ihrer natürlichen Abfolge wiedergegeben. Im Falle der Biographie eines Menschen würde man hierbei mit der Geburt beginnen, über die Kindheit und die Ausbildungzeit bis ins Erwachsenenalter fortschreiten und mit dem Tod enden. Bei der (2) *anachronischen Darstellung* wird zur Spannungssteigerung, zur Ver- oder Enträtselung, zur kompositorischen Auflockerung oder aus ähnlichen gestalterischen Gründen von der natürlichen Geschehnisabfolge abgewichen. Im Falle unserer Biographie könnte man also z.B. mit dem Tod beginnen, danach die Schulzeit und das Erwachsenenalter schildern und zuletzt mit Geburt und Kindheit enden. Bei der (3) *achronischen Darstellung* schließlich ist keine natürliche Geschehnisfolge erkennbar oder rekonstruierbar. Dies ist der Fall, wenn die dargestellten Ereignisse bzw. Phänomene außerzeitlich sind, so daß tatsächlich keine Abfolge existiert (z.B. generalisierende Reflexionen), oder wenn die einzelnen Handlungsabschnitte keine zeitliche Einordnung erfahren, so daß ihr Nacheinander auch bei aufmerksamer Lektüre nicht mehr rekonstruiert werden kann. Letzteres wäre bei unserer Biographie möglich; aus dem Leben der beschriebenen Person würden dann ohne irgendwelche Alters- oder Jahresangaben solche Episoden herausgegriffen, die vom Leser nicht in eine natürliche Abfolge gebracht werden können. Kehren wir jetzt noch einmal zum Problem der korrekten Wiedergabe eines plots zurück. Wir sehen sofort, daß jede der drei Zeitkonzeptionen eine andere Arbeitsweise erfordert. Bei der chronologischen Darstellung braucht der Zusammenfassende nur (im Präsens!) eine Nacherzählung der Handlung zu liefern, so wie sie im Roman präsentiert wird. (Falls mehrere Handlungsstränge existieren, wird - beginnend mit dem wichtigsten - nacheinander der plot eines jeden geliefert und anschließend deren Verflechtung beschrieben.) Bei der anachronischen Darstellung muß er hingegen die Handlungsabschnitte zuerst 'sortieren', um sie in ihrer natürlichen Abfolge wiedergeben zu können. (Man setzt dann anschließend hinzu, daß die Zeitkonzeption anachronisch ist, und skizziert vielleicht auch kurz die wichtigsten Umstellungen, um eine Vorstellung von der Zeitkonzeption des behandelten Werkes zu vermitteln.) Bei der achronischen Darstellung ist die Wiedergabe in natürlicher Abfolge per definitionem unmöglich. Hier beginnt man deshalb mit einem expliziten Hinweis auf das Vorliegen einer achronischen Zeitkonzeption und liefert dann nach Möglichkeit eine Typologie der im behandelten Werk aneinandergereihten bzw. miteinander verflochtenen Texttypen (Beispiel: 'Der Roman XY ist von einer achronischen Zeitkonzeption geprägt. Undatierte Briefe, Reflexionen des Erzählers, Gesprächsprotokolle, Werbetexte und Partiturauszüge wechseln einander darin in bunter Folge ab. In den Briefen wird hauptsächlich das Problem A behandelt, während die Reflexionen des Erzählers um die Frage B kreisen ...').

Wenden wir uns nun der *Raumkonzeption* zu. Die Handlung eines literarischen Werkes kann sich an einem oder mehreren Schauplätzen ereignen, wobei im letztgenannten Fall von Werk zu Werk, aber auch zwischen den Akten oder Kapiteln ein und desselben Textes starke Unterschiede in der Frequenz des Schauplatzwechsels auftreten können. Möglich ist aber auch eine völlige Entkonkretisierung des Schauplatzes, d.h. die Ansiedlung des Geschehens in einem abstrakten Raum, der entweder gar nicht oder nur durch raumsymbolische Hinweise charakterisiert ist (z.B. rechts=Gefahr, links=Sicherheit). Zwischen Schauplatz und Handlung besteht häufig ein inneres Entsprechungsverhältnis; verlassene Industrieanlagen oder zwielichtige Hafenspelunken verbreiten eine andere Atmosphäre als sonnige Meeresstrände und efeuumrankte Teepavillons, weshalb Drogenübergabe und Liebesbegegnung zumeist nicht an der selben Lokalität angesiedelt sind. Zur Erzielung von Kontrasteffekten können solche Konventionen der Schauplatzgestaltung aber natürlich auch bewußt mißachtet werden. Wichtig ist noch der Hinweis, daß eine rein sprachliche Darstellung des Schauplatzes nicht nur im Roman (und z.T. im Gedicht), sondern auch im Drama möglich ist. Zwar kann das Bühnenbild bis in die kleinsten Requisiten hinein eine bestimmte Lokalität sehr konkret vergegenwärtigen, doch es gibt auch Dramen, in denen eine solche Konkretisierung nicht angestrebt wird. Man spricht hier von der sogenannten *Wortkulisse*, bei der (auf der Bühne nicht vorhandene, aber von den Zuschauern und Figuren für vorhanden gehaltene) Requisiten oder Räumlichkeiten von den Figuren erwähnt oder sogar detailliert beschrieben werden (vgl. u. Kap. 2.3). Bei Visionen oder Fieberträumen halten nur die Figuren, nicht aber die Zuschauer diese Gegenstände für vorhanden; bei abstrakten Schauplätzen halten weder die Zuschauer (bzw. im Roman die Leser) noch die Figuren irgendwelche Requisiten und Räumlichkeiten für vorhanden. Bei der Darstellung eines plots sollte kurz Auskunft über die Raumkonzeption des behandelten Werkes gegeben werden, d.h. über die Schauplätze der Handlung und ihren Abstraktheits- bzw. Konkretheitsgrad sowie - wenn dies auffällig und von Bedeutung ist - über die Frequenz ihres Wechsels und über besondere innere Entsprechungen zwischen Handlungsgeschehen und schauplatzspezifischer Atmosphäre. Für Referate und Wortbeiträge in literaturwissenschaftlichen Seminaren sind diese Hinweise auf die korrekte Wiedergabe eines plots von außerordentlicher Bedeutung, da in ihnen ja sehr häufig Zusammenfassungen von literarischen Werken vorkommen. Wer hier kurz und übersichtlich (und im Präsens) sowohl Inhalt als auch Zeit- und Raumkonzeption eines Textes darzustellen versteht, sammelt erste Pluspunkte.

Im Zusammenhang mit Zeit- und Raumkonzeptionen sei hier noch ergänzend angeführt, daß es in der Geschichte der Literatur immer wieder Versuche zur Reglementierung der in dieser Hinsicht ja prinzipiell schrankenlosen dichterischen Phantasie gegeben hat. So gab es im Realismus eine Tendenz zur chronologischen Darstellung, während im Dadaismus besonders die Asynchronie favorisiert wurde. Die bekannteste aller Reglementierungen stammt jedoch aus der Zeit der (ital.) Renaissance und des (französ.) Klassizismus, nämlich die als *Lehre von den drei Einheiten* bekannt gewordene Forderung nach Beibehaltung eines einzigen Schauplatzes (Einheit des Ortes), Kongruenz von dargestellter und Darstellungszeit (Einheit der Zeit) sowie weitgehendem Verzicht auf selbständige Nebenhandlungen und Nebenfiguren (Einheit der Handlung). Diese fälschlich auf Aristoteles' *Poetik* zurückgeführte Lehre wurde in Deutschland hauptsächlich von Gottsched vertreten, dem jedoch schon nach wenigen Jahrzehnten Lessing mit seiner *Hamburgischen Dramaturgie* (1767-69) entgegentrat. Heute gelten die Einheitsforderungen als überholt, wenngleich es einige Theaterstücke aus neuerer Zeit - z.B. von Ibsen - gibt, die ihnen de facto gerecht werden. Rezeptionssoziologisch ist allerdings zu ergänzen, daß Achronie und Abstraktheit des Schauplatzes nur von einem kleineren Teil des Publikums akzeptiert und goutiert werden; in Werken der Trivialliteratur werden darüber hinaus selbst anachronische Darstellungsformen nur in begrenztem Umfang eingesetzt.

Als letzter Aspekt der Inhaltsanalyse sei hier das Problem von Kohärenz und Isotopie angesprochen. *Kohärenz* ist dasjenige, was die Texte im Innersten zusammenhält, was aus zwei hintereinander gestellten Sätzen einen Text werden läßt. Verdeutlichen läßt sich das an folgenden Beispielen:

Gestern waren wir im Konzert. Birnen wachsen auf Bäumen.	Weder semantische noch grammatische Satzverknüpfung.
Gestern waren **wir** im Konzert. **Ich** mag keine Birnen.	Keine semantische, sondern nur grammatische Satzverknüpfung.
Gestern waren wir im **Konzert**. Es geht doch nichts über **Brahms**.	Zwar semantische, aber keine grammatische Satzverknüpfung.
Gestern waren **wir** im **Konzert**. **Ich** hasse **Haydn**.	Sowohl semantische als auch grammatische Satzverknüpfung.

Die Analyse derartiger Kohärenzphänomene ist Gegenstand der Textlinguistik, einer eigenen Teildisziplin der Sprachwissenschaft. Hier muß uns der Hinweis genügen, daß es grundsätzlich zwei verschiedene Möglichkeiten gibt, Sätze zu Texten zusammenzuschweißen, nämlich eine 'inhaltlich'-semantische und eine 'formal'-grammatische. Bei der erstgenannten geht es um eine sinnvolle inhaltliche Verbindung zwischen den Sätzen und bei der letztgenannten um eine pronominale oder quasi-pronominale Wiederholung bestimmter Satzteile in nachfolgenden Sätzen. Maximale Kohärenz liegt vor, wenn beide Verknüpfungsarten realisiert sind wie in unserem vierten Beispiel. Etwas gewagter, aber immer noch gut verständlich ist ein Text ohne pronominale Verknüpfungen, wie wir ihn im dritten Beispiel finden. Schon relativ unverständlich können dann Texte wie der in unserem zweiten Beispiel wirken, in denen es keine semantische Satzverbindung gibt. Und vollends unverständlich sind dann 'Texte', deren einzelne Sätze ganz unverbunden hintereinander stehen, wie das im ersten Beispiel der Fall ist. Natürlich kann die Kohärenz in einem Text quasi stufenlos vermehrt oder vermindert werden, und es gibt keine festen Regeln dafür, ab wann genau von *Kohärenzstörung* oder gar von *Akohärenz* gesprochen werden darf. Es ist aber sinnvoll, bei Fehlen *einer* der beiden

Verknüpfungsarten von Kohärenzstörung und bei Verzicht auf *beide* von Akohärenz zu sprechen.

Bei der Inhaltsanalyse ist auch der Kohärenzgrad zu bestimmen, wobei es generell in der trivialen und vormodernen Literatur weniger Kohärenzstörungen und Akohärenz gibt als bei anspruchsvolleren und modernen Texten. Was ist nun aber zu tun, wenn ein Text überwiegend oder vollständig akohärent ist? Was fangen wir bei der Inhaltsanalyse mit einem kunterbunten Wortsalat an, in dem sich keinerlei Sinn und innerer Zusammenhalt erkennen läßt? Nun, in diesem Falle greifen wir zum Instrument der sogenannten *Isotopieanalyse*, einer auf den französischen Sprach- und Literaturwissenschaftler Algirdas J. Greimas zurückgehenden Untersuchungsmethode, bei der gezielt nach inhaltlich oder formal verwandten Wörtern und Formulierungen in dem zu analysierenden Text gesucht wird. Wir ignorieren hierbei die vorgegebene Reihenfolge der Sätze und Wörter und versuchen, Gruppen von irgendwie miteinander verwandten Wörtern oder Sätzen zu bilden. Sehr häufig stellt sich bei einer solchen Analyse heraus, daß die chaotisch wirkenden Texte doch eine gewisse innere Logik besitzen, ja daß sie womöglich einem ganz simplen Kompositionsprinzip folgen, bei dem z.B. Entsetzensschreie, Katastrophenmeldungen und Werbetexte für Luxusgüter in letztes Endes auslegbarer Weise miteinander kontrastiert und vermischt sind.
In schwierigeren Fällen sind die einzelnen Sätze oder Wörter nur formal miteinander verwandt; solche Texte können in Gruppen klanglich, grammatisch, stilistisch, graphisch, etymologisch oder sonstwie ähnlicher Einheiten zerfallen und lassen sich fast immer als poetologische oder sprachphilosophische Reflexionen und Experimente interpretieren. Nur ein sehr kleiner Restbestand an Texten ist de facto inhaltslos und erschöpft sich in quasi-musikalischer Klangmalerei (v.a. Lautgedichte) oder quasi-malerischer Buchstabengraphik (v.a. visuelle Poesie). Nur literaturgeschichtliche Vorkenntnisse, wie man sie im Laufe des Studiums erwirbt, schützen einen davor, in den Texten jener Autoren, bei denen mit solcher Inhaltslosigkeit zu rechnen ist, bis zum Sankt-Nimmerleins-Tag nach interpretierbaren Relationen zwischen formal oder inhaltlich verwandten Wörtern zu suchen ...

WICHTIGE BEGRIFFE

Thema / Stoff / Intertextualität / Motiv / Leitmotiv / plot / Zeitkonzeption (chronologische, anachronische und achronische Darstellung) / Raumkonzeption (abstrakte und konkrete Schauplätze) / Lehre von den drei Einheiten / Kohärenz, Kohärenzstörung, Akohärenz / Isotopieanalyse

DISKUSSIONSFRAGEN UND ARBEITSAUFGABEN

- Welche Probleme ergeben sich aus der (relativen) historischen Konstanz vieler Themen und Motive für heutige Autoren und Leser?
- Untersuchen Sie unter Verwendung der unten im Literaturverzeichnis aufgelisteten Lexika von Elisabeth Frenzel die Motivstruktur eines Erzähltextes Ihrer Wahl!
- Analysieren Sie die Raumstruktur eines Erzähl- oder Dramentextes Ihrer Wahl!
- Beschreiben Sie den plot eines Dramentextes Ihrer Wahl!

LITERATURHINWEISE

Brinker, Klaus: Linguistische Textanalyse. Eine Einführung in Grundbegriffe und Methoden. 4., durchges. u. erg. Aufl. Berlin 1997.
[Informiert bündig über alle Formen von Kohärenzvermehrung und -verminderung.]

Broich, Ulrich / Pfister, Manfred (Hg.): Intertextualität. Formen, Funktionen, anglistische Fallstudien. Tübingen 1985.
[Entwickelt in verständlicher Sprache eine nützliche Typologie der Möglichkeiten zur Stiftung von direkten und indirekten Beziehungen zwischen Texten.]

Frenzel, Elisabeth: Motive der Weltliteratur. Ein Lexikon dichtungsgeschichtlicher Längsschnitte. 4., überarb. u. erg. Aufl. Stuttgart 1992.
[Unentbehrliches Standardwerk mit nützlichem Register, das in informationsreichen Artikeln über zahlreiche wichtige Motive der Weltliteratur Auskunft gibt.]

Frenzel, Elisabeth: Stoffe der Weltliteratur. Ein Lexikon dichtungsgeschichtlicher Längsschnitte. 9., überarb. Aufl. Stuttgart 1998.
[Wichtiges Hilfsmittel mit wertvollem Register, das über die wichtigsten Stoffe der Weltliteratur informiert.]

Link, Jürgen: Literaturwissenschaftliche Grundbegriffe. Eine programmierte Einführung auf strukturalistischer Basis. 6., unveränd. Aufl. München 1997. S. 67 - 97.
[Führt u.a. anhand konkreter Beispiele in die Technik der Isotopieanalyse ein.]

Ludwig, Hans-Werner (Hg.): Arbeitsbuch Romananalyse. 6., unveränd. Aufl. Tübingen 1998. S. 145 - 174.
[Stellt u.a. die wichtigsten literaturwissenschaftlichen Kategorien zur Analyse von Zeit- und Raumkonzeptionen vor.]

1.5 Rhetorik und Stilistik

Wenn wir die Figuren- und die Inhaltsanalyse abgeschlossen haben, liegen uns bereits viele und wichtige Untersuchungsergebnisse vor. Für eine solide Gesamtinterpretation des jeweiligen Textes reicht dies jedoch bei weitem nicht aus. Denn nun muß noch die besondere sprachliche Gestaltung näher betrachtet werden, die ja nach Meinung einiger Literaturtheoretiker sogar zu den wichtigsten, konstitutiven Merkmalen von Literatur zu rechnen ist (vgl. oben Kap. 1.1).

Daß diese Meinung nicht allgemein verbreitet ist, hängt zweifellos damit zusammen, daß die Verfertigung von literarischen Texten im Gefolge der bis heute wirksamen Inspirationsästhetik des späten 18. Jahrhunderts von den meisten nicht so sehr als eine erlernbare Technik, sondern als eine auf Talent und 'Genie' beruhende 'Kunst' aufgefaßt wird (mehr darüber unten in Kap. 1.7). Die Tätigkeit des Dichters stellen wir uns heute also nicht primär als ein Durcharbeiten von Stillehren, Wörterbüchern und Rhetorikkompendien vor, ja die meisten würden eine solche Arbeitsweise wohl eher als kunsthandwerkliche Wortartistik und nicht als 'richtige' Kunst empfinden.

Das war jedoch nicht immer so. Bis ins späte 18. Jahrhundert galt die Tätigkeit des Schriftstellers ganz überwiegend als eine erlernbare Technik, die nach bestimmten festgelegten Regeln auszuführen war. Den bekanntesten Beleg dafür liefert der sogenannte 'Nürnberger Trichter'. Es handelt sich hierbei um ein dreibändiges, 1647-53 in Nürnberg von dem einflußreichen Barockdichter Georg Philipp Harsdörffer publiziertes Lehrbuch für Gymnasiasten mit dem Titel *POETISCHER TRICHTER / die teutsche Dicht- und Reimkunst / ohne Behuf der lateinischen Sprache / in VI Stunden einzugiessen ...* . Harsdörffer zielte mit seinem Werk nicht auf die Heranbildung professioneller Dichter, wie es sie damals ohnehin kaum gab, doch er wollte ohne Zweifel seine Leser in die Lage versetzen, bei entsprechenden Gelegenheiten ein paar geeignete Verse hervorbringen zu können. Tatsächlich galt die Geschicklichkeit in der Verfertigung poetischer Texte als ein zentraler Bestandteil der höheren Bildung! Dichtung war damit ganz überwiegend *Gesellschaftsdichtung* (im Unterschied zur modernen *Individualdichtung*), d.h. es handelte sich überwiegend um eine gesellschaftlich geforderte und nach gesellschaftlich akzeptierten Regeln für (und nicht über oder gegen) die ('höhere', akademisch gebildete und/oder adelige) Gesellschaft geschriebene und vorgetragene Literatur.

Persönliches Genie, der Ausdruck individueller Empfindungen oder gar die innovative Sprengung sprachlicher Regeln waren hierbei nicht gefragt; entscheidend für das Gelingen eines Textes war vielmehr die kunstvolle (also aus späterer Sicht eher 'kunsthandwerkliche' als künstlerische) Anwendung bestehender Regeln. In welchem Maße diese Auffassung von Poesie als Gesellschaftsdichtung verbreitet war, wird allerdings nicht immer deutlich, wenn wir ältere Literaturgeschichten und Textsammlungen durchblättern. Denn die wissenschaftliche Literaturgeschichtsschreibung entstand im wesentlichen erst am Anfang des 19. Jahrhunderts, als sich bei Dichtern und Philologen das Ideal der Individualdichtung bereits durchgesetzt hatte. Kanonisiert, also in die Literaturgeschichte aufgenommen wurden deshalb aus der Zeit vor 1750/60 zuerst jene eigentlich für ihre Epoche untypischen, noch am ehesten individuell und authentisch wirkenden Texte, die als Vorläufer der modernen Individualdichtung angesehen werden konnten.

Regeln für die Verfertigung von Gesellschaftsdichtung lieferte die (auch als Schulfach etablierte) Rhetorik, die damit - im Unterschied zu der sie ab Ende des 18. Jahrhunderts ersetzenden Stilistik - kein bloßes Werkzeug der Text*analyse*, sondern zugleich auch ein Hilfsinstrument der Text*produktion* war. Anders als die nach 1800 von Autoren wie Karl Philipp Moritz, Theodor Mundt oder Karl Ferdinand Becker publizierten und sehr einflußreichen *Stil*fibeln, die historisch-analytisch orientiert waren, folgten die auf Cicero, Quintilian und andere antike Autoren rekurrierenden Lehrbücher der *Rhetorik* ganz pragmatisch einer Gliederung nach den wichtigsten Schritten bei der Textproduktion. Zug um Zug konnte der Leser eines solchen Werkes also erlernen, wie er einen (literarischen) Text herzustellen hatte.

Im einzelnen handelte es sich hierbei um fünf aufeinander folgende Arbeitsschritte, denen allerdings zum besseren Verständnis aus unserer heutigen Sicht noch ein weiterer vorangestellt werden muß. Dieser 'nullte' Schritt, der in Rhetoriklehrbüchern praktisch keine Erwähnung findet, ist die Festlegung des Themas, von dem das Werk handeln soll. Bis weit ins 18. Jahrhundert brauchte hiervon keine Rede zu sein, weil das Thema in den allermeisten Fällen schon vorgegeben war. Entweder handelte es sich um Auftragsdichtung, bei der die Themenfestlegung durch den Auftraggeber erfolgte, oder um Gelegenheitsdichtung, die z.B. anläßlich bestimmter Gedenk- oder Festtage (Hochzeit, Geburtstag, Beerdigung, kirchliche Feiertage etc.) verfaßt wurde und bei der sich das Thema von selbst ergab.

Der erste Arbeitsschritt, der in den Rhetoriklehrbüchern behandelt wird, ist deshalb die sogenannte *inventio*. Sie liefert Regeln zur systematischen Auffindung von Gedanken und Darstellungsgegenständen, die bei der Behandlung des (vorgegebenen) Themas berücksichtigt werden mußten. Anhand standardisierter Fragen sollten hierbei bestimmte Fundorte (topoi) nacheinander abgeschritten werden, d.h. durch Beantwortung der Fragen nach dem Wer, Was, Wo, Wann, Wie, Warum usw. sollten zu erwähnende Personen, Sachverhalte, Orte, Zeitangaben etc. ermittelt werden. Resultat der inventio war demnach ein Notizzettel mit soundso vielen Stichwörtern, die im Text vorkommen sollten.

Verständlicherweise schließt sich hieran mit der sogenannten *dispositio* eine Sortierphase an, in der die Stichwörter auf unserer Liste in eine zweckmäßige Reihenfolge gebracht werden sollten. Als zweckmäßig galt hierbei vor allem die Berücksichtigung des natürlichen Zusammenhangs (*ordo naturalis*) zwischen den Dingen im Hinblick auf zeitliches Nacheinander, Gebundenheit an bestimmte Lokalitäten oder logisch-kausalen Zusammenhang. Zur Erzielung bestimmter Wirkungen (Überraschung, Komik u.ä.) konnte aber auch (v.a. bei weniger offiziellen Anlässen) eine hiervon gezielt abweichende, also künstliche Anordnung (*ordo artificialis*) gewählt werden. Nach Durchführung der dispositio liegt demnach ein zweiter Notizzettel vor uns, auf dem unsere Stichwörter in der Reihenfolge ihrer späteren Erwähnung oder Thematisierung notiert sind.

Mit der *elocutio* folgt nun drittens die Phase der eigentlichen Versprachlichung, in der nach passenden Formulierungen für unsere stichwortartig notierten Themen und Gedanken gesucht wird. Als passend galt hierbei eine Formulierung, wenn sie vier Anforderungen gerecht wurde. Die erste Forderung richtete sich auf die Angemessenheit (*aptum*), d.h. auf die Schicklichkeit im Hinblick auf Anlaß, Zuhörer, Sprecher, Vortragssituation usw. Zweitens war unbedingt die sprachliche Korrektheit (*puritas* oder *latinitas*) zu gewährleisten, also die Übereinstimmung mit den grammatisch-lexikalischen Regeln. Darüber hinaus war mit der *perspicuitas* die Deutlichkeit und Verständlichkeit des Textes sicherzustellen. Und viertens war schließlich das sachangemessene *genus dicendi* zu finden, d.h. eine von drei vorgegebenen Stilarten. Zu diesen gehörten der belehrende niedere Stil (*genus humile*), der unterhaltende mittlere Stil (*genus medium*) sowie der pathetisch-emotionale gehobene Stil (*genus grande*). Die Ausgestaltung der einzelnen genera erforderte die spezifische Anwendung schmückender Elemente. Diesen Redeschmuck

(*ornatus*) bildeten besondere Techniken der Klanggestaltung, der Wortwahl und des Satzbaus, die weiter unten im Zusammenhang mit der Stilistik näher beschrieben werden. Halten wir also vorläufig nur fest, daß
wir nach unserem dritten Bearbeitungsschritt einen ausformulierten Text
vor uns liegen haben, der allen Anforderungen bezüglich aptum, puritas,
perspicuitas und genus dicendi gerecht wird.

In der Rhetorik schloß sich nun hieran mit der *memoria* eine vierte Ar-
beitsphase an, in der es um das Auswendiglernen des fertigen Textes
ging. Mit Hilfe mnemotechnischer Tricks ('Eselsbrücken') wurde hierbei
eine zuverlässige freie Wiedergabe selbst längerer Texte einstudiert, was
im Hinblick auf die geschilderten typischen Anlässe und Vortragssituatio-
nen ohne weiteres verständlich ist.

Den letzten und fünften Arbeitsschritt bildete schließlich die *actio* oder
pronuntiatio, d.h. das Einüben einer wirkungsvollen Vortragsweise.
Stimmführung, Körperhaltung, Gestik, Mimik u.ä. wurden hierbei ge-
schult, wobei darauf hingewiesen werden muß, daß dieser Punkt in einer
Zeit, die keine Mikrophone, Videoleinwände und Overheadprojektoren
kannte, eine andere Bedeutung besaß als heute.

Wer nun diese fünf Arbeitsschritte eingehalten hatte, besaß in der Regel
einen ganz passablen Text, mit dem er sich in der Gesellschaft sehen lassen konnte. Was diesem jedoch fehlte, war genau das, was später im Gefolge der ästhetischen Erneuerungen seit Ende des 18. Jahrhunderts vielfach für das wichtigste an einem literarischen Werk gehalten wurde, nämlich der Ausdruck einer individuellen Persönlichkeit. Ein solcher
Ausdruck von Individualität wurde seit Ende des 18. Jahrhunderts oftmals
mit dem persönlichen Sprachstil identifiziert. Die Inhalte eines Textes, so
formulierte Graf Buffon schon 1753 in einer vielzitierten Akademierede,
liegen außerhalb des Einzelnen, der Stil dagegen macht den individuellen
Menschen aus ('le style est l'homme même'). Individualität war jedoch
etwas, was nicht gelehrt werden konnte. An die Stelle der alten Rhetorik-
Lehrbücher traten deshalb Stilfibeln, die nicht mehr als Anleitungen zur
Literaturproduktion fungieren konnten und die stattdessen historisch-
analytisch die bisher gültigen (und bei nicht-literarischen Textsorten
zweifellos bis heute relevanten) Sprachnormen beschrieben, von denen
dann der Dichter, wollte er seine Individualität zur Geltung bringen, abweichen mußte und sollte. Stillehren könnte man vor diesem Hintergrund
als 'Negativanleitungen' bezeichnen; sie sagen nicht, wie zu dichten ist,
sondern wie nicht zu dichten ist.

Wie hieraus unmittelbar folgt, können Stilfibeln nicht nach Arbeitsschritten der Textproduktion gegliedert sein. Im Laufe der Zeit setzte sich demzufolge eine andere Strukturierung durch, und zwar eine solche nach sprachlichen Gestaltungseinheiten (Silbe, Wort, Satz, Einzeltext, Textkorpora). Zahlreiche stilistische Kategorien sind bis heute bei der Analyse literarischer Texte unentbehrlich; die wichtigsten sollen deshalb nachfolgend vorgestellt werden, wobei von den kleineren zu den größeren Einheiten der Sprache und der Stilanalyse vorangeschritten wird.

a) Lautstilistik

Von Interesse sind hierbei vor allem die Onomatopoeie sowie die Metrik, welche aber als besonders umfangreiches und schwieriges Gebiet in einem eigenen Abschnitt (1.6) behandelt wird. *Onomatopoeie* oder Klangmalerei ist die gezielte Verwendung von Wörtern mit bestimmten Silben, deren Klang eine Analogie zur Wortbedeutung besitzt. Schon in der Werbung (Produktnamen) und in der Alltagssprache (quakquak, kuckuck) gibt es Klangmalerei, doch in der Literatur kann es zu einer Anhäufung klangmalerischer Formulierungen kommen, wenn die thematisierten Gegenstände sinnlich stärker vergegenwärtigt werden sollen, wenn eine bestimmte Hintergrundstimmung oder Atmosphäre geschaffen werden soll (sogenannte *Lautsymbolik*) und wenn mit inhaltslosen Sprachelementen 'musiziert' werden soll (Dadaismus, konkrete poesie). Darüber hinaus kann die Klangmalerei zur Erzeugung humoristischer Effekte eingesetzt werden (Kinderliteratur).

Den Bereich der Lautstilistik berührt auch die Rezitationskunst. Durch Variation der Lautstärke, der Tonhöhe, der Sprechgeschwindigkeit usw. kann der Vortragende ein Werk klanglich gestalten und damit eine bestimmte Interpretation sinnfällig machen. Zur Textanalyse im engeren Sinne wird die Rezitationskunst aber nicht gerechnet.

b) Wortstilistik

Literarische Texte weisen oftmals Besonderheiten in puncto Wortwahl auf. Häufig enthalten sie seltene Wörter (*Rara*), themenspezifisches *Fachvokabular*, ungeläufige *Fremdwörter*, Begriffe aus der *Dialektsprache*, neu erfundene Wörter (*Neologismen*), veraltete Wörter (*Archaismen*) oder Wörter aus verschiedenen *Soziolekten* (Gassenjargon, Umgangssprache, Standardsprache, Hochsprache, 'Dichtersprache'). Zu besonderen Gestaltungszwecken können ferner Begriffe mit charakteristischer stilistischer Färbung verwendet werden wie z.B. Formulierungen aus dem Amtsdeutsch, aus dem Rotwelsch, aus der Jugendsprache usw. Für den Literaturwissenschaftler bedeutet dies zunächst, daß er unbedingt mit der Benutzung der wichtigsten Universalenzyklopädien, Wörterbücher und Speziallexika vertraut sein muß. Ein nützliches Verzeichnis derartiger Nachschlagewerke liefert das schon erwähnte *Informationshandbuch Deutsche Literaturwissenschaft (Teil C)* von Hansjürgen Blinn.

An der Grenze von der Wort- zur Satzstilistik sind die Formen des bildlichen Sprechens angesiedelt, die in der Literatur von großer Verbreitung und Bedeutung sind. Neben den Formen des direkten Vergleiches mit Hilfe von Partikel wie 'als', 'wie' oder 'als ob' sind hierbei die sogenannten *Tropen* zu nennen, die schon in antiken Rhetoriklehrbüchern im Rahmen der *ornatus*-Lehre beschrieben wurden. Die wichtigsten Tropen werden nachfolgend in einer Tabelle vorgestellt; zusätzliche Begriffe, Beispiele und Erläuterungen finden sich in den unten aufgelisteten Studien von Sowinski und von Ueding/Steinbrink.

Nr.	Bezeichnung	Definition	Beispiele
1	die Periphrase	Umschreibung eines Begriffs durch mehrere Wörter	'Auge des Gesetzes' für 'Polizei' 'Herr im Himmel' für 'Gott'
2	die Synekdoche	Engerer steht für weiteren Begriff oder umgekehrt	'täglich Brot' für 'Nahrung' 'sein Eisen' für 'sein Schwert'
3	die Litotes	Verstärkende Verneinung des Gegenteils	'nicht übel' für 'ganz toll'
4	die Hyperbel	Übertreibung	'irrsinnig häßlich' für 'sehr häßlich'
5	die Metonymie	Ersetzung aufgrund realer Beziehung zum Ersetzten	'Heine' für 'Heines Werke' 'Downing Street' für 'die englische Regierung'
6	die Metapher	Ersetzung aufgrund partieller Ähnlichkeit mit dem Ersetzten	'Wüstenschiff' für 'Kamel' 'Rose' für 'Geliebte'

c) Satzstilistik

Auch der Satzbau literarischer Texte differiert häufig von demjenigen nicht-literarischer. Unterschiede ergeben sich zunächst in der *Satzlänge* (z.B. überlange Sätze bei Thomas Bernhard), in der *Komplexität der Satzgefüge* (z.B. starke Verschachtelung bei Kleist) und in der *Satzgliedstellung* (z.B. Uhland: 'bei einem Wirte wundermild'). Darüber hinaus gibt es eine Reihe traditioneller *rhetorischer Figuren*, die seit der Antike dem Redeschmuck (*ornatus*) zugerechnet wurden und von denen ebenfalls die wichtigsten in einer Tabelle vorgestellt werden sollen. Auch hierzu finden sich bei Sowinski und bei Ueding/Steinbrink verständliche und ausführliche Zusatzinformationen.

Nr.	Bezeichnung	Definition	Beispiele
1	die Geminatio	Wörtliche Wiederholung von Wörtern oder Wortgruppen	'Hört, hört!'
2	die Anapher	Wiederholung am Anfang aufeinander folgender Sätze, Verse, Strophen	'Wer nie sein Brot mit Tränen aß, / Wer nie die kummervollen Nächte ...'
3	die Ellipse	Auslassung für das Verständnis nicht erforderlicher Satzteile	'Zwei Pils!'
4	der Parallelismus	Reihung gleichgebauter Sätze oder Teilsätze	'Ich bin entdeckt, ich bin durchschaut.'
5	das Oxymoron	Kombination zweier sich widersprechender Begriffe	'trockenes Naß' 'alter Knabe'
6	der Chiasmus	Überkreuzstellung antithetischer Sätze oder Satzteile	'Eng ist die Welt und das Gehirn ist weit.'

d) Textstilistik

Von Silbe, Wort und Satz schreiten wir nun zur Ebene des einzelnen Textes voran. Hierbei ist zunächst daran zu erinnern, daß Sprache grundsätzlich in zwei Erscheinungsformen existiert, deren Eigenarten textstilistisch relevant werden können. Gemeint ist hier der Unterschied zwischen *schriftlicher* und *mündlicher* Sprache, der in literarischen Texten - gleichgültig, ob sie zur stillen Lektüre oder zum mündlichen Vortrag vorgesehen sind - seinen Niederschlag finden kann. Die Besonderheiten der mündlichen Rede (Interjektionen, kürzere oder unvollständige Sätze usw.) können so zum Beispiel den Stil eines Textes prägen, und zwar nicht nur im Falle der Redewiedergabe (direkte oder indirekte Rede), sondern auch bei Beschreibungen, Erzählerreflexionen und ähnlichem. Werke, die derartige stilistische Merkmale aufweisen, wollen häufig den Eindruck von Ungezwungenheit oder Improvisiertheit vermitteln. Auch schriftlich fixierte Texte können also die textstilistischen Charakteristika der gesprochenen Rede aufweisen, so wie umgekehrt bestimmte Formen der mündlichen Rede (z.B. Festansprache) in schriftsprachlichem Stil gehalten sein können. Ob neugeschaffene (literarische) Texte, die per Internet verbreitet werden, in ihrer Mehrzahl eher dem Stil der mündlichen Rede oder demjenigen der Schriftsprache folgen, bedarf noch eingehender Untersuchungen, die auch interessante Rückschlüsse auf das Bild zulassen, welches sich die Benutzer von diesem Medium machen.

An nächster Stelle ist eine Analysekategorie vorzustellen, die begrifflich nicht leicht zu fassen ist, die aber ohne Zweifel sehr viel über die Rezeptionschancen eines jeden Werkes aussagt. Gemeint ist der Schwierigkeitsgrad eines Textes, der sich z.B. aus der Anhäufung von Rara und Fremdwörtern, aus der Verwendung verzwickter Satzkonstruktionen, aus der Verfolgung abstrakter Gedankengänge und aus der detaillierten Beschreibung komplizierter Gefühlslagen ergeben kann. Mit möglichst neutralen Kategorien wollen wir hier zwischen *voraussetzungsreicheren* und *voraussetzungsärmeren* Texten unterscheiden, wobei es von der umgangssprachlichen Wiedergabe simpler Allerweltsgefühle und -überlegungen bis zur differenzierten Analyse subtiler Gedanken und Empfindungen natürlich eine unendliche Skala von Misch- und Zwischentönen gibt. Obwohl sich inhaltliche und stilistische Textmerkmale hierbei durchdringen, kann doch von der rein sprachlichen Seite her mit Hilfe einer Gesamtbeurteilung des Vokabulars, des Satzbaus und der Satzverknüpfung relativ zuverlässig auf Voraussetzungsreichtum oder -armut eines Werkes in seiner Gänze geschlossen werden. Natürlich setzt eine zutreffende Textbeurteilung hierbei eine Vertrautheit mit der Gesamtskala voraus; Studenten der Literaturwissenschaft müssen deshalb unbedingt die Herausforderung suchen und mit einem gewissen Wagemut auch die Hymnen von Hölderlin, die späten Erzählungen von Ilse Aichinger oder die Gedichte von Paul

Celan zur Kenntnis nehmen. Bildungsgeschichtliche Recherchen sind für die Einschätzung des Schwierigkeitsgrades älterer Texte unerläßlich.

Für die Charakterisierung des Stiles einzelner Werke ist auch ein Hinweis auf die etwaige Dominanz bestimmter *Darstellungsarten* von Nutzen. So kann in einem Text der Dialog, die Reflexion, die Handlungsdarstellung, die Beschreibung oder eine sonstige Darstellungsart überwiegen. Wie schon bei der Inhaltsanalyse deutlich wurde, ist dies unter Umständen für die Rezeptionschancen eines Textes in einem bestimmten Publikumssegment von ausschlaggebender Bedeutung. Selbst umgangssprachlich formulierte Texte werden seit Lessing (s.o.) leicht für schwierig oder langweilig gehalten, wenn sie ein Übermaß an Beschreibungen und zuwenig Handlung bieten. Dagegen werden handlungsreiche Texte ein größeres Publikum finden, selbst wenn sie, wie z.B. Süskinds *Parfüm* oder Ransmayrs *Letzte Welt* seltene Wörter oder subtile Anspielungen enthalten.

Ein weiterer Gegenstand der Textstilistik ist die *Komposition*, die sich in vielen Fällen den textspezifischen Segmentierungstechniken ablesen läßt. Die Unterteilung in Strophen, Akte und Szenen oder Kapitel und Unterkapitel ist zwar einerseits an bestimmte Gattungskonventionen gebunden (vgl. Kap. 2), aber andererseits kann sie vom Autor z.T. nach seinen Absichten ausgeformt werden. Anzahl und Länge der Segmente können demnach beträchtlich variieren, und vor allem kann die hieraus resultierende äußere Kompositionsstruktur eines Textes in mannigfache Beziehung zu seiner inneren Struktur treten. Handlungsverlauf, Schauplatzwechsel, Vor- oder Rückgriffe, Argumentationsschritte u.ä. können also durch die äußere Unterteilung widergespiegelt, kontrapunktisch variiert oder frei umspielt werden.

Zuletzt ist schließlich auf textstilistische Besonderheiten der *Interpunktion* hinzuweisen. Literarische Werke ignorieren nicht selten die (zu ihrer Entstehungs- und Publikationszeit) gültigen Regeln der Zeichensetzung, wobei hier nur Kleists Großzügigkeit und Stifters Sparsamkeit in der Verwendung von Satzzeichen als Beispiele angeführt seien. Neben der Orientierung an klanglich-rhythmischen Gesichtspunkten (sogenannte phonetische Interpunktion) können hierbei auch sprachreformerische Ideen, Distinktionsabsichten, Imitation der mündlichen Rede (oder des Gedankenflusses) oder ganz freie, neuschöpferische Gestaltungsprinzipien eine Rolle spielen.

e) Individualstilistik

Nicht nur speziellen Textelementen oder kompletten Einzeltexten, sondern auch bestimmten Textkorpora lassen sich gewisse eigentümliche Stilmerkmale ablesen. Da die Gestalt eines Textes auch von der Persönlichkeit seines Autors sowie von den Umständen seiner Entstehung geprägt ist, müssen wir uns folgerichtig noch mit der Individual- und mit der Zeitstilistik beschäftigen.

Selbst bei jenen Texten des 16. und 17. Jahrhunderts, die sehr weitgehend nach rhetorischen Mustern und Regeln erstellt worden sind, vermag der Kenner autorspezifische Stilmerkmale festzustellen. Und bei Autoren wie Heine, Fontane oder Rilke kann sogar der ungeübte Leser schon nach kurzer Zeit eine unverwechselbare Eigentümlichkeit der Diktion, einen ganz eigenen 'Ton', ausmachen. Damit ist nicht gesagt, daß jeder einzelne Satz dieser Schriftsteller von diesem Ton durchdrungen sein muß, doch wie die Existenz diverser Literaturquiz-Sendungen in Fernsehen und Radio beweist, ist der Individualstil häufig stark genug ausgeprägt, um geradezu als Erkennungsmerkmal fungieren zu können. Ein besonders prägnanter Individualstil kann jedoch - auch nach Ende der Rhetorikepoche - keineswegs immer als positives Zeichen von 'Gestaltungskraft' angesehen werden. Wenn z.B. innerhalb von Dialogen dieser 'Autorton' den 'Figurenton' überlagert, kann dies auf Kosten der differenzierten Figurencharakterisierung gehen; so hat man z.B. Fontane vielfach vorgeworfen, daß seine ansonsten teilweise bis zur Kauzigkeit individualisierten Figuren einander in ihrem sprachlichen Verhalten (schlagfertig-naßforscher Kasino-Ton) weitgehend ähneln.

Die sprachliche Analyse des Individualstils muß auf einer vergleichenden Betrachtung sämtlicher (bzw. mehrerer) Werke des jeweiligen Autors im Hinblick auf die oben angeführten Kategorien der Laut-, Wort-, Satz- und Textstilistik basieren. Sind es bei Rilke z.B. rhythmisch-klangliche Eigenarten, die seinen spezifischen Stil konstituieren, so wären bei Fontane eher lexikalische und bei Kleist eher syntaktische Besonderheiten als ausschlaggebend zu bezeichnen. Parodien machen häufig von der Möglichkeit Gebrauch, einen sprachlichen Individualstil auf 'unpassende', dem Autor und seiner Zeit fremde Themen oder Inhalte anzuwenden. Die Vorliebe bestimmter Leserschichten für bestimmte Autoren basiert nach Erkenntnissen der neueren Literatursoziologie (Pierre Bourdieu) bei voraussetzungsreicheren Werken eher auf deren 'Ton', bei voraussetzungsärmeren eher auf deren Themen und plots.

f) Zeitstilistik

Auf der höchsten, abstraktesten Untersuchungsebene können wir zuletzt nach stilistischen Gemeinsamkeiten von Texten fragen, die etwa aus der gleichen Zeit, jedoch von verschiedenen Autoren stammen. Bei den schon erwähnten Literaturquiz-Sendungen können wir beobachten, daß die Ratenden zuerst häufig eine zeitliche Einordnung des zu bestimmenden Textes vornehmen, wobei nicht selten eine bis auf Jahrzehnte genaue Datierung erreicht wird. Sehen wir von inhaltlichen Indikatoren einmal ab, so bietet natürlich schon der allgemeine Sprachwandel für den Kenner der Sprachgeschichte wichtige Hinweise, die (außer bei historischen Romanen o.ä.) eine ungefähre Einordnung ermöglichen. Darüber hinaus gibt es aber auch innerhalb der Literatursprache eine spezifische Entwicklungsdynamik, die genauere Bestimmungen ermöglicht. In den einzelnen literarischen Epochen gab es gewisse sprachliche Tendenzen oder Moden, die auf die meisten Werke dieser Zeit abfärbten und die natürlich in innerem Zusammenhang mit der mentalitäts- und ideengeschichtlichen Signatur dieser Epoche standen (s.u. Kapitel 1.7 bis 1.9). So brachte das kämpferische Pathos der Stürmer und Dränger eine charakteristisch zerrissene, aufgeregt wirkende Diktion hervor (unvollständige Sätze, Ausrufungszeichen, Interjektionen usw.). Die Romane des Realismus zeigen demgegenüber eine Tendenz zur Ruhe oder gar Beschaulichkeit, die sich teilweise in ganz entgegengesetzten Stilmerkmalen niederschlägt (vollständige Sätze, gleichmäßigeres Schriftbild, längere Absätze usw.). Und die expressionistische Dichtung erkennen wir wieder an anderen Besonderheiten wie z.B. an ihrem charakteristischen Vokabular, ihrer teilweise telegrammartigen Syntax, ihrer reichen Metaphorik u.ä.

Für die konkrete Einzeltextanalyse und -interpretation sind epochenstilistische Untersuchungen insofern von Bedeutung, als sie eine präzisere Herausarbeitung der individuellen Textcharakteristika erlauben. Denn natürlich sollte in einer Werkinterpretation nicht als bahnbrechende Neuerung oder interpretationsrelevante Formbesonderheit dargestellt werden, was in Wirklichkeit ein ganz gewöhnliches epochentypisches Stilmerkmal ist; die Lektüre vielfältiger Texte aus verschiedenen Epochen sowie das Studium der Literaturgeschichte können hier Irrtümern vorbeugen. Bei der vergleichenden Analyse mehrerer Texte gleicher Entstehungszeit kommt es dagegen gerade auf die Herausarbeitung der stilistischen Gemeinsamkeiten an, deren Beschreibung die erwähnten mentalitäts- und ideengeschichtlichen Untersuchungen bereichern kann.

Ein kurzes Wort sei zuletzt noch zum Problem der Literaturübersetzung angefügt. Nicht nur in der Komparatistik, sondern auch in der Germanistik, Anglistik, Romanistik und anderen Philologien sieht man sich immer wieder zum vergleichenden Studium fremdsprachiger Texte veranlaßt, weil sie thematisch, stoff- oder motivgeschichtlich verwandt sind, weil auf sie angespielt wird, weil sie unmittelbar erwähnt oder zitiert werden oder weil sie sonst von Bedeutung für das Verständnis des zu untersuchenden Textes sind. Grundsätzlich muß hierbei festgehalten werden, daß zwar figuren- oder inhaltsanalytische Fragestellungen auch bei der Verwendung von *Übersetzungen* relativ problemlos bearbeitet werden können, daß jedoch stilistische Vergleiche immer eine Berücksichtigung des fremdsprachigen Originaltextes erfordern. Genauere linguistisch-übersetzungswissenschaftliche Begründungen für diesen Sachverhalt liefert das unten genannte, sehr lesenswerte Buch von Werner Koller.

WICHTIGE BEGRIFFE

Unterschiede zwischen Rhetorik und Stilistik / Gesellschaftsdichtung versus Individualdichtung / inventio, dispositio (ordo naturalis und artificialis), elocutio (aptum, puritas, perspicuitas, genera dicendi, ornatus), memoria, actio / Lautstilistik (Onomatopoeie, Lautsymbolik) / Wortstilistik (Rara, Neologismen, Archaismen) / Tropen (Periphrase, Synekdoche, Litotes, Hyperbel, Metonymie, Metapher) / Satzstilistik / Rhetorische Figuren (Geminatio, Anapher, Ellipse, Parallelismus, Oxymoron, Chiasmus) / Textstilistik (Schriftlichkeit versus Mündlichkeit, Darstellungsarten, Komposition, Interpunktion) / Individualstilistik / Zeitstilistik

DISKUSSIONSFRAGEN UND ARBEITSAUFGABEN

• Welche Vor- und Nachteile für den Autor und den Leser besaß die Gesellschaftsdichtung im Vergleich mit der Individualdichtung?
• Wie können Individual- und Zeitstilistik im konkreten (literarischen) Einzeltext miteinander vermittelt werden?
• Welche laut-, wort-, satz- und textstilistischen Charakteristika können bei der Übersetzung eines deutschen (literarischen) Textes ins Englische besondere Probleme bereiten?
• Untersuchen Sie zwei oder drei Gedichttexte Ihrer Wahl im Hinblick auf laut-, wort- und satzstilistische Eigentümlichkeiten!
• Analysieren Sie einen Erzähl- oder Dramentext Ihrer Wahl im Hinblick auf textstilistische Besonderheiten!

LITERATURHINWEISE

Heßelmann, Peter: Rhetorische Grundbegriffe. In: Brackert, Helmut / Stückrath, Jörn (Hg.): Literaturwissenschaft. Ein Grundkurs. Erweiterte Ausg. Reinbek bei Hamburg 1995. S. 118-129.
[Knappe Zusammenfassung des Basiswissens über Inhalt und Geschichte der Rhetorik.]

Koller, Werner: Einführung in die Übersetzungswissenschaft. 5., aktualis. Aufl. Heidelberg 1997.
[Stellt übersichtlich und praxisorientiert alle Probleme des Übersetzens und der Übersetzungswissenschaft dar.]

Sowinski, Bernhard: Stilistik. Stiltheorien und Stilanalysen. 2., überarb. u. aktualis. Aufl. Stuttgart 1999.
[Handliches Nachschlagewerk mit vielen weiterführenden Literaturangaben, das über Gegenstand und Geschichte der Stilistik informiert.]

Ueding, Gert / Steinbrink, Bernd: Grundriß der Rhetorik. Geschichte - Technik - Methode. 3., überarb. u. erw. Aufl. Stuttgart 1994.
[Sehr empfehlenswertes und leicht lesbares Buch, das in verständlicher Weise den Gesamtbereich der Rhetorik behandelt.]

1.6 Metrik

Ähnlich wie Logik oder Latein ist die Metrik für viele eine Angstdisziplin. Sie befürchten, daß es hierbei eher auf angeborene Talente als auf erlernbare Fertigkeiten ankommt, und viele schalten deshalb bei diesem Thema von vornherein ab. Das ist ungerechtfertigt und schade. Denn die zur metrischen Analyse erforderlichen Fertigkeiten werden niemandem in die Wiege gelegt, sondern müssen und können erworben werden. Jeder, der die Melodie irgendeines Songs pfeifen oder nachsummen kann, hat im Prinzip alle erforderlichen Fähigkeiten, um die metrische Analyse zu erlernen und selbständig durchzuführen. Dabei sind jedoch erst einmal zwei Grundbegriffe zu klären, von denen in der Metrik immer wieder die Rede ist, deren Kenntnis aber selbst in vielen Metrik-Handbüchern wie selbstverständlich vorausgesetzt wird.

Gemeint sind die Begriffe 'Silbe' und 'Betonung'. Denn in der Metrik geht es primär um die Feststellung, ob eine bestimmte Silbe betont oder unbetont ist. Viele haben aber den Eindruck, daß dies eine besonders windige oder geheimnisvolle Geschichte ist, bei der manche etwas hören, was andere eben nicht hören. Doch eine so subjektive Angelegenheit ist die Metrik keineswegs. Vielmehr setzt sie nur voraus, daß man weiß, was überhaupt eine Betonung ist. Im folgenden soll dies genauer erläutert werden, aber da es in der Metrik nicht um Betonung im allgemeinen, sondern um betonte und unbetonte Silben geht, muß zunächst der Begriff 'Silbe' näher untersucht werden.

a) Silben

Was eine Silbe ist, glauben wir zu wissen. In der Schule lernen wir die Regeln der Silbentrennung, und im Duden und in anderen Wörterbüchern werden bei allen aufgeführten Wörtern die einzelnen Silben durch senkrechte Striche oder Punkte voneinander abgetrennt. Doch darauf können wir uns in der Metrik nicht immer verlassen, denn die in Wörterbüchern praktizierte Trennung in *grammatische Silben* deckt sich nicht vollständig mit der metrischen Trennung in *Sprechsilben*. Genauer gesagt richtet sich die metrische Silbentrennung *ausschließlich* nach klanglichen Aspekten, während in der Grammatik darüber hinaus zusätzliche Gesichtspunkte eine Rolle spielen, die noch erläutert werden. Die metrische Silbentrennung ist also einfacher als die grammatische.

Wie kommen diese Unterschiede zustande? Die einfache Ursache dafür ist, daß die grammatische Silbentrennung an der schriftlichen, die metrische hingegen an der mündlichen Sprache orientiert ist. Denn warum trennen wir überhaupt Silben voneinander ab?

In der schriftlichen Sprache geschieht dies, weil wir unsere Bücher links- und rechtsbündig im Blocksatz drucken (bzw. früher auf sehr kostbaren, über die ganze Breite auszunutzenden Materialien) und weil unsere Wörter teilweise so lang sind, daß ohne Trennung die Zeilen sehr unterschiedlich gefüllt würden. Zur besseren Platzausnutzung und zur Verbesserung des optischen Eindrucks schneiden wir deshalb ggf. am Zeilenende ein nicht mehr hinpassendes Wort in zwei Teile. Da der Setzer (bzw. das Textverarbeitungsprogramm) die Leerstellen zwischen den Einzelwörtern aber etwas enger oder weiter setzen kann, kommt es hierbei nicht unbedingt auf jeden Millimeter an. Bei der grammatischen Silbentrennung gibt es also einen gewissen Spielraum, der es uns erlaubt, mehrere Aspekte bei der Silbentrennung zu berücksichtigen. An erster Stelle steht hierbei allerdings - wie auch in der Metrik - das klangliche Prinzip der Trennung nach Sprechsilben, denn da beim stillen Lesen eine sogenannte *latente Artikulation* (auch: *Subvokalisation*) mit leichten Kehlkopf-, Lippen- und Zungenbewegungen auftritt, würde man es als auße - rordentlich störe - nd empfi - nden, wenn sich die Schreibung über die natürliche lautliche Gliederung der Wörter völlig hinwegsetzen würde.

Ergänzend spielen jedoch in der Rechtschreibung, also bei der grammatischen Silbentrennung, noch andere Gesichtspunkte eine Rolle. Dabei gibt es allerdings bedeutende Unterschiede zwischen der alten und der neuen deutschen Rechtschreibung, da sich letztere stärker der metrischen Silbentrennung annähert. Daß diese Annäherung jedoch ihre Grenzen hat, läßt sich durch den Satz 'Lea will Ostern an die Adria' verdeutlichen, der nach den Regeln der alten Rechtschreibung, denen der neuen Rechtschreibung und denen der Metrik jeweils unterschiedlich viele Silben besitzt:

- grammatische Silbentrennung (alte Rechtschreibung):
  Lea will Ostern an die Adria.   6 Silben
- grammatische Silbentrennung (neue Rechtschreibung):
  Lea will Os-tern an die Ad-ria [alternativ: A-dria].   8 Silben
- metrische Silbentrennung:
  Le-a will Os-tern an die A-dri-a.   10 Silben

Über weitere Besonderheiten der grammatischen Silbentrennung informieren die einschlägigen Deutsch-Grammatiken. Uns brauchen sie hier nicht weiter zu interessieren, weil die metrische Silbentrennung ja nur ein einziges Trennungskriterium kennt, nämlich das lautliche. Um dies etwas näher zu verstehen, müssen wir nur fragen, weshalb wir überhaupt in der mündlichen Sprache Wortsilben voneinander abtrennen. Sogleich wird man hier einwenden, daß wir das eigentlich gar nicht tun. Und das ist auch richtig, solange wir von leise oder normal laut gesprochener Sprache in durchschnittlichem Tempo ausgehen. Die einzelnen Wörter werden in diesem Fall so flüssig hintereinander weg gesprochen, daß es Haarspalterei wäre, hierin nach Silbengrenzen zu suchen. Selbst die (in geschriebener Sprache immer kenntlichen) Leerräume zwischen den einzelnen Wörtern werden - zum Leidwesen der Entwickler von Spracherkennungssoftware - oft verschluckt, und innerhalb einzelner Wörter lassen sich dann erst recht keine Pausen und Silbengrenzen feststellen. Die Ursache hierfür liegt in der Tatsache, daß die Sprech- und die Atemtätigkeit des Menschen bei normal lauter und normal schneller Sprache nebeneinander herlaufen können, ohne daß es zu Problemen kommt. Der Mensch bekommt genug Luft, um nebenher noch flüssig und ohne ständige Unterbrechungen sprechen zu können. Sprechpausen werden deshalb in alltäglicher mündlicher Rede fast nur dort eingesetzt, wo es dem Sprecher inhaltlich sinnvoll erscheint oder wo er nach Formulierungen sucht.

Anders verhält es sich dagegen, wenn wir unsere Stimme anheben. Um zu schreien, brauchen wir mehr Luft, und unser Sprechen wird demzufolge abgehackter, d.h. wir brauchen mehr Atempausen. Und diese Pausen setzen wir dann automatisch an die Stellen, an denen die Sprechsilben im Sinne der Metrik aneinander stoßen. Metrische Silbentrennung ist also profanerweise ein Effekt der Atemökonomie. Um die Sprechsilben eines Textes ausfindig zu machen, brauche ich ihn nur laut genug herauszuschreien, wobei sich Marathonläufer mit riesigen Lungenkapazitäten oder Kraftmenschen mit dröhnenden Stentorstimmen unter Umständen mehr ins Zeug zu legen haben als zarte Geschöpfe mit flachen Flüsterstimmchen, um auch wirklich entsprechende Pausen einlegen zu müssen. Der (normannisch-hünenhafte) französische Romancier Gustave Flaubert, der immer besonderen Wert auf die klangliche Gestaltung seiner Sätze legte, spricht dementsprechend in seinen Briefen oft davon, daß er einen Textentwurf vor sich hin gebrüllt habe - und das dürfen wir durchaus wörtlich nehmen.

Flaubert besaß allerdings ein abgelegenes Haus am Ufer der Seine. Im Hinblick auf Lage und Bauweise vieler Studentenwohnheime sei hier deshalb daran erinnert, daß man auch 'stumm schreien', d.h. den Atemaufwand künstlich erhöhen kann, ohne die Stimmbänder zu aktivieren. Als Faustregel kann man sich außerdem einprägen, daß *die Anzahl der metrisch relevanten Sprechsilben fast immer der Anzahl der **artikulierten** Vokale entspricht.* Der Zusatz 'artikulierten' ist hierbei erforderlich, weil z.B. bei Diphthongen ('Raum': 1 Silbe), bei Vokalverdoppelungen ('leer': 1 Silbe), bei Dehnungsvokalen ('Soest': 1 Silbe) und in Fremdwörtern oder Namen ('Maugham': 1 Silbe) geschriebene Vokale auftauchen können, die klanglich mit anderen verschmolzen bzw. überhaupt nicht ausgesprochen werden.

Folgen wir den genannten Regeln und Anleitungen, so ist der erste Schritt zur metrischen Analyse, also die Untergliederung des Textes in Sprechsilben, bereits vollzogen. Erforderlich ist nun aber noch eine Fixierung unseres Ergebnisses, denn kaum jemand könnte wohl bei einem achtstrophigen Gedicht die Zahl der Sprechsilben jeder Zeile im Kopf behalten. Wir setzen deshalb unter die Textzeilen jeweils ein Kreuzchen pro Sprechsilbe und erhalten demnach folgendes Bild:

Le-a will Os-tern an die A-dri-a.

x x x   x   x x   x x x x

I-na ist im D-G-B.

x x x x   x x x

Al-so lau-tet ein Be-schluß:

x x   x   x   x x   x

Daß der Mensch was ler-nen muß.

x   x   x   x   x   x   x

Wenden wir dieses Verfahren auf literarische Texte an, so entdecken wir in vielen Fällen bereits auffällige Regelmäßigkeiten. Denn manche Gattungen, wie z.B. die klassische Ode, sind nicht zuletzt durch die Anzahl der Sprechsilben pro Verszeile definiert (s.u. Kap. 2.1). Selbst wer völlig außerstande wäre, eine betonte von einer unbetonten Silbe zu unterscheiden, könnte demnach mit großer Sicherheit eine klassische Odenstrophe identifizieren.

b) Betonung

Wie die Einteilung in Sprechsilben so ist auch die Betonung ein Phänomen, das nur bei einer gewissen Lautstärke und Intensität des Vorlesens zutage tritt. Jeder Text kann tonlos (maschinenartig) dahergemurmelt werden, und nach Betonungen läßt sich dann lange suchen. Daran erkennen wir schon, was eine Betonung überhaupt ist, nämlich nichts anderes als eine bestimmte Abänderung der Sprechweise. Genauer gesagt kommen hierbei (bis zu) drei verschiedene Faktoren zusammen:

1. Verstärkung der Stimme, d.h. eine Sprechsilbe wird *lauter* ausgesprochen, wenn sie betont werden soll.
2. Verminderung des Sprechtempos, d.h. eine Sprechsilbe wird (häufig) *länger* gesprochen, wenn sie betont werden soll.
3. Erhöhung des Sprechtons, d.h. eine Sprechsilbe wird (häufig) *höher* gesprochen, wenn sie betont werden soll.

Nun kann wohl jedermann die Lautstärke, das Tempo und die Tonhöhe der Sprechsilben variieren, wenn er die Wörter 'A-dri-a', 'Os-tern' oder 'Le-a' ausspricht. Und jedermann kann auch hören, welche Variationen ein anderer Sprecher hierbei vornimmt. Nicht zu bestreiten ist allerdings, daß es in dieser Hinsicht individuelle Unterschiede in der Feinfühligkeit gibt. Doch hierbei gilt die Regel, daß es sich ausschließlich um eine Frage des Trainings handelt, ob ich Volumen-, Tempo- und Tonschwankungen gröber oder feiner registrieren kann. Oft wird dabei ein Zusammenhang zwischen bestimmten Hörgewohnheiten und der Sensibilität in metrischen Fragen hergestellt. Doch ist hier mit Vorsicht zu argumentieren. Solange sie nicht wirklich das Gehör ruiniert und zu echter Schwerhörigkeit führt, kann auch Popmusik zu Trainingszwecken eingesetzt werden, denn gerade hierin kommt es oft zu sehr geringen Schwankungen in den erwähnten Bereichen, deren Wahrnehmung ein genaues Hinhören erfordert. Mit der Musikrichtung hat es also nichts zu tun, wohl aber etwas mit der Aufmerksamkeit beim Zuhören, ob ich mein Gehör verfeinere.

Allerdings ist das für die metrische Analyse auch vielfach ganz unerheblich, weil der Student (z.B. in Klausuren) normalerweise keine Tondokumente vorgespielt bekommt, nach denen er seine Analyse durchzuführen hätte. Stattdessen liegt typischerweise ein gedruckter Gedichttext vor ihm, bei dessen Analyse das Gehör kaum eine Rolle spielt. Wichtig ist es hierbei vielmehr, erstens die sogenannte natürliche Betonung der Wörter zu kennen und zweitens etwas über literarische Gattungen und die für sie spezifischen rhythmisch-metrischen Gesetzmäßigkeiten der Gestaltung zu wissen.

Beginnen wir mit dem Problem der *natürlichen Betonung*. Hierbei handelt es sich um ein Phänomen, das uns die metrische Analyse entscheidend erleichtert, denn diese natürliche Betonung ist uns zwar nicht unbedingt bewußt, aber dennoch in jedem Fall geläufig, da wir sie ständig selbst benutzen. Da die allermeisten literarischen Texte ihr folgen, d.h. keine oder nur wenige Abweichungen von der natürlichen Betonung aufweisen, muß es uns für Zwecke der metrischen Analyse bloß gelingen, das uns unbewußt sowieso Geläufige bewußt zu machen. Dies geschieht am leichtesten mit Hilfe der sogenannten *Überlautung*, bei der (im Alltagsleben situationsbedingt) überdeutlich gesprochen wird. Zu denken ist etwa an ein Gespräch in einer überfüllten Jazzkneipe, bei dem man die Musik und den Gesprächslärm der anderen Gäste zu übertönen versucht. Auch wenn wir jemandem auf der anderen Straßenseite durch den Verkehrslärm etwas zurufen, bedienen wir uns der überdeutlichen Artikulation. Und schließlich könnte man noch an die Sprechweise denken, in der ein Lehrer seinen Schülern beim Rechtschreibdiktat den Text vorspricht. Allerdings kann es in diesem letztgenannten Fall auch zu einer Dehnung bestimmter Vokale kommen, die uns dann womöglich betont vorkommen, obwohl sie es eigentlich nicht sind. Und bei den beiden erstgenannten Beispielen darf die Lautstärke nicht bis zum Niveau des Schreiens erhöht werden, weil dabei die Betonungsunterschiede eingeebnet sind (während - wie wir sahen - die Grenzen zwischen den Sprechsilben deutlicher hervortreten). Am besten gehen wir vielleicht von der erwähnten Kneipen- oder Partysituation aus. Die Umgebungsgeräusche versuchen wir hierbei nicht mit maximaler Lautstärke zu übertönen, sondern durch möglichst klare und differenzierende Artikulation, so daß die natürlichen Unterschiede zwischen betonten und unbetonten Silben stärker hervortreten. Diese natürlichen Unterschiede ergeben sich aus der Struktur unserer Sprache und sind in allen

Grammatiken näher beschrieben und hergeleitet. Grundsätzlich halten wir nur fest, daß die deutsche Sprache zur Anfangsbetonung neigt, während z.B. die französische den Akzent oftmals auf das Wortende legt. Allerdings gibt es von dieser Grundregel zahlreiche Ausnahmen. So werden etwa manche Vorsilben wie 'be-', 'ver-' oder 'zer-' nicht betont, und bei Abkürzungen wird vielfach der letzte Buchstabe betont (EKG, USA). Keine festen Regeln gibt es für Namen und Fremdwörter, bei denen die richtige Betonung jeweils erlernt werden muß. Übrigens gibt es in allen großen Literatursprachen eigene Aussprachewörterbücher, in denen die natürliche (Aussprache und) Betonung der allermeisten Wörter aufgelistet ist. Wer besonders starke Schwierigkeiten beim Heraushören der natürlichen Betonung hat, kann deshalb z.B. das Duden-Aussprachewörterbuch benutzen, in dem mehr als 100000 deutsche Wörter aufgelistet sind. Theoretisch läßt sich darin (höchstwahrscheinlich) jedes Wort einzeln nachschlagen, das in einem literarischen Werk vorkommt; mit diesem Hilfsmittel, das auf den ersten 100 Seiten auch die wesentlichen Grundregeln der natürlichen Betonung im Deutschen vorstellt, kann im Prinzip sogar ein vollständig Gehörloser die natürliche Betonung aller in einem Text vorkommenden Wörter ermitteln. Bei sehr alten Texten muß man hierbei allerdings Vorsicht walten lassen, da manche Wörter im Lauf der Jahrhunderte ihre Betonung verändert haben (z.B. lébendig - lebéndig). Und außerdem ist zu berücksichtigen, daß viele *einsilbige* Wörter je nach Kontext mal betont und mal unbetont sind (vgl. etwa die Fragesätze 'Wér holt ihn?' / 'Wer hólt ihn?' / 'Wer holt íhn?').
Die bei natürlicher Betonung lauter, häufig auch länger und höher artikulierten Sprechsilben müssen nun noch markiert werden. Wir benutzen dazu den Akzent (´), der sich als Betonungszeichen eingebürgert hat und um den wir die Kreuzchen in unserem Sprechsilbenschema jetzt ergänzen:

      Le-a will Os-tern an die A-dri-a.
      x́ x x x́   x x́ x x́ x x
oder: x́ x x x́   x x x x́ x x
oder: x́ x x́ x́   x x x x́ x x

      Al-so lau-tet ein Be-schluß:
      x́ x x́ x x́ x   x́
      Daß der Mensch was ler-nen muß.
      x́ x   x́   x x́ x x́

Was reif in die-sen Zei-len steht
x   x́ x x x́ x   x́ x   x́

Was lä-chelnd winkt und sinn-end fleht,
x   x́   x   x́   x   x́   x   x́

Das soll kein Kind be-trü-ben.
x   x́   x   x́   x   x́   x

Nach der Trennung in Sprechsilben und der (notfalls mit Duden-Ausspra-chewörterbuch vorzunehmenden) Zuordnung von Akzenten gemäß der natürlichen Wortbetonung folgt nun noch ein dritter Arbeitsschritt, der deshalb erforderlich ist, weil die natürliche Betonung in literarischen Werken manchmal doch aufgegeben wird.

c) Tonbeugung

Im Falle einer Abweichung von der natürlichen Wortbetonung sprechen wir von der sogenannten *Tonbeugung*. Historisch können wir feststellen, daß dieser Eingriff in die natürliche Betonung nur im Meistersang des 16. Jahrhunderts, im Kirchenlied, in der antikisierenden Lyrik sowie (mit experimentell-humoristischem Hintergrund) in der dadaistischen Literatur und in der konkreten poesie stärker verbreitet war und ansonsten in der Literatur - besonders seit Ende des 18. Jahrhunderts - eher eine Ausnahmeerscheinung darstellt. Die Tonbeugung kommt zustande, wenn der Autor ein bestimmtes metrisches Schema realisieren will, aber keine 'passenden' Wörter findet, die sich zwanglos, also in Übereinstimmung mit der natürlichen Betonung, in dieses Schema fügen. Schauen wir uns ein Beispiel an. Es wäre etwa denkbar, daß wir ein Gedicht für ein Flugblatt satirischen Inhaltes über die Universität machen wollen und daß wir dabei das allgemein bekannte und deshalb effektvolle Versmaß von *Max und Moritz* verwenden wollen, woraus ja auch das vorletzte der obigen Textbeispiele stammt. Die Verteilung der Betonungen auf die Sprechsilben stünde dann fest, noch bevor wir ein einziges Wort des Textes erdichtet hätten:

x́xx́xx́xx́

x́xx́xx́xx́

Welche Wörter wären geeignet, dieses Schema auszufüllen? Für unser heutiges Empfinden nur solche, die ihrer natürlichen Betonung nach harmonisch in dieses Schema einzufügen wären, also z.B. diese beiden Verse:

> Wird es früh am Morgen hell,
> Eile ich zur Uni schnell.

Wesentlich problematischer wären dagegen die folgenden Zeilen, in denen es zu Anfang der zweiten Zeile eine Tonbeugung gibt:

> Wird es früh am Morgen hell,
> Eilt Egon zur Uni schnell.

Die große Frage ist nun allerdings, woran wir überhaupt erkennen können, daß es sich um eine Tonbeugung handelt, wenn wir ausschließlich diesen Text vorliegen haben. Denn eine metrische Analyse würde zwar ergeben, daß die erste und die zweite Zeile in puncto Betonungsverteilung nicht übereinstimmen, aber das könnte ja auch Absicht des Verfassers sein und darauf hindeuten, daß eben die zweite Zeile klanglich anders gestaltet ist als die erste. Tatsächlich brauchen wir zusätzliche Indizien, um behaupten zu können, daß es sich bei 'Eilt Egon' um eine Tonbeugung handelt. Zwei Formen von Indizien kommen hierbei in Betracht, nämlich erstens der Strukturzwang und zweitens die Gattungskonvention.

Von *Strukturzwang* sprechen wir, wenn ein literarisches Werk aus mehreren ganz gleichgebauten Elementen besteht und wenn nur eines (oder ganz wenige) dieser Elemente anders gebaut sind. So könnte etwa ein Gedicht aus fünf vierzeiligen Strophen bestehen, in denen alle Zeilen in puncto Sprechsilbenzahl und Betonungsverteilung identisch sind. An einer Stelle könnte aber das Schema durchbrochen sein, indem z.B. die zweite Silbe einer bestimmten Zeile, die in allen anderen Zeilen unbetont ist, der natürlichen Betonung zufolge eigentlich einen Akzent hätte. Drei Deutungsmöglichkeiten bieten sich für einen solchen Befund an. Erstens kann es sich um eine bewußte Abweichung vom metrischen Schema handeln, die der Hervorhebung eines bestimmten Begriffes dient. Zweitens kann einfach ein Fehler oder eine Nachlässigkeit des Autors vorliegen. Und drittens kann es sich dann um eine Tonbeugung handeln, die *uns zwingt, die entsprechende Zeile abweichend von der natürlichen Wortbe-*

tonung vorzulesen. Von einer bewußten Abweichung können wir nur sprechen, wenn dies interpretatorisch einen Sinn macht, d.h. wenn die Schemaverletzung bei einem zentralen oder inhaltlich 'sperrigen' Begriff auftritt. Eine Nachlässigkeit des Autors können wir eher bei längeren und metrisch komplizierten als bei kürzeren und metrisch anspruchslosen Texten unterstellen, und darüber hinaus lehrt uns auch die Literaturgeschichte, welche Autoren besonders penibel in der Versgestaltung waren (z.B. Rückert) und welche eher dazu neigten, fünfe auch einmal gerade sein zu lassen (z.B. Goethe). Bei interpretatorisch nicht plausiblen Schemaabweichungen innerhalb eines kürzeren und metrisch einfachen Textes können wir also, sofern der Autor für sorgfältige metrische Gestaltung bekannt ist, im Hinblick auf erkennbare Strukturzwänge von einer Tonbeugung sprechen. (Metrische 'Fehler' eines nachlässigeren Autors sind bei der Rezitation als solche kenntlich zu machen, können also nicht als echte Tonbeugung gelten.)

Wesentlich häufiger als aus innerem Strukturzwang ergeben sich Tonbeugungen aus der Einhaltung bestimmter *Gattungskonventionen.* Bestimmte Textgattungen wie z.B. das Sonett oder die Ode sind metrisch sehr genau definiert. Wenn ich nun aufgrund anderer Textmerkmale (wie z.B. der Anzahl der Strophen, der Zeilen oder der Sprechsilben pro Verszeile) oder aufgrund von Gattungsbezeichnungen im Werktitel (z.B. Brechts *Sonett für Trinker*) eindeutig erkenne, daß es sich um ein derartiges Gebilde handelt, dann kann ich Abweichungen von der natürlichen Betonungsverteilung in der Regel als Tonbeugung interpretieren. Voraussetzung ist allerdings, daß der Text insgesamt den Eindruck erweckt, als habe sich der Autor den zu seiner Zeit gültigen Gattungskonventionen beugen wollen. Denn natürlich gibt es auch innovative Fortentwicklungen einzelner Gattungen, bei denen die bis zum Entstehungszeitpunkt des jeweiligen Werkes gültigen Gattungsregeln gezielt ignoriert werden. Wie man sieht, bedarf es also literaturhistorischer, genauer gesagt: gattungsgeschichtlicher Vorkenntnisse, um in einem konkreten Fall mit dem Hinweis auf Gattungskonventionen eine Tonbeugung diagnostizieren zu können (s.u. Kapitel 2).

d) Beschreibungskonventionen (Versfüße)

Wenn wir nun mit Hilfe von Kreuzchen und Akzenten die Betonungsverteilung in einem Text ermittelt haben, werden wir oftmals feststellen, daß sich auffällige Regelmäßigkeiten ergeben. Betonte und unbetonte Silben wechseln sich häufig in einer ganz bestimmten Reihenfolge ab, und im Vergleich mit anderen Texten ergeben sich dann Ähnlichkeiten und direkte Übereinstimmungen.

Schon in der Antike ist man deshalb auf die Idee verfallen, bestimmte Kombinationen von betonten und unbetonten Silben mit eigenen Namen zu versehen, um die spezifische Betonungsverteilung in einem Text mit wenigen charakterisierenden Fachbezeichnungen beschreiben zu können. Lustigerweise ging man hierbei von der Gewohnheit aus, den Rhythmus eines Gedichtes mit dem Fuß mitzustampfen, so wie das heute noch z.T. in der Musik üblich ist. Die besagten Kombinationen wurden deshalb als 'Versfüße' bezeichnet, d.h. als festgelegte Betonungsabfolgen, denen jeweils eine dazu passende Fußbewegung entsprach. In der antiken Metrik unterschied man nicht weniger als 28 derartige Versfüße, die wir aber zum Glück in der modernen Metrik nicht alle benutzen. Ursache hierfür ist der Umstand, daß der antiken Metrik eine ganz andersartige Vorstellung von Betonung zugrundeliegt. Wie wir oben sahen, spielen ja in der deutschen (und allgemein in der modernen) Metrik drei verschiedene Aspekte bei der Betonung eine Rolle, nämlich die Lautstärke, das Sprechtempo und die Tonhöhe. In der antiken Metrik wurde jedoch ausschließlich das zweite dieser Kriterien berücksichtigt, d.h. die relative Länge einer Sprechsilbe (sog. quantitierendes Prinzip). Da nun im klassischen Griechisch und Latein Abfolgen von bis zu vier 'betonten' (d.h. langen) oder 'nichtbetonten' (d.h. kurzen) Silben vorkamen, definierte man in der Metrik Versfüße, die aus zwei , drei oder eben sogar vier Sprechsilben mit spezifischer Betonungsabfolge bestanden. Vier lange Silben hintereinander hießen zum Beispiel 'Dispondeus', vier kurze hintereinander 'Dipyrrhichius'. Für unsere Belange sind solche Begriffe nutzlos, da es in der deutschen Sprache so gut wie keine Wörter oder Wortfolgen gibt, die im Sinne unseres dreigliedrigen Betonungsbegriffes aus einer Abfolge von vier betonten oder vier unbetonten Sprechsilben bestehen. Von der antiken Begriffsfülle sind deshalb nur noch wenige Bezeichnungen übriggeblieben, die sich noch einmal in zwei Gruppen von bedeutenden und weniger bedeutenden Versfüßen unterteilen lassen.

Absolut unentbehrlich für die Analyse deutschsprachiger Literatur sind folgende drei Begriffe, die jeder Philologiestudent kennen und anwenden können muß:

- **Jambus**   xx́   Beispiel: jawohl
- **Trochäus**   x́x   Beispiel: trocken
- **Daktylus**   x́xx   Beispiel: dämmerig

Als Eselsbrücke kann man sich noch den folgenden Satz einprägen: 'Der Jambus ist keiner, der Daktylus ist einer.' D.h. das Wort 'Jambus' ist selbst kein Jambus (sondern ein Trochäus), und das Wort 'Daktylus' bildet selbst einen Daktylus.

Etwas seltener sind die nachstehenden drei Bezeichnungen, die man sich jedoch im Laufe der Zeit ebenfalls merken sollte:

- **Spondeus**   x́x́   Beispiel: Spiel' mit!
- **Anapäst**   xxx́   Beispiel: analog
- **Amphibrachys**   xx́x   Beispiel: amphibisch

Wenn wir also unsere Kreuzchen und Akzentzeichen unter irgendeine Gedicht- oder Dramenzeile gemalt haben, können wir zur abkürzenden Beschreibung z.B. sagen, daß es sich um eine vierhebige Zeile aus Jamben (xx́xx́xx́xx́), um eine dreihebige Zeile aus Trochäen (x́xx́xx́x) oder um eine vierhebige Zeile aus Anapästen (xxx́xxx́xxx́xxx́) handelt. Dabei sprechen wir im Deutschen bei mehr als vier Hebungen von einer *Langzeile*. (Besonders verbreitete und berühmte Zeilentypen wie den dramatischen Blankvers oder den epischen Hexameter werden wir in Kapitel 2 kennenlernen.) Übrigens unterscheiden wir Zeilen auch noch nach ihrem Ende voneinander. Ist die letzte Sprechsilbe betont, so handelt es sich um eine *männliche* Zeile, ist sie unbetont, um eine *weibliche*. Wer das diskriminierend findet, kann die umgekehrt wertenden Begriffe *stumpfe Kadenz* (= männlich, betont) bzw. *klingende Kadenz* (= weiblich, unbetont) verwenden. Fehlt am Versende eine Senkung, sprechen wir von einem *katalektischen Vers*; findet sich eine überzählige Senkung, handelt es sich um einen *hyperkatalektischen Vers*. Obwohl im Prinzip jeder beliebige Text von der Ode bis zur Gebrauchsanweisung einer metrischen Analyse unterzogen werden kann, werden die letztgenannten Kategorien meistens nur auf jene dramatischen und lyrischen Texte angewandt, die aus Verszeilen gebildet sind, die also nicht in Prosa verfaßt sind.

e) Reim

Wenn die letzten Wörter zweier benachbarter oder nur durch wenige Zeilen voneinander getrennter Verse ähnlich klingen, sprechen wir von einem Reim (genauer: von einem Endreim). Hierbei ist zunächst zwischen verschiedenen Graden der Ähnlichkeit zu unterscheiden. Als *reinen Reim* bezeichnen wir die klangliche Gleichheit ab dem Vokal der letzten betonten Sprechsilbe (Schicksalss*tück* - Lebensgl*ück*). Von einem *unreinen Reim* sprechen wir, wenn keine Klanggleichheit, sondern nur eine lautliche Ähnlichkeit vorliegt (Schicksalss*tück* - Liebesbl*ick*). Und als *rührenden Reim* bezeichnen wir es, wenn auch die Laute vor dem besagten Vokal klanglich identisch sind (Schicksals*stück* - Meister*stück*). Da es im Deutschen keine Eins-zu-eins-Entsprechung zwischen Buchstaben und Lauten gibt, darf man sich bei der Klassifizierung entsprechender Reime niemals am Schriftbild, sondern immer nur an der Aussprache orientieren. So ist beispielsweise der Reim 'Rowdy - Gaudi' trotz der völlig unähnlichen Schreibweise beider Wörter klanglich in Ordnung, während die Kombination 'Garage - Anfrage' einen äußerst unreinen Reim ergibt. Da es im Deutschen - auch bei Verwendung spezieller Reimwörterbücher - nicht leicht ist, immer ein passendes, reines Reimwort zu einem anderen Wort zu finden, treten unreine Reime selbst in den berühmtesten kanonischen Werken auf. Berüchtigt ist etwa das hessisch gefärbte 'Ach n*eige*, / Du Schmerzenr*eiche* ...' aus Goethes *Faust*, das aber keineswegs einen Einzelfall darstellt. Wegen dieser Schwierigkeiten und aus einer Vorliebe für die antike Literatur, in der es ja keine Reime gibt, haben Autoren wie Bodmer und Klopstock den Reim kategorisch abgelehnt, während Dichter wie Heine oder Rilke ausgiebig Gebrauch von den Möglichkeiten des Reims machten.

Zur Kennzeichnung der *Reimstellung* werden die sich reimenden Verszeilen in der praktischen Textanalyse mit Buchstaben versehen, wobei gleiche Buchstaben auf sich reimende Zeilen verweisen. Eingestreute Verse ohne Endreim (sog. Waisen) werden mit 'x' bezeichnet. Besonders bekannt sind der *Paarreim* (aa bb cc dd usw.), der *Kreuzreim* (abab cdcd usw.), der *umarmende Reim* (abba cddc usw.) sowie der *Schweifreim* (aab ccb ddb usw.). Darüber hinaus kann selbstverständlich auch eine ganz freie Reimstellung gewählt werden, bei der alle diese Formen kombiniert oder variiert werden. Eine natürliche Grenze findet diese Freiheit nur in der Tatsache, daß Reime über mehr als drei Zeilen hinweg vom Rezipienten in aller Regel nicht mehr wahrgenommen werden. Bei jedem Text in

Versen sollte unser Blick gewohnheitsmäßig zunächst auf die Zeilenenden fallen, damit eine ggf. vorhandene Reimbindung der Verse realisiert wird. Übrigens kann auch das sogenannte *Enjambement* die klangliche Wirkung des Reimes abschwächen. Hier fällt das Versende nicht mit einem syntaktisch-semantischen Einschnitt zusammen, so daß der Leser - wie in den ersten fünf Zeilen von Rilkes *Gebet für die Irren und Sträflinge* - quasi über die Zeilengrenze hinausdrängt:

Ihr, von denen das Sein	a
leise sein großes Gesicht	b
wegwandte: ein	a
vielleicht Seiender spricht	b
draußen in der Freiheit	c
langsam bei Nacht ein Gebet:	d
daß euch die Zeit vergeht;	d
denn ihr habt Zeit.	c

Alle bisher behandelten Eigenarten des Reims bezogen sich auf den Endreim. Klanggleichheit oder Ähnlichkeit kann jedoch auch an anderen Stellen eines Textes entstehen, und natürlich gibt es philologische Fachtermini zur Beschreibung derartiger Phänomene. Wenn in benachbarten Verszeilen die Anfangswörter gleich klingen, reden wir von einem *Anfangsreim*, und wenn Wörter innerhalb ein und derselben Zeile sich reimen, liegt ein sogenannter *Binnenreim* vor.

Schließlich sei hier noch auf das Phänomen der sogenannten *Halbreime* hingewiesen, bei denen sich Wörter nicht von der letzten betonten Silbe an, sondern nur in einzelnen Lauten ähneln. Je nachdem, ob die Klanggleichheit im Bereich der Vokale oder der Konsonanten auftritt, unterscheiden wir hierbei zwischen *Assonanz* und *Konsonanz*. Beide Formen sind im Deutschen (anders als z.B. in der spanischen, irischen oder russischen Literatur) relativ selten, da sie bei sparsamer Anwendung häufig ganz unbemerkt bleiben, bei permanenter Verwendung dagegen schnell monoton und reklameartig penetrant wirken. Üblich sind Assonanz und Konsonanz allerdings im Falle der *Alliteration*, einer Sonderform dieser Halbreime, bei der mehrere aufeinander folgende Wörter den gleichen Anlaut (Anfangslaut) besitzen ('Milch macht müde Männer munter.') In der altgermanischen Versdichtung wurde hiervon reichlich Gebrauch gemacht; von den vier betonten Stammsilben einer Langzeile begannen drei mit dem gleichen Laut (sogenannter *Stabreim*).

Fassen wir nun unsere bisherigen Erkenntnisse zusammen, so könnten wir z.B. über die weiter oben zitierten Zeilen aus *Max und Moritz* sagen, daß es sich dabei um vierhebige trochäische Zeilen mit stumpfer Kadenz handelt, die mit reinen Endreimen zu einem Paarreim zusammengefaßt sind. Das klingt schon recht professionell, doch vor allem erlaubt es uns den Vergleich mit anderen literarischen Werken, die ganz ähnlich gebaut sind. Speziell in der Lyrik gibt es nämlich relativ häufig eine bestimmte Unterart der Intertextualität, die man als Formzitat bezeichnen könnte und bei der nicht der Inhalt, sondern die metrische Struktur eines bestimmten Werkes zitiert wird. Ich kann ja z.B. auf Rilke anspielen, indem ich nicht etwa eine seiner Formulierungen in meinen Text einbaue, sondern indem ich eine für sein lyrisches Schaffen typische Vers- und Strophenform verwende. Und natürlich kann ich auf ähnliche Weise eine gute Rilke-Parodie schreiben, indem ich einen für Rilke ganz untypischen Inhalt in eine von ihm häufig benutzte und geprägte Form gieße.
Wie man hieran bereits erkennt, ist die Kombination bestimmter Inhalte mit bestimmten Formen nicht einfach ein Werk des Zufalls. Was ich in dreihebigen Jambenzeilen sage, klingt anders, wenn ich es in daktylische Verse bringe; und obwohl derartige Unterschiede schwer zu erfassen und zu beschreiben sind, können sie ganz gewiß nicht geleugnet werden. Häufig führen - bewußt oder unbewußt - folgende Motive zur Wahl einer bestimmten metrischen Struktur:

- Entsprechung von Rhythmus und Inhalt (z.B. fließende Daktylen für ein Moselgedicht)
- Kontrastierung von Rhythmus und Inhalt (z.B. fließende Daktylen für ein Alpengedicht)
- Anknüpfung an Gattungstraditionen (z.B. Liebesgedicht mit der metrischen Struktur von Petrarcas berühmten *Sonetten an Madonna Laura*)
- Sprengung von Gattungstraditionen (z.B. erotisches Gedicht mit der metrischen Struktur eines bekannten Kirchen- oder Weihnachtsliedes)

- Übernahme oder gezielte Vermeidung gerade modischer Versformen
- Beibehaltung eines persönlichen Stiles oder eingeübter Sprechweisen

Bei der Interpretation kann die metrische Struktur eines Werkes meistens unter Rekurs auf eine dieser sechs Varianten erklärt werden. Um hierbei den Text nicht auf eine einzige Rezitationsweise festzulegen, sollte man ihn nicht nur selbst metrisch analysieren und mehrfach *laut* vorlesen, sondern nach Möglichkeit auch noch andere Rezitationen zur Kenntnis nehmen. Sofern im Freundes- und Bekanntenkreis niemand zur Mithilfe bereit ist, kann man sich Tonaufnahmen mit professionellen Sprechern oder gar mit den Autoren selbst besorgen. Stadt- und Musikbüchereien, aber auch die an manchen Universitäten eingerichteten Schallarchive besitzen zahlreiche CDs und Cassetten ('Audiobooks'), auf denen Mitschnitte von Lesungen u.ä. gespeichert sind; große Buchhandlungen und Musikgeschäfte besitzen eigene Abteilungen für Literaturaufnahmen. Gerade für den Anfänger kann es sehr nützlich sein, sich einmal einen bestimmten Text in drei oder vier verschiedenen Aufnahmen mit unterschiedlichen Rezitatoren zu besorgen und die Unterschiede in der Vortragsweise, die ja u.U. das ganze Textverständnis verändern können, möglichst genau zu erfassen.

WICHTIGE BEGRIFFE

Sprechsilbe (grammatische und metrische Silbentrennung) / latente Artikulation (Subvokalisation) / natürliche Betonung (Lautstärke, Dauer, Tonhöhe) / Überlautung / Tonbeugung (Strukturzwang, Gattungskonventionen) / Versfüße (Jambus, Trochäus, Daktylus) / Langzeile / männliche und weibliche Zeile (stumpfe und klingende Kadenz) / Endreim, Binnenreim, Anfangsreim / unreiner, reiner, rührender Reim / Reimstellung (Paarreim, Kreuzreim, umarmender Reim, Schweifreim) / Enjambement / Halbreim (Assonanz und Konsonanz, Alliteration, Stabreim)

DISKUSSIONSFRAGEN UND ARBEITSAUFGABEN

- Welche Vorteile bringt eine gattungskonform-regelmäßige Gestaltung der metrischen Struktur eines Textes für Autor und Leser mit sich?
- Welche Funktionen kann die Verwendung von Reimen und Halbreimen haben?

• Wie könnte ein Autor das Auftreten von Tonbeugungen in einem von ihm verfaßten Text rechtfertigen?

• Führen Sie eine metrische Analyse von drei oder vier Gedichten Ihrer Wahl durch!

• Analysieren Sie sechs oder sieben Gedichte Ihrer Wahl im Hinblick auf Reime und Halbreime!

LITERATURHINWEISE

Breuer, Dieter: Deutsche Metrik und Versgeschichte. 3. Aufl. München 1994.
[Informiert übersichtlich und umfassend über alle Formen der gebundenen Sprache im Deutschen.]

Duden Aussprachewörterbuch. Wörterbuch der deutschen Standardaussprache. Bearb. v. Max Mangold in Zus.-arb. m. d. Dudenredaktion. 3., völlig neu bearb. u. erw. Aufl. Mannheim, Wien u. Zürich 1990.
[Informiert umfassend über die geltenden Ausspracheregeln und verzeichnet die korrekte Betonung und Aussprache von mehr als 120000 Wörtern.]

Kayser, Wolfgang: Geschichte des deutschen Verses. Zehn Vorlesungen für Hörer aller Fakultäten. 4. Aufl. München 1991.
[Sehr leicht lesbares Werk über die historische Entwicklung der deutschen Verskunst für den absoluten Anfänger.]

Kayser, Wolfgang: Kleine deutsche Versschule. 26., unveränd. Aufl. Tübingen 1999.
[Ohne Vorkenntnisse verstehbares Werk, das die Grundlagen der Metrik behandelt.]

Wagenknecht, Christian: Deutsche Metrik. Eine historische Einführung. 3., durchgesehene Aufl. München 1993.
[Gleichwertige Alternative zu der Überblicksdarstellung von Breuer.]

1.7 Poetik und Ästhetik

Nachdem wir in den letzten fünf Kapiteln Detailfragen der Einzeltextanalyse behandelt haben, müssen wir nun unseren Blick etwas ausweiten, um die größeren Zusammenhänge kennenzulernen, in die Literatur eingebettet ist und die ihr Erscheinungsbild, letzten Endes bis in die gestalterischen Einzelheiten hinein, prägen.

Wir begeben uns zunächst in den Bereich der Poetik, die als Unterdisziplin der philosophischen Ästhetik gelten kann. Dabei gibt es jedoch geistes- und institutionsgeschichtlich eine unsichtbare, manchmal auch verwischte Scheidelinie zwischen diesen beiden Disziplinen. Denn die Poetik wird in aller Regel von Schriftstellern, die (literarische) Ästhetik hingegen von Philosophen betrieben. Gerade in der deutschen Literatur, die insgesamt eine recht philosophische ist, hat es jedoch immer wieder Überschneidungen zwischen den beiden Sphären der (wissenschaftlichen) Ästhetik und der (künstlerischen) Poetik gegeben. Viele Autoren waren in Personalunion 'Dichter und Denker', die mal vom Standpunkt des künstlerischen Praktikers und mal aus der Position des Ästhetikers geschrieben haben (z.B. Lessing und Schiller). Obwohl dies einerseits im Hinblick auf die Vermittlung von Theorie und Praxis ein Vorteil sein kann, ist es doch andererseits in nicht wenigen Fällen eine Quelle innerer Widersprüche und Inkonsequenzen im Werk dieser Autoren gewesen. Denn häufig decken sich die theoretischen Äußerungen von Schriftstellern nur sehr unvollkommen mit ihren tatsächlichen künstlerischen Hervorbringungen. Wunsch und Wirklichkeit, Absicht und Handlung, Theorie und Praxis klaffen also nicht selten auseinander.

Für die konkrete Textanalyse bedeutet dies, daß theoretische Äußerungen eines Autors nur unter Vorbehalten und nach sorgfältiger Prüfung für die Erklärung seiner literarischen Werke benutzt werden können. Wenn ein Autor sich für politisch-kämpferische Kunst ausspricht, dann heißt das noch lange nicht, daß seine Texte auch tatsächlich entsprechend gestaltet sind. Und wenn ein Schriftsteller umgekehrt jedes Interesse an Politik und Gesellschaft emphatisch dementiert, dann können seine Werke u.U. dennoch engagiert sein und eine politische Wirkung ausüben. Wer also z.B. über Schiller schreibt, muß dessen Theorie der 'ästhetischen Erziehung' unbedingt kennen, doch er darf nicht a priori davon ausgehen, daß Schillers literarische Werke nichts anderes als eine (gelungene) praktische

Umsetzung dieser Theorie sind und vollständig aus ihr heraus erklärt werden können.

Eine ganz fundamentale Dichotomie, welche die gesamte Ästhetik und Poetik prägt und durchzieht, ist diejenige zwischen Heteronomie- und Autonomieästhetik. Hierbei geht es um die Frage, ob die Kunst einem außerkünstlerischen Zweck dienen und auf irgendeine Weise Einfluß auf die Menschen ausüben soll (Heteronomie) oder ob sie einen Selbstzweck darstellt und gleichsam eine Welt für sich selbst bildet (Autonomie). Geschichtlich verhält es sich hierbei so, daß die Autonomie- der Heteronomiekonzeption folgte. Zur genaueren Erklärung des Unterschiedes zwischen Autonomie- und Heteronomieästhetik ist es zunächst erforderlich, zwischen vier verschiedenen Erscheinungsformen der künstlerischen Emanzipation zu unterscheiden:

- **Ideologische Emanzipation**

Hierbei löst sich der Künstler aus den Konventionen, die das gesellschaftliche Leben seiner Zeit bestimmen. Von der Infragestellung allgemein akzeptierter Normen über die (für Zeitgenossen) schockierende Tabuverletzung bis hin zur offenen Gesetzesübertretung reicht auf diesem Feld die Spannweite einer möglichen Emanzipation des Künstlers. Die Adelskritik in Goethes *Werther*, die Rechtfertigung des Ehebruchs in Flauberts *Madame Bovary* oder die Preußenkritik in den Werken des (steckbrieflich gesuchten und ins Exil getriebenen) Heinrich Heine wären als Beispiele hierfür zu nennen.

- **Formale Emanzipation**

Hierbei setzt sich der Künstler über die zu seiner Zeit anerkannten Vorstellungen von normgerechter, 'richtiger' künstlerischer Gestaltung hinweg. Das Spektrum der Emanzipationsmöglichkeiten erstreckt sich in diesem Bereich von der Variation gestalterischer Details über die Verletzung bestimmter Gattungskonventionen bis hin zur Neuerschaffung stilistischer Techniken. Literarhistorisch ließe sich hierbei etwa an die Veränderung der Reimstellung im englischen Sonett des 16. Jahrhunderts, an die Auflösung der traditionellen Akteinteilung im sogenannten Stationendrama des Expressionismus oder an die den Prinzipien des verordneten sozialistischen Realismus nicht entsprechenden Prosawerke bestimmter DDR-Autoren wie Manfred Bieler oder Günter Kunert denken.

- **Ontologische Emanzipation**

Hierbei wendet sich der Künstler von der konkreten geschichtlichen Welt, in der wir leben, grundsätzlich ab und erschafft sich eine eigene Sphäre, in der andere 'Natur'- Gesetze, Regeln und Werte gelten. Der Emanzipationsspielraum reicht auf diesem Gebiet von der Einstreuung phantastischer Episoden über die Gestaltung kompletter Gegenwelten bis hin zur Darstellung unbegreiflicher, mit menschlichen Denk- und Wahrnehmungskategorien kaum noch erfaßbarer Vorgänge. Beispiele hierfür finden sich u.a. im Märchen, in der Science-Fiction- und Fantasy-Literatur oder auch in der surrealistischen Lyrik und Prosa des 20. Jahrhunderts.

- **Semiotische Emanzipation**

Hierbei löst der Künstler die herkömmliche Beziehung zwischen den Zeichen und ihren Bedeutungen auf und schafft sich - soweit möglich - eine eigene Sprache. Die Möglichkeiten zur Emanzipation erstrecken sich in dieser Hinsicht von der gelegentlichen Wortneubildung über die wiederholte Außerachtlassung von (einzelsprachspezifischen) Wort- und Satzbildungsregeln bis hin zur Erfindung kompletter eigener Alphabete und Grammatiken. Literaturgeschichtlich begegnen uns derartige Phänomene etwa in der manieristischen Dichtung des 17. Jahrhunderts (z.B. Lohensteins *Arminius*-Roman), in der 'absoluten' Lyrik des 19. Jahrhunderts (z.B. Mallarmé) oder in der Poesie des 20. Jahrhunderts (z.B. Franz Mons Gedichte oder Giorgio Manganellis *Nuovo comento*).

Was bedeutet diese vierfache Differenzierung im Hinblick auf unsere Unterscheidung zwischen Heteronomie- und Autonomieästhetik? Nun, zunächst einmal muß darauf hingewiesen werden, daß es zwar einerseits eine Verwandtschaft zwischen künstlerischer Emanzipation und ästhetischer Autonomie gibt, daß aber andererseits *keine* logisch zwingende Verbindung zwischen bestimmten Emanzipationsformen und einer der beiden ästhetischen Grundhaltungen existiert. Auch Befürworter der ontologischen und semiotischen Emanzipation können, was auf den ersten Blick paradox zu sein scheint, insgeheim von einer prinzipiellen Heteronomie der Kunst ausgehen. Möglich ist dies z.B., wenn das freie Spiel der Phantasie in pädagogisch-psychologischem Sinne als wertvoller Beitrag zur Heranbildung einer kreativen, innerlich freien, nicht am Gegebenen klebenden Persönlichkeit aufgefaßt wird. Schiller und Adorno haben in ähnlichem Sinne argumentiert und damit viel Beachtung gefunden, wobei sich sogar in beiden Fällen umfassende politische Programme mit diesen ästhetischen Konzepten verbanden. Schiller wollte die vom Scheitern bedrohte Revolution der Franzosen durch eine von Innen her kommende, im Denken und Empfinden verankerte Revolution der Deutschen überbieten, und Adorno wollte nach den Erfahrungen der Nazizeit das Publikum mit den Mitteln der Kunst gegen jedes totalitäre, eingleisige, phantasielos-affirmative Denken immunisieren. Ob derartige Erziehungskonzepte, die den Nutzen der Kunst gerade in ihrer Nutzlosigkeit sehen und die bis in die Schulbuchgestaltung und Literaturdidaktik hinein große Wirkung zeitigten, erfolgversprechend sind, bleibe hier dahingestellt. Hingewiesen sei vielmehr auf den Umstand, daß es auch umgekehrt Befürworter der ideologischen und der formalen Emanzipation gibt, die sich - was wiederum paradox zu sein scheint - bei genauerem Hinsehen als Autonomieästhetiker entpuppen. Als Beispiele hierfür könnte man Heinrich Heine oder Gustave Flaubert nennen, die zwar in ihren Werken auf engagierte Weise gegen Mißstände der bürgerlichen Gesellschaft des 19. Jahrhunderts gekämpft haben, die jedoch in ihren theoretischen Äußerungen zur Überraschung mancher Rezipienten teilweise die ontologische Emanzipation für sich reklamiert haben. Will man hierin nicht nur eine von der Zensur erzwungene Strategie der Selbstdistanzierung erblicken, so könnte ideengeschichtlich z.B. eine nihilistische Fundierung der Ästhetik als Ursache dafür angesehen werden, daß das Engagement der beiden genannten Autoren - nach ihrem eigenen Bekunden - eher ein Nebenprodukt als der wesentliche Inhalt ihrer künstlerischen Werke war.

Über einzelne Autoren und Beispiele, die ohnehin immer strittig bleiben werden, soll hier jedoch nicht geurteilt werden. Entscheidend ist vielmehr zunächst, daß mit Hilfe der Differenzierung in vier Emanzipationsformen gezeigt werden kann, daß Autonomie und Heteronomie nicht immer und grundsätzlich in Widerspruch zueinander stehen. Jedes Engagement setzt schon eine Teilemanzipation voraus, denn eine Kunst, in der keine der vier Emanzipationsformen realisiert wird, ist notwendig 'angepaßt', affirmativ, unkritisch. Daß ein solcher völliger Emanzipationsverzicht in bestimmten Epochen (zumindest bei bestimmten Autoren) als gut und richtig galt, zeigen unsere obigen Ausführungen zur Zielrichtung der rhetorisch geprägten Gesellschaftsdichtung, die ja ohnehin bis zur Mitte des 18. Jahrhunderts in der literarischen Praxis dominierte. Das Verfertigen (heteronomer) dichterischer Texte wurde zeitweise als unverzichtbarer Bestandteil der höheren Bildung aufgefaßt, und kaum jemand wäre im 16. oder 17. Jahrhundert auf die Idee gekommen, derartige 'angepaßte' Literatur für ästhetisch bedenklich oder pädagogisch minderwertig zu halten.

Übrigens muß zumindest am Rande in diesem Zusammenhang auf einen weiteren Aspekt von schriftstellerischer Emanzipation hingewiesen werden, und zwar auf den ökonomischen. Wie die historische Autorensoziologie als Unterdisziplin der Literatursoziologie uns lehrt, gab es - von einigen Vorformen im Mittelalter einmal abgesehen - erst ab dem Ende des 18. Jahrhunderts das Berufsbild des 'freien Schriftstellers', für den das Schreiben keine Neben- oder 'Freizeit'-Beschäftigung, sondern einen Beruf und damit eine Erwerbsquelle darstellte. Wie uns die traurigen Schicksale von Lenz, Hölderlin oder Kleist zeigen, gelang es jedoch vielen Berufsdichtern zunächst nicht, sich auf dem literarischen Markt zu behaupten. Ohne anderweitige berufliche Etablierung waren diese Autoren deshalb einem zusätzlichen Druck ausgesetzt, dem die von Haus aus wohlhabenden Schriftsteller (Goethe, C. F. Meyer, Hofmannsthal) bzw. die einen nichtkünstlerischen Brotberuf ausübenden Autoren (Gottsched, Stifter, Kafka) entgingen. Interessant ist nun natürlich die Frage, ob ein Zusammenhang zwischen finanzieller Unabhängigkeit einerseits und ideologischer, formaler, ontologischer oder semiotischer Emanzipation andererseits besteht. Waren nur diejenigen Autoren Gesellschaftskritiker, die es sich finanziell leisten konnten? Oder haben z.B. manche Autoren nur deshalb ein Faible für die ontologische und semiotische Emanzipation entwickelt, weil sie damit zu bestimmten Zeiten ihren Unterhalt sichern konnten? Mit solchen einfachen Fragen wird man in der Autorensoziologie nicht weit kommen. Denn vom angepaßten und selbstzufriedenen Erfolgsautor bis zum unverstandenen armen Poeten in der unbeheizten Dachkammer gibt es in der Literaturgeschichte ein unüberschaubares Spektrum an Künstlerexistenzen, ohne daß eine klare Zuordnung von Armut und Reichtum zu Heteronomie oder Autonomie möglich wäre. Gleichwohl ist jedoch bei der konkreten Textanalyse immer zu berücksichtigen, welche 'Autonomisierungschancen' der Autor in seiner spezifischen Lebenssituation hatte. Biographische Hintergrundkenntnisse sind zur Beantwortung dieser Frage unerläßlich.

Um nun die Zusammenhänge zwischen Texten und gesellschaftlichen Kontexten etwas präziser beschreiben zu können, wollen wir im folgenden die wichtigsten Spielarten der Heteronomie- und der Autonomieästhetik und damit die wichtigsten Antworten auf die Frage nach den Funktionen der Literatur durchgehen. Im Anschluß werden dann wichtige Positionen der Poetik von Aristoteles bis Brecht erörtert, von denen einige eine Kombination von autonomie- und heteronomieästhetischen Konzepten beinhalten.

a) Heteronomieästhetik

Obwohl Ansätze zu autonomieästhetischem Denken bis in den Manierismus des 17. Jahrhunderts hinein zurückverfolgt werden können, ist doch die Heteronomieästhetik das historisch ältere der beiden Konzepte. Wir können fünf verschiedene Bereiche ausmachen, als deren Dienerin die Kunst immer wieder definiert worden ist, und zwar die Religion, die Philosophie, die Pädagogik, die Psychologie und die politische Ethik.

Um mit der *theologischen Funktion* von Literatur zu beginnen, so können wir teilweise von einer Gleichursprünglichkeit von Religion und Literatur, ja in vielen Fällen sogar von einer Entstehung literarischer Formen aus dem religiösen Kultus sprechen. Vom Gebet und Kirchenlied über das Passionsspiel bis hin zur 'biblischen Geschichte' lassen sich - um hier nur beim Beispiel des Christentums zu bleiben - zahlreiche Gattungen angeben, die von unabsehbarer Bedeutung für die Entwicklung von Lyrik, Drama, Epik und Gebrauchsliteratur gewesen sind. Es kann demnach nicht überraschen, daß die Literatur auch inhaltlich bis zur großen Säkularisierungswelle im späten 18. und im 19. Jahrhundert in weiten Teilen geistliche Dichtung gewesen ist, die auf religiöse Unterweisung, Erbauung, Befestigung des Glaubens oder auf Missionierung abzielte. Didaktische und lebenspraktische Aspekte (Tröstung bei Schicksalsschlägen etc.) konnten den theologischen Kern derartiger Texte unter Umständen überdecken, aber in jedem Fall wurde die Literatur hierbei als eine Dienerin der Religion gesehen, die in ansprechender, eingängiger, gefühlserweckender Weise die vorgegebenen Wahrheiten des Glaubens sprachlich zu verzieren und zu vermitteln hatte. Wichtige Beispiele für religiös geprägte Texte sind das Epos *Der Messias* von Klopstock (1748ff.), die *Geistli-*

chen Lieder von Novalis (1802) oder auch noch der alljährlich zu den Salzburger Festspielen aufgeführte *Jedermann* von Hofmannsthal (1911). Sehr ähnlich verhält es sich mit der *philosophischen Funktion* von Literatur, die sich etwa in der Verfertigung von Lehrgedichten, Tendenzdramen, Fabeln, Parabeln oder Spruchsammlungen äußerte. Auch hierbei stand zunächst die Vermittlung eines bereits fertig vorgegebenen Wissens im Vordergrund, bis im 18. Jahrhundert - vor allem im Anschluß an die Kantische Philosophie - das Interesse mehr auf das Wie als auf das Was des Denkens gerichtet wurde. Die Denkweise wurde nun wichtiger als der konkrete Denkinhalt, und folgerichtig verbreiteten sich anspruchsvollere Gattungen wie der Aphorismus oder das Fragment, die kein Auswendiglernen bestimmter Lehrsätze ('Moral von der Geschichte'), sondern ein aktives Mitdenken, eine eigenständige gedankliche Verarbeitung des Textes durch den Rezipienten, erforderten. Wichtige Beispiele für Werke, in denen die philosophische Funktion dominiert, sind etwa Lessings *Fabeln* (1759), Schillers Gedicht *Der Spaziergang* (1795) oder Peter Handkes Erzählung *Langsame Heimkehr* (1979). Texten von Hölderlin, Celan u.a. wurde von manchen Literaturtheoretikern und Interpreten sogar die Fähigkeit zugesprochen, dem Leser Einblick in das wahre Wesen aller Dinge zu vermitteln (Seinsschau).

Was die *pädagogische Funktion* von Literatur anbelangt, so ist zunächst zwischen einem engeren und einem weiteren Begriff von Pädagogik zu unterscheiden. Im weiteren Sinne kann nämlich jede Dichtung, die heteronomieästhetischen Grundsätzen folgt, als pädagogisch bezeichnet werden (und darüber hinaus - nach Schiller oder Adorno - auch noch ein weiter Teil der autonomen Literatur). Im engeren Sinne dagegen, der hier gemeint ist, umfaßt die pädagogische Dichtung nur diejenigen Werke, in denen es um die Bildung und Erziehung des Menschen, also um seine Entwicklung vom Kind bis zum Greis geht. Texte dieses Typs geben den an der Erziehung Beteiligten bzw. den von ihr Betroffenen Ratschläge, wie sie ihre Persönlichkeit fortbilden und vervollkommnen können. Von den Hof- und Tischzuchten des Mittelalters bis zum Bildungsroman des bürgerlichen Zeitalters spannt sich hierbei ein weiter Bogen unterschiedlicher Darstellungsformen, der natürlich die geschichtliche Entwicklung der Erziehungsideale und -methoden widerspiegelt. Als prominente Beispiele wären etwa die Romane *Anton Reiser* von Karl Philipp Moritz (1785ff.), *Wilhelm Meister* von Goethe (1795f. u. 1821) und *Das Glasperlenspiel* von Hermann Hesse (1943) zu nennen.

Die *psychologische Funktion* der Literatur ist besonders in den Vordergrund gerückt, nachdem - wie ja auch der Wechsel von der Rhetorik zur Stilistik zeigte - das Individuum am Ende des 18. Jahrhunderts zum zentralen Gegenstand und zum entstehungsgeschichtlichen Ausgangspunkt des Kunstwerks erhoben worden ist. Seither entstanden zahlreiche literarische Werke, in denen die menschliche Psyche bis in ihre feinsten Verästelungen hinein erforscht wurde. Wie die Literaturpsychologie herausfand, ist es dabei keineswegs nur der durch Lessings Dramentheorie zeitweise in den Mittelpunkt der Diskussion gerückte Katharsis-Effekt, der sich im Rezeptionsprozeß bemerkbar macht. Da der Leser sich mit allen Figuren identifizieren kann, die strukturell ähnliche Konflikte wie er selbst zu bewältigen haben (s. Kap. 1.3), können ihm vielmehr Simulationsmöglichkeiten angeboten werden, die es ihm erlauben, die unterschiedlichsten Reaktionsmuster und Verhaltensweisen durchzuspielen und darüber hinaus die Handlungsmotive anderer Menschen kennenzulernen. Als eines der Hauptthemen von Kunst überhaupt hat hierbei das Phänomen der Liebe (inkl. Ehe, Sexualität, Scheidung etc.) eine außerordentliche Bedeutung erlangt; darüber hinaus werden in der Literatur aber natürlich auch alle sonstigen Aspekte des Seelenlebens thematisiert, wobei die Abgründe der Psyche (also Fragen der Gewaltentstehung, des Sadismus, des Totalitarismus usw.) seit der Mitte des 19. Jahrhunderts (Baudelaire, Rimbaud) fast ebenso gründlich ausgeleuchtet wurden wie ihre helleren Zonen. Literarische Texte, in denen die psychologische Funktion dominiert, stehen deshalb nicht nur im Dienst einer praktischen Lebenshilfe, sondern liefern u.U. in direkter Konkurrenz mit den zuständigen Geistes- und Gesellschaftswissenschaften wichtige Beiträge zur Erkundung der Triebfedern des menschlichen Handelns. Prominente Beispiele hierfür sind etwa die Romane *Lucinde* von Friedrich Schlegel (1799), *Die Aufzeichnungen des Malte Laurids Brigge* von Rilke (1910) oder *Malina* von Ingeborg Bachmann (1971).

Um schließlich die *politisch-ethische Funktion* von Literatur zu erörtern, müssen wir uns zunächst vor Augen führen, daß es auch hier - ähnlich wie im Fall der pädagogischen Funktion - eine engere von einer weiteren Begriffsdefinition zu unterscheiden gilt. Politisch im weiteren Sinne ist alles, was irgendwie das Zusammenleben von Menschen betrifft oder darauf bezogen werden könnte. Auch ein Liebesgedicht, ein privates Tagebuch oder ein Briefwechsel unter Freunden kann in diesem Sinne als politisch gelten. Dagegen ist prinzipiell auch nichts zu sagen. Doch für unsere speziellen Zwecke bedarf es einer genaueren Begriffsfestlegung, die es uns erlaubt, von einer spezifischen politischen Funktion bestimmter Texte zu sprechen. Dies ist nämlich erst der Fall, wenn ein direktes Engagement im Werk erkennbar wird, d.h. wenn der Text geradewegs auf die Änderung einer als mißlich empfundenen Situation in der Gesellschaft abzielt. Wohl über keinen Aspekt der literarischen Ästhetik hat es so hitzige Debatten gegeben wie über die Frage, ob die Literatur eine Magd der Politik oder sogar die Dienerin einer bestimmten Ideologie sein kann, darf und soll. Als Literaturhistoriker müssen wir jedoch unbedingt anerkennen, daß es diesbezüglich in fast allen Epochen sowohl zustimmende als auch ablehnende Haltungen gegeben hat. Und beide Richtungen, die engagierte und die nicht-politische, haben bedeutende Meisterwerke hervorgebracht, ohne deren Berücksichtigung eine Literaturgeschichte unvollständig und lückenhaft wäre. Wer also privat der einen oder anderen Meinung mit Entschiedenheit anhängt, muß doch als professioneller Literaturanalytiker und -vermittler auf jeden Fall beide Richtungen zur Kenntnis nehmen und gerecht würdigen können. Dieser vielleicht etwas altväterlich klingende Hinweis wird hier gegeben, weil es in der Geschichte der Literatur, der Literaturtheorie und der Literaturdidaktik immer wieder Phasen gegeben hat, in denen die politische Literatur übertrieben hoch oder übertrieben niedrig im Kurs stand. Und wer in einer solchen Phase an die Universität kommt, wird davon womöglich stark geprägt und schleppt dann zeitlebens die u.U. einseitigen Wertungsmaßstäbe seiner Studienzeit mit sich herum. Daß die Literatur des Sturm und Drang, des Jungen Deutschland oder der Studentenbewegung dezidiert politisch war, während Klassik, Symbolismus und Hermetismus kein direktes Engagement zeigen, mag also unsere persönlichen Vorlieben beeinflussen, doch bis zur pauschalen Herabwürdigung oder Nichtbeachtung der einen oder der anderen Richtung darf sich eine entsprechende Abneigung nicht steigern. Wie übrigens die Entwicklung der Zensur und die Leidensgeschichten vieler verfolgter Schriftsteller von Heine über Tucholsky bis zu Biermann zeigen, wird das Wirkungsvermögen engagierter Texte in der Regel zumindest von denen für erheblich gehalten, gegen die sie sich richten. Und natürlich müssen wir berücksichtigen, daß politische Dichtung in den westeuropäischen Demokratien anders wirkt als in Paraguay, dem Irak oder China. Und auch die BRD kann in dieser Hinsicht nicht mit dem Wilhelminischen Reich, mit dem Staat Metternichs oder mit den absolutistischen Fürstentümern im Heiligen Römischen Reich deutscher Nation verglichen werden. Berühmte und engagierte literarische Werke, die im Dienste einer bestimmten politischen Richtung bzw. eines bestimmten ethischen Konzeptes stehen, sind zum Beispiel Ludwig Börnes *Briefe aus Paris* (1831-34), Erich Mühsams Liedersammlung *Revolution* (1925) oder Günter Wallraffs Enthüllungsreportage *Ganz unten* (1985).

Im Hinblick auf die Kinder- und Jugendliteratur könnte den genannten fünf Funktionen noch eine sechste, nämlich die unmittelbare *didaktische Funktion*, hinzugerechnet werden. Texte, in denen diese Funktion dominiert, zielen auf die unterhaltsame Vermittlung gesicherten Wissens ab, wobei insbesondere Natur, Technik, Geschichte und Gesellschaft Berücksichtigung finden. Wo der didaktische Aspekt ganz dominiert, wird die Grenze zum kindgerecht aufbereiteten Sachbuch gestreift.

b) Autonomieästhetik

Als die jüngere der beiden ästhetischen Grundhaltungen ist das Autonomiekonzept im wesentlichen ein Kind des 18. Jahrhunderts, wobei es jedoch bis in die Gegenwart hinein zahlreiche Versuche zur Fortentwicklung des ursprünglichen Autonomiebegriffs gegeben hat. Dabei lassen sich vier verschiedene Hauptkategorien nennen, die ins Zentrum derartiger Konzepte gerückt worden sind, und zwar die Begriffe Schönheit, Nutzlosigkeit, Utopie und Unterhaltung.

Was zunächst den Begriff *Schönheit* anbelangt, so gab es erst seit dem 18. Jahrhundert die Vorstellung, daß es Aufgabe der Kunst sein könne, etwas Schönes zu schaffen. Als schön galt bis dahin die Welt selbst als eine Schöpfung Gottes, und der Künstler hatte allenfalls die Aufgabe, diese 'Naturschönheit' in seinen Werken korrekt widerzuspiegeln. Eine solche Widerspiegelung stand also im Dienste bestimmter theologischer oder philosophischer Konzepte, und Schönheit im Kunstwerk war demgemäß ein Zeichen von Heteronomie. Daß Schönheit hingegen ein genuines Erzeugnis von Kunst und damit der Ausgangspunkt für eine Autonomisierung der Künste sein könnte, wurde erst im Zuge der Aufklärungs- und Säkularisierungsbewegung realisiert. Nach diesbezüglichen Vorüberlegungen von Charles Batteux u.a. war es vor allem der deutsche Philosoph Immanuel Kant, der 1790 in seiner *Kritik der Urteilskraft* das theoretische Fundament legte, dem dann Autoren wie Schiller, Goethe oder Wilhelm von Humboldt folgen konnten. Als schön definierte Kant nicht mehr bestimmte Phänomene der Welt (Schöpfung), sondern dasjenige, was im Rezipienten ein 'interesseloses Wohlgefallen' erzeugt. Kant meinte damit solche Gegenstände, die unser Wohlgefallen erzeugen, auch wenn sie nicht wirklich vorhanden sind, ja selbst wenn ihr Vorhandensein gar nicht vorstellbar wäre. Unter 'Wohlgefallen' versteht er hierbei nicht das sinnliche Vergnügen, das uns - wie z.B. wohlschmeckende Genußmittel - 'angenehme' Empfindungen verursacht, sondern einen geistigeren Genuß, der eine freie Tätigkeit der rationalen Erkenntniskräfte impliziert. Wie man sich leicht denken kann, ist diese Position Kants von psychologischer und soziologischer Seite aus (Bourdieu) in Zweifel gezogen worden. Denn es ist fraglich, ob Kants 'Interesselosigkeit' etwas anderes ist als das Sublimierungsvermögen vornehmer Bildungsbürger. Doch abgesehen davon ist nicht zu bestreiten, daß Kant mit seiner Schönheitsdefinition eine großartige Erweiterung des für legitim gehaltenen Themenbereiches der Künste herbeigeführt und theoretisch gerechtfertigt hat. Mußte Kunst bis dahin stets einen direkten Nutzen im Sinne eines der oben vorgestellten Heteronomiekonzepte haben, so konnte sie jetzt darauf pochen, mit dem Schönen ein genuines Betätigungsfeld zu besitzen, in das ihr von anderer Seite nicht hereingeredet werden durfte. Die Erzeugung interesselosen Wohlgefallens durfte also jetzt zum Selbstzweck erhoben werden, und als Mittel hierzu konnten auch solche Gegenstände dienen, die nicht als ethisch gut, religiös orthodox, politisch nützlich usw. einzustufen waren. Noch die ästhetizistischen, symbolistischen und expressionistischen Schriftsteller des 19. und 20. Jahrhunderts haben von diesem Konzept profitiert und folgerichtig - teilweise durchaus zur Erzeugung von interesselosem Wohlgefallen - auch das Häßliche, Grausame, Ekelhafte und Bösartige in ihren Werken beschrieben und thematisiert.

Wie wir schon sahen, haben Autoren wie Schiller oder Adorno dieses ganz reine Autonomiekonzept Kants ein wenig aufgeweicht, indem sie durch die Hintertür einige heteronomieästhetische Kategorien mit ins Spiel brachten. Sie sprachen nicht von Interesselosigkeit, sondern von *Nutzlosigkeit*, und sie meinten damit eine Selbstzweckhaftigkeit der künstlerischen Kommunikation, die sich indirekt zum Wohle der an ihr Beteiligten auswirken sollte. Dieser Versuch, gleichsam die Ziele der Heteronomieästhetik mit den Mitteln der Autonomieästhetik zu verwirklichen, ging bei Adorno und anderen 'linken' Ästhetikern des 20. Jahrhunderts zudem Hand in Hand mit einer spezifischen Kapitalismus-Kritik. Die bürgerlich-kapitalistische Welt erschien in diesen Konzepten als eine Sphäre des reinen Nützlichkeitsdenkens, einer eindimensionalen instrumentellen Rationalität, und eine absichtlich nutzlose, kommunikationsverweigernde und sperrige Kunst sollte demgemäß einen Störfaktor in einer Gesellschaft darstellen, die sich angewöhnt hat, alles sogleich nach seinem (letzten Endes ökonomischen) Nutzen zu taxieren und zu bewerten.

Nur ein kleiner Schritt ist es von hier bis zu jenem Konzept, wonach die Kunst das Reich der *Utopie* bildet, in dem Alternativen zum Bestehenden ausgemalt werden können. Wo diese Utopien in ferner Zukunft tatsächlich realisiert werden sollen, wird hierbei natürlich der Bereich der Heteronomieästhetik gestreift. Dies ist z.B. in der einflußreichen Ästhetik und Philosophie von Ernst Bloch der Fall, der in seinem monumentalen Hauptwerk *Das Prinzip Hoffnung* (1954-59) die sozialistische Vision einer neuen Gesellschaft entwarf, deren Freiheitlichkeit von ideologisch und formal autonomen Kunstwerken teilweise antizipiert werden könne. Wesentlich radikaler sind demgegenüber Konzepte, in denen im Sinne der ontologischen und semiotischen Emanzipation unter Abwendung von allen Zukunftshoffnungen und -visionen eine regelrechte Gegenwelt erdichtet wird, die nicht als Muster oder Modell für künftige Gesellschaften fungieren soll. Derartigen Konzepten liegt häufig eine pessimistische oder nihilistische Weltsicht oder der Glaube an den Eigenwert und die Selbstzweckhaftigkeit der Phantasie zugrunde. Als Beispiel könnte man die späten Erzählungen von Ilse Aichinger anführen, in denen Gegenwelten ausfabuliert werden, die keinen direkten Bezug mehr zur historischen Welt, in der wir leben, besitzen.

Zuletzt wäre schließlich noch das Konzept anzuführen, nach dem Kunstwerke ausschließlich der *Unterhaltung* dienen. Da der Begriff 'Unterhaltung' selbst mehrdeutig ist und in bestimmten Facetten im Kontext heteronomieästhetischer Konzepte verwendet wurde, haben sich Poetik und Ästhetik lange Zeit schwer getan, ihn als genuine Kategorie der Autonomieästhetik zu verstehen und zu definieren. Von Horaz bis hin zu Brecht haben nämlich viele Heteronomieästhetiker, die der Literatur ganz eindeutig eine dienende Rolle zuwiesen, die Unterhaltungsfunktion der Kunst stark betont und als ein wichtiges Mittel zur Beförderung ihrer erzieherischen oder politischen Absichten aufgefaßt. Unterhaltung war hierbei jedoch nicht selten eine Art Verkaufstrick; die zu vermittelnden Lehren sollten unterhaltsam verpackt werden, damit die Kunstrezeption nicht in eine trockene Lehrveranstaltung ausartete. Unterhaltung ohne erzieherische Hintergedanken galt demgegenüber als Merkmal von Trivialliteratur, wurde also als Indiz für das Fehlen echter künstlerischer Ambitionen aufgefaßt. Erst in der neueren Ästhetik, und zwar speziell in der Systemtheorie (s.u.), gibt es Versuche, den Unterhaltungsbegriff als genuin autonomieästhetische Kategorie zu etablieren. Ob dem Begriff 'Unterhaltung' jedoch überhaupt noch ein eigener Gegenstandsbereich verbleibt, wenn man ihn von dem unterscheidet, was in Heteronomieästhetik und Trivialliteraturforschung darunter verstanden wird, ist noch zu untersuchen. Und zudem ist es eine offene Frage, ob Texte, die einem heteronomieästhetischen Konzept folgen, als reine Unterhaltung rezipiert werden können und dürfen oder ob eine eigene, diesem Konzept entsprechende Literatur erst noch zu erschaffen wäre. Festzuhalten bleibt jedoch so oder so, daß in jüngerer Zeit auch der Begriff Unterhaltung zuweilen als genuin autonomieästhetische Kategorie verstanden wird.

Wir berühren damit zuletzt ein Grundsatzproblem, auf das hier zumindest noch am Rande hingewiesen sei. Ästhetische Konzepte entstehen nicht im historisch-gesellschaftlichen Vakuum, sondern basieren auf der Freisetzung und Bereitstellung materieller Ressourcen (Forscher, Lehrpersonal, Verlagskapital etc.), über deren Zuteilung von Nichtfachleuten unter Berücksichtigung konkurrierender Ansprüche und Zugriffswünsche entschieden wird. In der Selbstreflexion der an künstlerischer Kommunikation Beteiligten kann die Autonomieästhetik deshalb eine wesentlich größere Rolle spielen als in ihrer Außendarstellung. Es braucht uns demzufolge nicht zu wundern, wenn ein Künstler oder Theoretiker in Privatbriefen oder Tagebüchern einen harten Autonomiekurs fährt, in Stipendienanträgen, in Lesebuchbeiträgen oder in Dankesreden bei Preisverleihungen hingegen pragmatischer argumentiert und heteronomieästhetisches Gedankengut in seine Selbstbeschreibungen einfließen läßt. (Der umgekehrte Fall kommt manchmal vor, wenn Künstler in Ästhetik und Poetik wenig bewandert sind und sich einem anspruchsvollen Fachgespräch über ihre Ziele und ihre literarhistorische Position nicht gewachsen fühlen. Zur Verhinderung weiterer Nachfragen flüchten sie sich dann in kompromißlose Konzepte von absoluter ontologischer und semiotischer Emanzipation, die - angeblich - keiner weiteren Erklärung bedürfen. Ob die Werke dieser Künstler dann tatsächlich jeden Welt- und Gesellschaftsbezug vermissen lassen, kann nur die konkrete und detaillierte Textanalyse zeigen.)

c) Poetikgeschichte

Wie schon erwähnt, gibt es in der Geschichte der (deutschen bzw. europäisch-nordamerikanischen) Literatur und Poetik eine fundamentale Zweiteilung. Bis zum 18. Jahrhundert dominierten ganz eindeutig die heteronomieästhetischen Konzepte, danach traten die autonomieästhetischen mit hinzu, und heute haben wir ein ausgeglichenes Nebeneinander von beiden Spielarten, wobei höchstens gelegentliche Konjunkturen der einen oder anderen Richtung das Patt zwischen diesen Varianten vorübergehend stören. Die Geschichte der Poetik umfaßt mehrere Hundert Namen, die hier natürlich nicht katalogartig aufgelistet werden können und sollen. Stattdessen werden im folgenden einige der wichtigsten und am häufigsten zitierten Autoren kurz vorgestellt, damit an einigen prominenten Beispielen deutlich gemacht werden kann, welche - manchmal verwegenen - Kombinationen von heteronomie- und autonomieästhetischen Ansätzen in der Poetikgeschichte bereits ausprobiert worden sind.

Schon im 4. Jahrhundert vor Christus hatte *Aristoteles* in seiner Schrift *Über die Dichtkunst* eine grundlegende Kategorie eingeführt, die das poetologische Denken für mehr als zweitausend Jahre entscheidend prägen sollte. Gemeint ist sein Begriff der *Mimesis*, womit er die Nachahmung von Wirklichem oder Möglichem meinte. Daß es sich hierbei um eine starke Einschränkung der künstlerischen Phantasie handelt, wird deutlich, wenn wir Aristoteles' Definition des Möglichen etwas genauer betrachten. Wir können uns hierbei an einer Differenzierung dieser Kategorie in drei Schichten orientieren, die Ernst Bloch in seinem oben zitierten *Prinzip Hoffnung* detailliert expliziert hat. Danach gibt es erstens das hier und jetzt Mögliche, zweitens dasjenige, was irgendwann einmal möglich gemacht werden könnte, und schließlich das bloß Denkmögliche, das zwar in der Phantasie imaginiert, jedoch nie und nimmer realisiert werden kann. Gehen wir von einem konkreten Beispiel aus. Wirklich ist es für mich, daß ich jetzt hier sitze und diesen Text schreibe. Sofort möglich wäre es mir zum Beispiel, jetzt aufzustehen und mir ein Baguette aufzubacken. Dereinst möglich wäre es mir vielleicht, über den Computer, an dem ich sitze, ein solches Baguette bei einem Bäcker am anderen Ende der Stadt zu bestellen, der es mir dann über ein noch zu bauendes Rohrpostsystem direkt auf meinen Schreibtisch liefert. Denkmöglich wäre es schließlich, daß der besagte Bäcker telepathisch meinen Hunger erkennt, noch bevor ich ihn selbst verspüre, und daß er mir mein Wunschbaguette genau in dem Augenblick auf den Tisch beamt, in dem ich Appetit darauf entwickle. Mimesis im Sinne von Aristoteles und damit legitimer Gegenstand der Poesie wäre hierbei vor allem das Wirkliche und das sofort Mögliche, während das dereinst Mögliche nur zu bestimmten didaktischen Zwecken und das bloß Denkmögliche überhaupt nicht zum Gegenstand der Poesie werden darf. Die Freiheit der Phantasie, die wir heute vielleicht gerade in dem letztgenannten Bereich des nur Denkmöglichen ansiedeln würden, wird demnach durch das Mimesis-Konzept von Aristoteles stark beschnitten.

Horaz, der im ersten Jahrhundert vor Christus lebte, hat in seiner *Ars poetica* den Mimesis-Begriff von Aristoteles aufgegriffen und um einen wichtigen Aspekt ergänzt. *Imitatio* meint bei ihm nicht nur die Wiedergabe des Wirklichen und des (hier und jetzt) Möglichen, sondern zusätzlich die Nachahmung vorbildlicher literarischer Texte. Wie leicht zu erkennen ist, bedeutet diese Orientierung an bewährten Mustern eine weitere Einschränkung der freien künstlerischen Phantasie. Als Ziele der Dichtkunst definierte Horaz das 'Nützen' bzw. das 'Erfreuen' (aut prodesse aut delectare), wobei natürlich das 'delectare' noch nicht autonomieästhetisch, sondern im Sinne einer Beförderung des (erzieherischen) Nutzens von Literatur verstanden wurde.

Da das deutsche Mittelalter arm an literaturtheoretischen Äußerungen ist, können wir von Horaz sogleich zu *Martin Opitz* springen, der häufig als Vater der deutschen Literatur apostrophiert wird und dessen *Buch von der Deutschen Poeterey* (1624) in der Tat eine Art Gründungsakte der deutschsprachigen Poetik und literarischen Ästhetik darstellt. Opitz folgt im Hinblick auf imitatio sowie prodesse bzw. delectare im wesentlichen den Forderungen von Horaz, ergänzt sie jedoch um eine - teilweise von holländischen, französischen und englischen Dichtungstheoretikern übernommene - Gattungseinteilung und fordert vor allem eine *gelehrt-elegante Diktion, eine reine hochdeutsche Sprache, eine Orientierung der Metrik am Prinzip der natürlichen Betonung sowie eine klarere Satzgliedstellung zur Verbesserung von Deutlichkeit und Verständlichkeit.* In einer Zeit, in der viele Autoren das Deutsche als eine literaturunfähige rohe Sprache betrachteten und ganz oder überwiegend auf lateinisch schrieben, wirkte Opitz' kleine Schrift wie eine Befreiung und trug sehr wesentlich zur Entwicklung des Deutschen zu einer angesehenen und nuancenreichen Literatursprache bei.

Gottsched als der wichtigste Dichtungstheoretiker der Aufklärung knüpft in seinem 1730 publizierten *Versuch einer critischen Dichtkunst* an Opitz und die antike Poetik noch einmal an, versucht sie jedoch gleichzeitig unter Anlehnung an den von Christian Wolff vertretenen Rationalismus systematisch-logisch herzuleiten und wissenschaftlich zu begründen. Gerade dieser Wissenschaftlichkeits- und Verbindlichkeitsanspruch ist es, der Gottsched in der Folgezeit harsche Kritiken eintrug, obwohl seine inhaltlichen Ausführungen mit den altbekannten Dichtungsregeln von Aristoteles, Horaz und Opitz weitgehend übereinstimmten. Neu ist bei Gottsched aber die *umfassendere Wirkungsintention*, die den Erziehungseffekt der Literatur nicht mehr - wie bis dahin üblich - auf den kleinen Kreis der literarisch gebildeten Gelehrten beschränkt, sondern die in gut aufklärerischem Sinne die Gesamtheit des erreichbaren Publikums anvisiert, das besonders durch Fabeln und Trauerspiele beeinflußt werden soll. In einer Zeit, in der ungefähr 90% der Bevölkerung Analphabeten waren, stellte dies ein ehrgeiziges Ziel dar, an dessen Verwirklichung Gottsched mit großer Energie und ausgedehnter publizistischer Tätigkeit arbeitete.

Nach ersten Ansätzen bei Bodmer und Breitinger hat einige Jahrzehnte nach Gottsched vor allem *Lessing* der Poetik eine entscheidende Wende gegeben, wobei insbesondere seine Dramentheorie, seine definitorische Trennung von Poesie und Malerei sowie seine Modifikation des Mimesis-Begriffs von großer Bedeutung waren. In seiner *Hamburgischen Dramaturgie* (1767-69) räumte Lessing endgültig mit der alten klassizistischen Ständeklausel auf und forderte, daß die dramatischen Hauptfiguren 'mit uns von gleichem Schrot und Korne' sein müßten, damit eine identifikatorische Anteilnahme des Zuschauers an ihrem Geschick möglich werde. Fortan konnten Figuren die Bühne bevölkern, die dem Zuschauer natürlich, realistisch, normal menschlich erschienen und die sein Mitgefühl erwecken konnten. Lessing erhoffte sich hiervon eine 'Reinigung' der Affekte des Zuschauers, der durch vorübergehende Versenkung in die illusionäre Welt des Bühnengeschehens Situationen, Gefühlslagen und Bewußtseinshaltungen 'durchspielen' konnte und der hierdurch im aufklärerischen Sinne zu einer Verfeinerung seines Gedanken- und Empfindungshaushaltes geführt werden sollte. In seiner kunsttheoretischen Studie *Laokoon* von 1766 hatte Lessing schon zuvor eine weitere Funktionsbestimmung der Literatur vorgenommen, die mit den Grundgedanken seiner Dramentheorie bestens harmonierte. Entgegen einer vor allem im Barockzeitalter verbreiteten (und nicht ganz korrekt auf die Formel 'ut pictura poesis' von Horaz zurückgeführten) Auffassung, wonach Malerei und Dichtung im wesentlichen die gleiche Aufgabe hätten, nämlich Gegenstände und Sachverhalte zu beschreiben, betont Lessing in dieser Schrift den Unterschied beider Künste. Er argumentiert hierbei sehr modern, und zwar semiotisch (zeichentheoretisch). Da die Malerei das Nebeneinander von Farben und Formen im Raum, die Dichtung jedoch das Nacheinander von 'Tönen' (sprachlichen Zeichen) in der Zeit hervorbringe, müsse die Malerei vor allem Gegenstände 'beschreiben' (abbilden), während die Poesie ihre eigentliche Aufgabe in der Schilderung von Handlungsabläufen besitze. Obwohl diese semiotische Differenzierung Lessings gedanklich nicht unbedingt plausibel ist, gewann sie doch in der Folgezeit großen Einfluß und bewirkte, daß die Literatur insgesamt handlungsreicher und damit für das breitere Publikum spannender und attraktiver wurde. Zu erwähnen sind in diesem Zusammenhang auch noch die *Briefe, die neueste Literatur betreffend*, eine von Lessing zusammen mit Moses Mendelssohn und Friedrich Nicolai herausgegebene Literaturzeitschrift, die von 1759 bis 1765 wöchentlich erschien und in der Lessing in Frontstellung gegen Gottscheds Mimesis-Konzeption und gegen die Tradition des französischen Klassizismus den Eigenwert und die Freiheit der dichterischen Phantasie betonte, die er vor allem in den Werken Shakespeares mustergültig verwirklicht sah.

Den nächsten Meilenstein in der Entwicklung der literarischen Ästhetik stellt dann - nach Vorarbeiten von Karl Philipp Moritz - die oben bereits dargestellte *Kritik der Urteilskraft* (1790) von Immanuel Kant dar, an die - wie ebenfalls bereits geschildert - autonomieästhetische Konzepte wie z.B. dasjenige von Schiller, von Wilhelm von Humboldt und (teilweise) dasjenige von Goethe sich anlehnen konnten.

Die wichtigste Gegenposition zu Kant lieferte der einflußreiche Philosoph *Georg Wilhelm Friedrich Hegel* mit seinen zwischen 1817 und 1829 gehaltenen, 1835-38 publizierten *Vorlesungen über die Ästhetik*. Auf der Grundlage einer idealistischen Weltanschauung ordnet er den Künsten die Aufgabe zu, die Idee der Schönheit sinnlich zu veranschaulichen. Er unterscheidet hierbei drei Hauptentwicklungsphasen der Kunst, in denen ihr die Lösung dieser Aufgabe unterschiedlich gut gelang. Am Anfang steht die 'orientalische' Kunst (z.B. der alten Ägypter), die in der Baukunst kulminierte und in der das Schöne nur symbolisch angedeutet, nicht jedoch konkret gestaltet werden konnte. Darauf folgte die antike Kunst (v.a. der Griechen), die in der bildhauerischen Gestaltung der schönen menschlichen Gestalt das Optimum der Kunst überhaupt gestaltete, weil in ihr das Gemeinte (Idee der Schönheit) und das Gestaltete (Skulpturen ideal-schöner Menschen) nach Hegels Auffassung völlig zur Deckung ge-langten. Was dann historisch folgt, ist die romantisch-christliche Kunst, in der dieses ideale Gleichgewicht wieder zerstört wird. Die moderne Ma-lerei, Musik und Dichtkunst beschränken sich nicht mehr auf das ihr ei-gentlich gemäße Ziel einer Gestaltung des Schönen, sondern behandeln 'anspruchsvollere', 'geistigere' Themen. Da ihnen dies jedoch niemals adäquat gelingen kann, geraten sie in eine ähnliche Schieflage wie zuvor die orientalische Kunst. Konnte jene das Gemeinte noch nicht gestalten, so meint diese nicht mehr das Gestaltbare. Romantische Kunst will also beständig das Unmögliche; sie will mit Religion und Philosophie konkur-rieren, die ihr jedoch immer eine Nasenlänge voraus bleiben. Schlag-wortartig hat man Hegels Ästhetik deshalb auf den Slogan vom 'Ende der Kunst' reduziert. Gemeint ist damit nicht, daß nach der Antike überhaupt keine Kunst mehr möglich ist, sondern nur, daß die Kunst ihre Blütezeit bereits hinter sich hat. Hierbei nimmt die Literatur allerdings insofern ei-ne Sonderstellung ein, als sie mit sprachlichen Zeichen operiert, in jenem Medium also, dessen sich ja auch Religion und Philosophie als die nach Hegel höheren Entwicklungsformen des Geistes bedienen. An manchen Stellen seiner *Ästhetik* vermittelt Hegel deshalb den Eindruck, als stehe die Literatur doch schon mit einem Bein in jener höheren Sphäre, die er eigentlich der (bzw. seiner) wissenschaftlichen Philosophie vorbehalten will. So oder so ist die Literatur aber bei Hegel in einen bestimmten ge-schichtlichen Ablauf, nämlich in die Entwicklung des Geistes vom naiven Dingbewußtsein bis zur Selbstreflexion des absoluten Geistes in der (He-gelschen) Philosophie, eingebunden. Und sie stellt hierbei jedenfalls nicht die höchstmögliche Entwicklungsstufe dar.

Trotz ihrer ganz andersartigen weltanschaulichen Fundierung konnte die *marxistische Ästhetik* an dieses Geschichtsdenken Hegels anknüpfen. Marx und Engels zeichnen in ihren Schriften nicht die Entwicklungsge-schichte des menschlichen Bewußtseins (hegelianisch: des Geistes) nach, sondern gehen von den materiellen, besonders den ökonomischen Bedin-gungen aus, die das Leben und damit auch die künstlerische Tätigkeit des Menschen prägen. Von den Sklavenhaltergesellschaften der Frühzeit über den Feudalismus und das frühe Bürgertum bis hin zum Kapitalismus des 19. Jahrhunderts stellt sich den Marxisten die Menschheitsgeschichte als eine Geschichte von Klassenkämpfen dar, in denen die Gesellschaft in Ausbeuter und Ausgebeutete zerfiel. Im entwickelten Hochkapitalismus erreichen die Produktivkräfte jedoch einen Entwicklungsstand, der die Einführung einer klassenlosen Gesellschaft objektiv ermöglicht. Nach einer revolutionären Übergangsphase (Diktatur des Proletariates) soll eine klassenlose Gesellschaft entstehen, in der jeder seine Fähigkeiten und Talente frei entfalten kann und darf. Die Entwicklung der Kunst spiegelt diesen Geschichtsverlauf wider, da sie Teil des ideologischen Überbaus ist, den die Herrschenden zur Verschleierung der ökonomischen Basis ihrer Herrschaft entwickeln. In dem Maße, in dem das Proletariat seine historische Mission zur Verwirklichung des Reiches der Freiheit realisiert, können jedoch in der Kunst jene Idealzustände antizipiert werden, die politisch-ökonomisch erst noch herbeizuführen sind. Und darüber hinaus ist den kunsttheoretischen Schriften von Marx und Engels zufolge in bestimmten herausragenden Werken der Kunst, selbst wenn sie z.B. in vorkapitalistischen Zeiten entstanden sein sollten, bereits eine Vorahnung von jener Befreiung des Menschen vermittelt worden, die in praxi erst nach der Realisierung einer klassenlosen Gesellschaft möglich sein soll. Konsequente marxistische Poetiken sind nach dem Untergang von UDSSR und DDR in der deutschsprachigen Literatur selten geworden, doch in abgeschwächter Form lebt der Grundgedanke vom Abhängigkeitsverhältnis zwischen Basis und Überbau in vielen sozialgeschichtlich orientierten Untersuchungen zur Literaturgeschichte fort.

Ganz andere Wege beschreiten die an *Freuds* Psychoanalyse anknüpfenden Poetiken, denen zufolge - pointiert gesagt - nicht das gesellschaftlich-ökonomische Sein, sondern das individuelle Unterbewußtsein das Bewußtsein prägt. Ähnlich wie der Traum erscheint das künstlerische Werk hierbei als ein Freiraum, in dem die ansonsten vom Ich kontrollierten Triebregungen an die Oberfläche gelangen können. Sowohl die libidinösen als auch die aggressiven Impulse des Künstlers schlagen sich hierbei im Kunstwerk nieder, und insofern diese versteckten Impulse als die geheimen Triebfedern des menschlichen Handelns aufgefaßt werden können, stellt die Kunst dann eine wichtige Quelle zur Erforschung des menschlichen Verhaltens und seiner Ursachen dar. Speziell die surrealistischen Schriftsteller sind dieser Fährte gefolgt und haben - teilweise unter Zuhilfenahme von Drogen - eine möglichst wenig ichkontrollierte, traumhaft-unbewußte Kunst zu realisieren versucht. Im Anschluß an Untersuchungen von Norbert Elias, Herbert Marcuse und Erich Fromm, die vor allem im Zuge der Studentenbewegung starke Beachtung fanden, ist darüber hinausgehend eine Verbindung zwischen individuellen Triebimpulsen und gesellschaftlicher Situation hergestellt worden, in deren Folge die psychologische Analyse unmittelbare politische Implikationen erhielt. Daß die Künstler bestimmter Zeiten bestimmte erotische und aggressive Phantasien entwickelten, die indirekt oder direkt in ihren Werken zum Ausdruck kamen, wurde nun als Effekt historisch-politischer Zustände interpretiert. Das Bewußtsein wird nach diesen Lehren also zwar durch das individuelle Unterbewußtsein bestimmt, doch dieses ist seinerseits durch das gesellschaftlich-ökonomische Sein vorgeprägt. Gegen eine solche Verbindung von Psychoanalyse und (oftmals marxistischer) Soziologie richtet sich die seit den 80er Jahren stärker verbreitete psychologische Lehre von Jacques Lacan, der gewisse unabänderliche, historisch-politisch invariante Phänomene wie z.B. die Struktur der natürlichen Sprachen für die Entstehung bestimmter psychischer Probleme, die sich auch in künstlerischen Werken niederschlagen können, verantwortlich macht.

Kurz erwähnt seien zuletzt noch diejenigen Poetiken, die sich mehr oder minder offen auf *anarchistisches* Gedankengut stützen. Neben den Vertretern des Dadaismus sind es vor allem viele Anhänger der konkreten poesie und allgemein der sprachexperimentellen Kunst, die einer solchen Linie folgen. Wichtigstes Ziel dieser Richtung ist die Erschütterung bestehender Ordnungen, wobei weniger an die Ablehnung staatlicher Systeme, sondern zunächst an die Auflösung kultureller Traditionen und verfestigter Normen bis hin zur Sprengung der orthographischen und grammatikalischen Regeln gedacht wird. Politisch verstehen sich die Vertreter dieser Richtung nur selten als konsequente Anarchisten im Sinne von Landauer oder Bakunin, sondern eher als engagierte Antitotalitaristen, die für kulturellen Individualismus und für eine Befreiung der Phantasie eintreten, um die Menschen auf diese Weise innerlich gegen ein Denken in Klischees und Schablonen zu immunisieren.

Kommen wir nun abschließend noch einmal zu der Frage zurück, welche Kombinationen von ideologischer, formaler, ontologischer und semiotischer Emanzipation in der Poetikgeschichte ausprobiert worden sind, um dieses oder jenes autonomie- bzw. heteronomieästhetische Grundkonzept zu realisieren. Der besseren Übersichtlichkeit halber seien die entsprechenden Kombinationen nachfolgend in einer Tabelle zusammengestellt:

	Ideologische Emanzipation	Formale Emanzipation	Ontologische Emanzipation	Semiotische Emanzipation
Aristoteles (Heteronomieästhetiker)	±	±	-	-
Horaz (Heteronomieästhetiker)	±	-	-	-
Opitz (Heteronomieästhetiker)	±	-	-	-
Gottsched (Heteronomieästhetiker)	-	-	-	-
Lessing (Heteronomieästhetiker)	±	±	±	-
Kant (Autonomieästhetiker)	±	+	+	-
Schiller [als Theoretiker] (Autonomieästhetiker)	±	+	±	-
Hegel (Heteronomieästhetiker)	±	±	±	-
Marx/Engels (Heteronomieästhetiker)	±	±	-	-
Surrealismus (Heteronomieästhetiker)	+	+	+	±
Dadaismus/konkrete poesie (Autonomieästhetiker)	+	+	+	+

Die in dieser Tabelle verwendeten Zeichen '+', '-' und '±' sind mehrdeutig. Das ist Absicht. Denn nur in wenigen Fällen sind die Verhältnisse als vollkommen klar zu bezeichnen. Über manche Eintragungen in der Tabelle könnte man also lange diskutieren. Die erwähnten Zeichen stehen deshalb nur für Tendenzen; sie meinen soviel wie 'eher ja', 'eher nein' und 'teils ja, teils nein'. Gleichwohl macht die Tabelle deutlich, daß auf den ersten Blick verwandte Konzepte mit sehr unterschiedlichen Kombinationen von ideologischer, formaler, ontologischer und semiotischer Emanzipation operieren können, während umgekehrt dem äußeren Anschein nach sehr verschiedenartige Poetikmodelle mit einander ähnlichen Kombinationen einhergehen können. Wichtig ist dabei noch, daß sich keine geradlinige historische Entwicklung in der Verbreitung der vier Emanzipationsformen ergibt; das diesbezügliche 'Minimum' wird erst bei Gottsched erreicht. Und wichtig ist außerdem, daß auch eine Realisierung (fast) aller vier Emanzipationsformen, wie der Surrealismus zeigt, für den die Literatur im Dienste der psychologischen Forschung stand, nicht zwangsläufig zur Ausbildung einer autonomieästhetischen Poetik führt. Dabei ist jedoch zu allerletzt noch einmal zu unterstreichen, daß derartige Kategorisierungen nur einer ersten Annäherung an das Thema dienen können. Beschäftigt man sich intensiver mit den einzelnen Theoretikern, so merkt man schnell, daß ihre diesbezüglichen Ansichten oftmals schwankten oder mehrdeutig formuliert wurden. Und weitere wichtige Differenzierungen ergeben sich bei einem Vergleich von theoretischer Poetik und literarischer Praxis.

Um solche Entwicklungen und Unterschiede überhaupt feststellen und beschreiben zu können, benötigt man jedoch ein Kategoriensystem, wie es mit der obigen Tabelle geliefert werden sollte. Nichts spricht dagegen, selbige detaillierter auszuarbeiten und beispielsweise innerhalb des Schaffens von Gottsched verschiedene Phasen oder innerhalb des Surrealismus verschiedene Untergruppierungen und Strömungen auszumachen, die dann hinsichtlich der Realisierung der vier Emanzipationsformen sowie im Hinblick auf die Grundsatzfrage nach Autonomie- oder Heteronomieästhetik verschiedenartig zu beurteilen wären. Im Verlauf eines literaturwissenschaftlichen Studiums bekommt man allmählich genügend Lektüreerfahrung und Theoriekenntnis, um solche Feindifferenzierungen vornehmen zu können.

WICHTIGE BEGRIFFE

Ideologische, formale, ontologische und semiotische Emanzipation / Heteronomieästhetik (theologische, philosophische, pädagogische, psychologische, politisch-ethische und didaktische Funktionen der Literatur) / Autonomieästhetik (zentrale Kategorien: Schönheit, Nutzlosigkeit, Utopie, Unterhaltung) / Poetikgeschichte (Mimesisbegriff von Aristoteles, Formel 'aut prodesse aut delectare' von Horaz, stilistische Forderungen von Opitz, Wissenschaftlichkeits- und Wirkungsanspruch von Gottsched, Trennung von Poesie und Malerei bei Lessing, Autonomiekonzeption von Kant und Schiller, Hegels These vom 'Ende der Kunst', Literatur als Überbauphänomen in der marxistischen Ästhetik, Kunst als Ausdruck des Unbewußten in der psychoanalytischen Ästhetik, antitotalitaristischer Individualismus der anarchistischen Ästhetik)

DISKUSSIONSFRAGEN UND ARBEITSAUFGABEN

- Wie verhalten sich ideologische und ontologische (bzw. formale und semiotische) Emanzipation zueinander?
- Schließen Heteronomie- und Autonomieästhetik einander aus?
- Sollte die dichterische Phantasie (heute) irgendwelchen Restriktionen politischer, pädagogischer, theologischer oder sonstiger Art unterworfen sein?
- Analysieren Sie drei oder vier kurze Erzähltexte Ihrer Wahl im Hinblick auf ideologische, formale, ontologische und semiotische Emanzipation!
- Untersuchen Sie, welchen dieser drei oder vier Kurztexte (z.B. bei Aufnahme in ein Schullesebuch) eine pädagogische oder politisch-ethische Funktion zugesprochen werden könnte!

LITERATURHINWEISE

Jung, Werner: Kleine Geschichte der Poetik. Hamburg 1997.
[Leicht verständliche, aktuelle Überblicksdarstellung.]

Markwardt, Bruno: Geschichte der deutschen Poetik. 5 Bde. Berlin 1937-67.
[Sehr umfangreiche und detaillierte Beschreibung der Poetik in ihrer geschichtlichen Entwicklung vom Barockzeitalter bis ins 20. Jahrhundert; Bde. 1 bis 3 auch in neueren Auflagen.]

Plumpe, Gerhard: Ästhetische Kommunikation der Moderne. 2 Bde. Opladen 1993.
[Behandelt vom systemtheoretischen Standpunkt aus in leicht verständlicher Sprache die Entwicklung der Ästhetik vom 18. Jahrhundert bis zur Gegenwart; will den aus der Heteronomieästhetik stammenden Begriff 'Unterhaltung' als autonomieästhetische Kategorie etablieren.]

Wiegmann, Hermann: Geschichte der Poetik. Ein Abriß. Stuttgart 1977.
[Kurzgefaßter Überblick über die Entwicklung der Poetik von der Antike bis ins 20. Jahrhundert.]

Zima, Peter V.: Literarische Ästhetik. Methoden und Modelle der Literaturwissenschaft. 2., überarb. Aufl. Tübingen 1995.
[Schildert vom Standpunkt der Kritischen Theorie (Adorno) aus die Entwicklung von Autonomie- und Heteronomieästhetik seit Kant und Hegel.]

1.8 Epochen

Die Grundfrage, mit der wir uns beim Thema Periodisierung zunächst auseinandersetzen müssen, ist diejenige nach dem Verhältnis zwischen der Literaturgeschichte und der Geschichte im allgemeinen, zu der die Sozial-, Wirtschafts-, Technik-, Alltagsgeschichte usw. gehören. Verläuft die Literaturgeschichte unabhängig von der allgemeinen Geschichte? Dann müssen wir nach literatur*internen* Phänomenen fragen, deren Entwicklung als Grundlage unserer Geschichtsschreibung und unserer Epocheneinteilung fungieren kann. Oder entwickelt sich die Literatur in Abhängigkeit von der allgemeinen Geschichte? Dann müssen wir unser Augenmerk auf literatur*externe* Phänomene richten, um entsprechende Entwicklungen und Abgrenzungen zu finden.

Unsere salomonische Lösung dieses Grundproblems soll lauten, daß in gewissem Maße beides der Fall ist, d.h. daß die literarische Entwicklung bis zu einem bestimmten Grad als Spiegel der allgemeinen Geschichte gelten kann, daß sie aber gleichzeitig - ebenfalls bis zu einem bestimmten Grad - ihren eigenen Gesetzen folgt und den von der allgemeinen Geschichte vorgezeichneten Rahmen sprengt. Die geschichtliche Entwicklung der im vorherigen Kapitel beschriebenen vier Emanzipationsformen bestätigt diesen Sachverhalt. Eine adäquate Literaturgeschichtsschreibung muß deshalb Besonderes und Allgemeines vereinigen, sie muß die geschichtlichen Bedingungen berücksichtigen, von denen die Literatur einerseits geprägt ist und auf die sie andererseits zurückwirkt.

Wo ist jedoch hierbei die Priorität anzusiedeln? Wirkt das Allgemeine stärker auf das Besondere oder das Besondere stärker auf das Allgemeine? Im Einzelfall wird man diese wissenschaftliche Gretchenfrage unterschiedlich beantworten können, doch im allgemeinen wird man als Literaturwissenschaftler der Tatsache ins Auge zu blicken haben, daß die Literatur nicht das Zentrum der Welt darstellt, um das Wirtschaft, Politik oder Technik insgeheim kreisen. In der Natur- und Menschheitsgeschichte stellt die Literatur nur einen unter sehr vielen gleich- und teilweise höherrangigen Faktoren dar.

Mit dieser prinzipiellen Feststellung sind unsere Schwierigkeiten allerdings noch keineswegs ausgeräumt. Denn welcher Einzelfaktor aus der allgemeinen Geschichte soll nun als wirkungsmächtigster im Hinblick auf die Entwicklung der Literatur angesehen werden? Soll ein Kapitel über Fontane in einem Band über die 'Literatur des bürgerlichen Zeitalters', über die 'Literatur des Wilhelminismus', über die 'Literatur der industriellen Revolution' oder über die 'Literatur des Eisenbahnzeitalters' untergebracht werden? Legen wir also unseren Schwerpunkt auf die soziale, politische, wirtschaftliche, technische oder sonst irgendeine Facette des entsprechenden Geschichtszeitraumes? Jeder Epochenbegriff stellt aus heutiger Sicht eine bloße Hilfskonstruktion dar, die es uns erlaubt, die unübersehbare Fülle des Materials einzugrenzen, zu strukturieren und verstehbar zu machen. Und so kann es uns auf den ersten Blick erscheinen, als könne hierbei jeder beliebige Einzelaspekt zum Ausgangspunkt unserer Geschichtskonstruktion gemacht werden.

Die Bildung von Epochenbegriffen ist jedoch keineswegs ein Akt der Willkür, denn zumindest kann hierbei eine Hierarchie von Kategorien gebildet werden, die sich im Hinblick auf ihre analytische Tiefe unterscheiden. Analytisch tiefe Kategorien sind solche, die den Gesamtbereich der Literatur, also das Verhalten, Denken und Empfinden aller am Prozeß der literarischen Kommunikation Beteiligten, erfassen und berücksichtigen. Analytisch flache Kategorien sind hingegen solche, die nur einen Teilaspekt der literarischen Kommunikation betreffen und beschreiben.

Die tiefsten Kategorien sind eng mit der Universalgeschichte, d.h. der allgemeinen Gesellschaftsgeschichte, verbunden. Für den Bereich der neueren deutschen Literatur ergibt sich im einzelnen eine Dreiteilung der Literaturgeschichte in drei 'Großepochen', die sich im Hinblick auf die Lebensbedingungen und auf das Verhalten, Denken und Empfinden *aller* am Prozeß der literarischen Kommunikation Beteiligten fundamental voneinander unterscheiden:

16. Jahrhundert	17. Jahrhundert	18. Jahrhundert	19. Jahrhundert	20. Jahrhundert
Literatur des feudalistischen Zeitalters			Literatur des bürgerlichen Zeitalters	Lit. d. plural. Z.

Die Abstufungen im 18. und zu Beginn des 20. Jahrhunderts sollen in der Tabelle symbolisch veranschaulichen, daß es sich bei den Übergängen vom feudalistischen zum bürgerlichen bzw. vom bürgerlichen zum demokratischen Zeitalter um langwierige Transformationsprozesse handelt, die sich in den unterschiedlichen Segmenten der Gesellschaft (Bildungswesen, Wirtschaft, Kirche, Militär usw.) unterschiedlich schnell vollzogen. Exakte zeitliche Grenzlinien lassen sich hierbei deshalb nicht ziehen. Eine anschauliche und höchst differenzierte Darstellung dieser Transforma-

tionsprozesse liefern die mehrbändigen Studien von Richard van Dülmen über *Kultur und Alltag in der Frühen Neuzeit* (München 1990ff.)
[16. - 18. Jh.] sowie von Hans-Ulrich Wehler über die *Deutsche Gesellschaftsgeschichte* (München 1987ff.) [18. - 20. Jh.].
Texte des feudalistischen, des bürgerlichen und des demokratischen Zeitalters lassen sich nicht ohne weiteres miteinander vergleichen. Autoren,
Verleger und Leser, aber auch Zensoren, Kritiker und Bibliothekare waren in diesen drei Großepochen von jeweils spezifischen Wertvorstel-
lungen, Weltanschauungen und Literaturauffassungen geprägt, über die
sich der Einzelne vielleicht in gewissem Maße zeitweise hinwegsetzen
konnte, die jedoch insgesamt sein Handeln maßgeblich prägten und die
sich in seinen Lebens- und Arbeitsbedingungen konkret niederschlugen.
So waren z.B. das christliche Denken, die ständisch-aristokratische Werteordnung und eine Analphabetenquote von deutlich über 90% der Bevölkerung Grundvoraussetzungen des Schreibens, von denen die Autoren des
feudalistischen Zeitalters auszugehen hatten. Technisierung, Verstädte-
rung, die bürgerliche Werteordnung (v.a. das bürgerliche Liebes- und
Familienideal), die Expansion der Presse oder auch die Ausdifferenzierung in 'gehobene' und 'triviale' Literatur waren hingegen Phänomene,
mit denen sich die Schriftsteller des *bürgerlichen Zeitalters* auf die eine
oder andere Weise auseinanderzusetzen hatten. Pluralismus der Werte,
Konkurrenz mit Film und Fernsehen, Professionalisierung des Literatur-
betriebs sowie allgemeine Enttabuisierung und weitgehende Zensurfrei-
heit sind hingegen wichtige Voraussetzungen für das Schaffen der Autoren des *demokratischen Zeitalters*.
Obwohl die Unterscheidung zwischen feudalistischem, bürgerlichem und
demokratisch-pluralistischem Zeitalter von grundlegender Bedeutung ist,
genügt sie noch nicht den Erfordernissen einer ausdifferenzierten literar-
historischen Epochenbildung. Denn die Zeiträume, die mit diesen drei
Begriffen abgedeckt werden, sind zu groß, als daß die Masse der in ihnen
entstandenen Werke damit hinreichend zu charakterisieren wäre. Ergänzend können deshalb weitere Kategorien in Anschlag gebracht werden,
die zu einer Binnendifferenzierung der drei genannten Hauptepochen führen. Im oben beschriebenen Sinne sind diese Kategorien zwar flacher, d.h.
sie rekurrieren nicht auf die Gesamtheit des Verhaltens, Denkens und
Empfindens aller am Prozeß der literarischen Kommunikation Beteiligten,
doch dafür sind sie in vielen Fällen problemloser anzuwenden, da sie auf -

mit einiger Übung - leicht zu identifizierende Erkennungsmerkmale von literarischen Texten rekurrieren.

Ein Hauptproblem bei der Anwendung dieser (Unter-) Epochenbegriffe besteht darin, daß sie ihrerseits geschichtlich geprägt sind. Das feudalistische Zeitalter kannte noch keine wissenschaftliche Literaturgeschichtsschreibung im heutigen Sinne, doch im bürgerlichen Zeitalter wurden bereits literaturgeschichtliche Epochenbegriffe eingeführt, Begriffe, die im Laufe der Jahrzehnte aufgrund ihrer Kanonisierung in schulischen Lehrplänen und in weitverbreiteten Literaturgeschichten allgemein üblich wurden. Diese Epochenbegriffe spiegeln nun allerdings das Selbstverständnis und die Werteordnung der bürgerlichen Gesellschaft wider. 'Barock' war z.B. in dieser Zeit eine negativ wertende Bezeichnung für die spätfeudalistische, manieristische Kunst vor allem des 17. Jahrhunderts. 'Klassik' meinte demgegenüber, etwa bei dem Literaturhistoriker Georg Gottfried Gervinus, in positivem Sinne den Gipfelpunkt der bürgerlichen Literatur. Und unter 'Dekadenz' verstand man dann am Ende des 19. Jahrhunderts, häufig mit Bezugnahme auf die pessimistische Geschichtsphilosophie Nietzsches, die wertrelativistische, frühe pluralistische Kultur der nachbürgerlichen Welt, wobei ein kritisch-abfälliger Unterton in dieser Bezeichnung mitschwang.

Sollen wir nun heute, als Angehörige des pluralistisch-demokratischen Zeitalters, die alten bürgerlichen Epochenbegriffe über Bord werfen? Führen sie uns mit ihren versteckten wertenden Implikationen ins ideologische Abseits? Oder sind sie gerade wegen dieser Implikationen, sofern wir uns diese bewußt machen, wertvoll, da sie uns an die geschichtliche Bedingtheit auch und gerade der Geschichtsschreibung erinnern können?

Die Literaturgeschichtsschreibung des demokratisch-pluralistischen Zeitalters hat über diese Frage - natürlich - keine Einigkeit erzielen können. Es hieße, den Pluralismus und damit eine Grundvoraussetzung der aktuellen Geschichtsschreibung zu ignorieren, wenn man diese oder jene Epocheneinteilung verabsolutieren und im Dienste dieser oder jener 'Wahrheit' durchsetzen wollte. Zeitgemäß ist heute das Nebeneinander konkurrierender, prinzipiell gleichrangiger Ansätze, die sich nur im Hinblick auf ihre Tiefe (s.o.) voneinander unterscheiden. Und dabei sind 'tiefere' Konzepte und Kategorien keineswegs in *jeder* Hinsicht den 'flacheren' überlegen! Denn umso weniger Facetten des Verhaltens, Denkens und Empfindens der am literarischen Kommunikationsprozeß Beteiligten bei der Begriffsbildung berücksichtigt werden, umso genauer und präziser lassen sich in der Regel die Grenzen der entsprechenden Epoche und die Erkennungsmerkmale der zu ihr gehörigen Texte bestimmen. Zwischen einem 'bürgerlichen' und einem 'demokratisch-pluralistischen' Text zu unterscheiden, ist also u.U. außerordentlich schwierig. Einen 'realistischen' von einem 'dadaistischen' Text zu trennen, ist demgegenüber ein Kinderspiel.

Um nun aber nicht im Relativismus steckenzubleiben, soll hier im folgenden eine Typologie von Epochenbegriffen vorgestellt werden, die in der Literaturgeschichtsschreibung des demokratischen Zeitalters (noch) relevant sind. Zwar könnte im Prinzip ja jeder beliebige Faktor, der im literarischen Kommunikationsprozeß irgendeine Rolle spielt, zum Ausgangspunkt der Literaturgeschichtsschreibung gemacht werden, doch ganz ohne Zweifel sind die meisten Literarhistoriker bis heute ernsthaft darum bemüht, möglichst die wichtigsten dieser Faktoren zu erfassen und nicht etwa über die 'Literatur des Radiergummizeitalters' oder über die 'literarische Kultur der Kontaktlinsenepoche' zu philosophieren. Im einzelnen lassen sich vier verschiedene Hauptansätze unterscheiden, nach denen heute Epochenbegriffe gebildet werden:

a) Politik- und sozialgeschichtlicher Ansatz

Hierbei werden markante Daten der politischen Ereignisgeschichte zum Ausgangspunkt der Begriffsbildung genommen. Scheinbar läßt sich auf diese Weise eine besonders präzise Festlegung von Epochengrenzen erreichen, doch in der Praxis geht mit diesen Verfahren häufig eine Verengung des Blickwinkels unter thematologischen und motivgeschichtlichen Aspekten einher. 'Literatur der Adenauerzeit' meint dann z.B. nicht sämtliche Werke, die zur Zeit von Adenauers Kanzlerschaft verfaßt wurden, sondern nur diejenigen, die zusätzlich den 'Geist' dieser Epoche atmen. Obwohl er inmitten dieser Zeit entstand und auch publiziert worden ist, kann man aber z.B. Hans Magnus Enzensbergers Gedichtband *verteidigung der wölfe* von 1957 kaum als ein typisches Produkt der Adenauerzeit bezeichnen. Folgende Epochenbezeichnungen sind in der Literaturgeschichtsschreibung relativ gebräuchlich und folgen einem politik- und sozialgeschichtlichen Konzept:

Epochenbezeichnung	Zeitraum
Junges Deutschland (z.B. Gutzkow, Herwegh, Wienbarg)	ca. 1820-1850
Vormärz (z.B. Freiligrath, Heine, Weerth)	ca. 1830-1848
Literatur der Weimarer Republik (z.B. Brecht, Carossa, Toller)	ca. 1918-1933
Literatur des Faschismus (z.B. Baumann, Euringer, Vesper)	ca. 1933-1945
Literatur der Adenauerzeit (z.B. Eich, Nossack, Rinser)	ca. 1949-1963

b) Geistes-, ideen- und mentalitätsgeschichtliche Ansätze

Hierbei wird die Entwicklung eines bestimmten Gedankengutes, einer bestimmten Bewußtseinshaltung oder eines bestimmten 'Zeitgeistes' zum Ausgangspunkt der Literaturgeschichtsschreibung gemacht. Hauptprobleme dieses Konzeptes bestehen in der Schwierigkeit, komplexe und nicht selten diffuse Bewußtseins- und Gefühlswandlungen präzise zu fassen, sowie in der Abgrenzung jener Gesellschafts- oder Bildungsschichten, in denen die jeweilige Geisteshaltung, Idee oder Mentalität tatsächlich verbreitet war. So gilt ideengeschichtlich z.B. das 18. Jahrhundert als das Jahrhundert der Aufklärung, während die Bildungsgeschichte uns lehrt, daß in dieser Zeit nur ein sehr kleiner Bevölkerungsanteil (kaum mehr als 10 %) aufklärerisches Schriftgut rezipieren konnte. Relativ gebräuchlich sind in der Literaturwissenschaft die folgenden Epochenbegriffe, die einem geistes-, ideen- oder mentalitätsgeschichtlichen Konzept folgen:

Epochenbezeichnung	Zeitraum
Pietismus (z.B. Klopstock, Tersteegen, Zinzendorf)	ca. 1670-1740
Aufklärung (z.B. Gottsched, Haller, Lessing)	ca. 1720-1785
Empfindsamkeit (z.B. Gellert, Gleim, Pyra)	ca. 1740-1780
Sturm und Drang (z.B. Herder, Klinger, Lenz)	ca. 1765-1785
Klassik (z.B. Goethe, Hölderlin, Schiller)	ca. 1785-1835
Romantik (z.B. Novalis, Brentano, Hoffmann)	ca. 1795-1840
Biedermeier (z.B. Droste-Hülshoff, Grillparzer, Mörike)	ca. 1820-1850
Dekadenz (z.B. Beer-Hofmann, Th. Mann, Schaukal)	ca. 1860-1900
Surrealismus (z.B. Döblin, Kasack, Kubin)	ca. 1920-1945
Postmoderne (z.B. Handke, Ransmayr, B. Strauß)	seit ca. 1975

c) Stilgeschichtliche Ansätze

Hierbei wird von bestimmten Stilbesonderheiten ausgegangen, die alle Werke der jeweiligen Epoche (angeblich) charakterisieren. Die genaue Festlegung dieser Stilmerkmale ist allerdings ein Gegenstand dauernder Kontroversen in der Literaturwissenschaft. Stilistisch definierte Epochenbegriffe sind häufig auf mehrere Künste anwendbar. Sie koexistieren zudem häufig mit gleichnamigen, jedoch unhistorisch verwendeten Stilbezeichnungen. Als 'realistisch' im engeren historischen Sinn kann man so z.b. die Romane Fontanes bezeichnen, aber in einem allgemeineren Sinne könnte man auch noch viele Texte der Gegenwart wie z.b. Walter Kempowskis Familienroman *Tadellöser & Wolff* (1971) oder Dieter Wellershoffs Novelle *Die Sirene* (1980) mit diesem Attribut belegen. Folgende Epochenbegriffe mit stilgeschichtlicher Fundierung, von denen einige vielleicht auch geistesgeschichtlich definiert werden können, sind gebräuchlich:

Epochenbezeichnung	Zeitraum
Renaissance (z.B. Fischart, Hutten, H. Sachs)	ca. 1470-1600
Barock (z.B. Grimmelshausen, Gryphius, Opitz)	ca. 1600-1720
Manierismus (z.B. Harsdörffer, Hofmannswaldau, Lohenstein)	ca. 1670-1720
Rokoko (z.B. Gessner, Gleim, Hagedorn)	ca. 1730-1780
Anakreontik (z.B. Gleim, Götz, Uz)	ca. 1740-1770
Realismus (z.B. Keller, Stifter, Storm)	ca. 1850-1890
Naturalismus (z.B. Hauptmann, Holz, Schlaf)	ca. 1880-1900
Symbolismus (z.B. George, Hofmannsthal, Rilke)	ca. 1870-1920
Impressionismus (z.B. Altenberg, Bahr, Liliencron)	ca. 1890-1910
Jugendstil (z.B. Bierbaum, Schnitzler, Wedekind)	ca. 1895-1910
Expressionismus (z.B. Benn, Lasker-Schüler, Trakl)	ca. 1910-1925
Dadaismus (z.B. Arp, Ball, Schwitters)	ca. 1915-1925
Neue Sachlichkeit (z.B. Fallada, Kästner, J. Roth)	ca. 1920-1935
Hermetismus (z.B. Bachmann, Celan, N. Sachs)	ca. 1920-1955

d) Annalistische Ansätze

Hierbei wird eine möglichst 'neutrale', numerisch-kalendarische Epochenbezeichnung angestrebt, die einen bestimmten Zeitraum umfaßt, ohne zu suggerieren, daß die literarischen Erzeugnisse des jeweiligen Zeitraumes formal oder inhaltlich ein verbindendes gemeinsames Merkmal aufweisen. In der Praxis gelingt es jedoch in der Regel nicht, einen derartigen Begriff tatsächlich 'neutral' zu halten. Mit der Bezeichnung 'Fin de siècle' verbindet sich z.B. im Bewußtsein vieler Leser fast automatisch die ideengeschichtliche Kategorie der 'Dekadenz', und selbst die quasi-mathematischen Epochennamen '50er Jahre', '60er Jahre' oder '18. Jahrhundert', '19. Jahrhundert' usw. sind mit bestimmten Assoziationen wie Spießertum, Politisierung, Aufklärung oder Bürgerlichkeit verbunden, so daß ihnen keine Wertfreiheit oder Objektivität bescheinigt werden kann. Verbreitet sind die folgenden Bezeichnungen:

Epochenbezeichnung	Zeitraum
Fin de siècle / Jahrhundertwende (z.B. Bahr, Dauthendey, Huch)	ca. 1890-1910
Gegenwart (z.B. Biermann, Grass, Jandl)	seit (ca.) 1945
50er Jahre, 60er Jahre usw. / 18. Jh., 19. Jh. usw.	entsprechend

Betrachten wir die vier genannten Ansätze im Überblick, so bleibt noch folgendes grundsätzlich zu bemerken. *Erstens* sind die als Beispiele angeführten Autoren natürlich in vielen Fällen nicht auf eine einzige Epoche und ihre - so oder so gefärbte - Bezeichnung festzulegen; einige Werke von Goethe können wir z.B. der Anakreontik, andere dem Sturm und Drang und wieder andere der Klassik zuordnen. *Zweitens* lassen sich die zeitlichen Epochengrenzen in der Regel nur ungenau markieren; Hans Arp hat z.B. noch bis in die 60er Jahre hinein Texte verfaßt und publiziert, die als dadaistisch bezeichnet werden könnten. *Drittens* ist zu beachten, daß viele der angeführten Epochenbegriffe zwar auch auf andere Künste übertragbar sind (oder umgekehrt aus ihnen stammen), daß sich aber ihre zeitliche Eingrenzung nicht mit der im Literaturbereich üblichen deckt; 'romantische Musik' ist so z.B. ein Terminus, der das ganze 19. Jahrhundert abdeckt. *Viertens* sei schließlich noch erwähnt, daß auch in anderen Philologien andere Einteilungen gelten; als 'klassisch' (classique) bezeichnet man z.B. in Frankreich die Werke von Corneille, Molière und Racine (ca. 1640-90).
Wie soll man aber als Neuling einen Zugang zu der verwirrenden Fülle der aufgezählten Epochenbegriffe finden? Für den Anfang empfiehlt es sich, erst einmal die wichtigsten zehn oder zwölf dieser Begriffe zu erlernen und dann allmählich diese Palette durch das vertiefende Studium der Literaturgeschichte zu erweitern. Innerhalb der ersten Semester sollte man zudem eine einbändige Überblicksdarstellung lesen, wobei besonders die *Deutsche Literaturgeschichte* von Wolfgang Beutin u.a. zu empfehlen

ist. Darüber hinaus sollte man das von Elisabeth und Herbert A. Frenzel verfaßte Standardwerk *Daten deutscher Dichtung* durchstöbern, um sich einen Überblick über die als kanonisch geltenden Texte zu verschaffen. Die Bedeutung der wichtigsten Epochenbezeichnungen, die hier noch einmal tabellarisch zusammengestellt sein sollen, wird sich dann schrittweise erschließen:

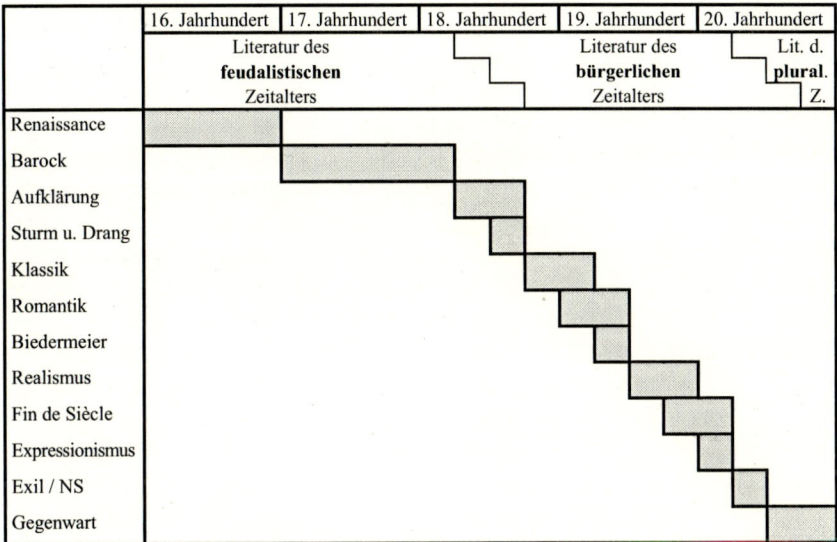

	16. Jahrhundert	17. Jahrhundert	18. Jahrhundert	19. Jahrhundert	20. Jahrhundert
	Literatur des **feudalistischen** Zeitalters			Literatur des **bürgerlichen** Zeitalters	Lit. d. **plural.** Z.
Renaissance					
Barock					
Aufklärung					
Sturm u. Drang					
Klassik					
Romantik					
Biedermeier					
Realismus					
Fin de Siècle					
Expressionismus					
Exil / NS					
Gegenwart					

Vor der verführerischen Suggestionskraft dieser Tabelle sei hier noch einmal ausdrücklich gewarnt. Für uns, als Angehörige des demokratisch-pluralistischen Zeitalters, haben Epochenbezeichnungen nur eine begrenzte Verbindlichkeit. Denn wir sind erfreulicherweise in der Lage und befugt, über die zeitliche Abgrenzung und inhaltliche Füllung jedes einzelnen Epochenbegriffes zu streiten. Allerdings war dies sowohl im feudalistischen als auch im bürgerlichen Zeitalter anders. Denn hier gab es noch keinen Wertepluralismus, und dementsprechend wäre kaum jemand auf die (ganz vom Geist des demokratischen Pluralismus geprägte) Idee verfallen, Epochenbezeichnungen als Konstruktionen zu verstehen, die jeder einzelne Literaturhistoriker frei definieren und interpretieren darf. Fremdwahrnehmung und Selbstwahrnehmung klaffen in dieser Hinsicht also weit auseinander. Und folgerichtig ließe sich fragen, ob man es nicht den Wissenschaftlern des feudalistischen, bürgerlichen und demokratischen Zeitalters gleichermaßen zugestehen müßte, jeweils 'ihre' Literatur selbst zu analysieren und zu periodisieren. Dem steht jedoch entgegen, daß die Literaturgeschichtsschreibung ihre eigene Geschichte besitzt, die eben (im wesentlichen) erst im bürgerlichen Zeitalter beginnt. Beim Übergang zum demokratischen Zeitalter wurde die Literaturwissenschaft nicht abrupt und radikal erneuert, sondern bis in unsere Zeit hinein allmählich dem Geiste des Pluralismus angeglichen.

Gegen diese allmähliche Angleichung spricht sicherlich, daß sie zu zahlreichen methodologischen Inkonsequenzen und terminologischen Kompromißlösungen führte. Dafür spricht hingegen der Umstand, daß auch in der Literatur selbst kein abrupter und radikaler Wechsel von bürgerlicher 'Dichtung' zu demokratischer 'Textproduktion' stattgefunden hat. Vom Standpunkt eines konsequenten Szientifismus aus mögen also die unscharfen Kategorien der gegenwärtigen Literaturgeschichtsschreibung oftmals unbefriedigend sein, doch im Hinblick auf ihre Angemessenheit gegenüber dem Untersuchungsgegenstand scheinen sie durchaus ihre Vorteile zu besitzen. Ein schwammiges Phänomen läßt sich mit schwammigen Begriffen womöglich adäquater beschreiben als mit trennscharfen Kategorien. Was nützt uns also eine wissenschaftlich ganz exakte Definition des Realismus-Begriffes, die mit unzweideutig nachweisbaren Erkennungsmerkmalen operiert, wenn es dann bei ihrer Anwendung kaum noch literarische Texte gibt, die sich unter einen solchen Begriff subsumieren lassen? Höchstens bestimmte Kernbereiche der feudalistischen, bürgerlichen und demokratischen Kunst können mit absolut trennscharfen Kategorien erfaßt werden.

Übrigens gibt es inzwischen eine eigene Unterdisziplin der Literaturwissenschaft, die sich speziell mit den Formen des allmählichen Wandels der Literatur auseinandersetzt. Allmählichkeit bedeutet ja nichts anderes, als daß es bestimmte Faktoren von hoher Kontinuität gibt, die sich bis zu einem gewissen Grad als restinent gegenüber historischen Veränderungen erweisen. Konkret äußert sich dies im Auftreten gewisser Ähnlichkeits- oder Verwandtschaftsbeziehungen zwischen Texten, deren Entstehungszeit unter Umständen weit auseinander liegt. Bei der genannten Unterdisziplin handelt es sich um die schon früher erwähnte *Intertextualitätsforschung*, die sich der Frage widmet, welche Formen derartiger 'Verwandtschaftsbeziehungen' existieren und wie sie systematisch erfaßt werden können. Das Spektrum reicht hierbei von sehr offenkundigen

Themen-, Stoff- und Motivparallelen (s.o. Kap. 1.4) bis hin zur versteckten, feinsinnigen, nur den Kenner ansprechenden Anspielung auf formale Ähnlichkeiten in Metrik, Metaphorik, Komposition u.ä.

Für den Anfänger sind derartige Parallelen, Zitate und Anspielungen manchmal recht ärgerlich, weil sie einem das Gefühl vermitteln können, 'nicht dazuzugehören', sich noch nicht genug in der Literatur- (und Kultur-) Geschichte auszukennen. Kommentierte Editionen, Lexika und Konkordanzen ermöglichen es jedoch auch dem Studienanfänger, intertextuelle Beziehungen aufzudecken. Im Verlauf des Studiums gewinnt man dann eine gewisse Sicherheit hierin: man kennt seine Pappenheimer und weiß, wer vermutlich wen zitieren wird und wen nicht. Das wichtigste bei der ganzen Sache sollte über alledem niemals vergessen werden, nämlich der Umstand, daß Zitate und Anspielungen eine Verbindung zwischen verschiedenen Epochen herstellen und uns damit daran erinnern, daß der historische Prozeß von Asynchronien geprägt ist, d.h. daß nicht alle Teilbereiche der Gesellschaft im gleichen Tempo die gleiche Entwicklung durchlaufen. So können wir insgesamt feststellen, daß die Literatur des bürgerlichen Zeitalters für uns bis heute keineswegs erledigt und abgetan ist. Bestimmte Phänomene, unter denen an erster Stelle wieder die bürgerliche Liebes- und Familienauffassung zu nennen wäre, beschäftigen uns nach wie vor, so daß eine Auseinandersetzung mit den literarischen Werken, in denen diese Auffassung ihren Niederschlag fand, unverändert aktuell ist. Es kann demnach nicht verwundern, wenn Gegenwartsautoren in ihren Werken immer wieder auf Texte aus dieser Zeit anspielen.

Wie eingestanden werden muß, fällt vielen die Anknüpfung an Werke aus der Zeit des Feudalismus demgegenüber wesentlich schwerer. Für die Lektüre der deutschsprachigen Literatur vor Lessing bedarf es in der Regel ausgedehnter Vorkenntnisse oder eines originellen methodologischen Zugriffs, damit uns ihre Eigentümlichkeiten verstandlich werden. Immer wieder tauchen jedoch in der geisteswissenschaftlichen Methodologie neue Ansätze auf, welche (auch) die Literatur des 16. und 17. Jahrhunderts in einem anderen und interessanten Licht erscheinen lassen. In letzter Zeit war dies insbesondere der zivilisationsgeschichtliche Ansatz von Norbert Elias, der uns zeigte, in welch hohem Maße unsere Konventionen, Umgangsformen und Anstandsregeln nach wie vor von der (ins Bürgerliche 'abgesunkenen') aristokratischen Kultur der Renaissance und des Barockzeitalters geprägt werden. Die Kultur des Feudalismus scheint uns auf den ersten Blick tot und passé zu sein, doch sobald wir uns zu Tisch setzen, uns begrüßen oder unsere Kleidungsstücke aufeinander abstimmen, lassen wir häufig genug ein modernisiertes höfisch-aristokratisches Zeremoniell wiederaufleben, dessen Regeln nicht zuletzt in der feudalistischen Literatur niedergelegt worden sind. Wer sich für die (künstlerische oder wissenschaftliche) Analyse der eingefleischten, uns fast immer unbewußt bleibenden Gewohnheiten interessiert, die unser alltägliches Verhalten prägen, wird deshalb in der vorbürgerlichen Literatur reiches Anschauungs- und Untersuchungsmaterial finden.

Wie das Beispiel von Norbert Elias lehrt, ist es allerdings immer auch problematisch, die Literatur früherer Zeitalter nur mit aktuellen Erkenntnisinteressen und ganz aus moderner Perspektive heraus zu würdigen. Häufig fällt der Blick dann nämlich auf eher randständige Phänomene, die aus heutiger Sicht vielleicht von zentraler Bedeutung sein mögen, die jedoch nicht ins Zentrum der jeweiligen Epoche führen. Besonders verhängnisvoll war diese Selbstzentriertheit bei der Durchmusterung der vorbürgerlichen Literatur, wie sie von den Literaturhistorikern des bürgerlichen Zeitalters durchgeführt wurde. Sie verabsolutierten das bürgerliche Ideal der 'erlebnishaften' Individualdichtung und werteten die rhetorisch geprägte Gesellschaftsdichtung des Feudalismus häufig pauschal ab ('Barock' als Schimpfname). In ihrer Darstellung der Literatur des 16. und 17. Jahrhunderts wurden deshalb besonders diejenigen Autoren und Gattungen berücksichtigt, die als Vorläufer der Individualdichtung gelten konnten. Die 'eigentlich typische' Literatur dieser Zeit, also nach rhetorischen Mustern gefertigte Geburtstagsgedichte oder ähnliches, fand in ihren Augen wenig Gnade und wurde deshalb vielfach herausdefiniert und editorisch vernachlässigt. Man darf resümieren, daß dieser Selektionsvorgang in der Literaturgeschichtsschreibung teilweise bis heute nachwirkt, so daß uns manchmal die Literatur des Feudalismus quasi in bürgerlichem Gewand präsentiert wird. Das erleichtert uns ein wenig den Zugang, versperrt uns aber gleichzeitig den Blick auf das Typische dieser Epoche(n). Um ein Gespür für das Andersartige der feudalistischen Literatur zu erwerben, sollte man also nicht nur die berühmten Liebesgedichte von Johann Christian Günther oder vergleichbare 'frühbürgerliche' Werke, sondern unbedingt auch jene rein 'feudalistischen' Texte studieren, die uns ihrem ganzen Wesen nach - also in Thematik, Motivik und Diktion - fremd erscheinen. Viel eher als Günthers Werke lassen z.B. die galanten Epigramme, Begräbnisgedichte und geistlichen Oden des Barock, wie sie z.B. Hofmannswaldau mit Erfolg publizierte, etwas von der faszinierenden Fremdartigkeit einer literarischen Kultur erahnen, von der wir uns heute noch keineswegs ganz entfernt haben.

Übrigens macht die selbstzentrierte und selektive Rezeption der feudalistischen Kultur durch die bürgerlichen Literaturhistoriker ein weiteres Problem deutlich, das hier zuletzt noch angesprochen werden muß. Gemeint ist das triviale Problem der Materialfülle, das den Ambitionen der Geschichtsschreiber immer wieder enge Grenzen setzt. Gehen wir von einem simplen Beispiel aus. Welche deutschsprachigen Romane aus der Zeit zwischen 1815 und 1830 haben Sie gelesen? Etwa nur *Wilhelm Meisters Wanderjahre* von Goethe und *Die Elixiere des Teufels* von E. T. A. Hoffmann? Oder auch noch Achim von Arnims *Kronenwächter* und Eichendorffs *Ahnung und Gegenwart*? Oder kennen Sie sogar *Die Papierfenster eines Eremiten* von Karl Immermann und den Ritterroman *Lichtenstein* von Wilhelm Hauff? Können Sie alle drei Fragen bejahen, so gehören Sie ohne Zweifel bereits zu einer ganz kleinen Minderheit von sehr belesenen Spezialisten. Denn es dürften insgesamt wohl keine zwanzig Romane aus dem genannten Zeitraum sein, die einem durchschnittlichen Germanisten vertraut oder auch nur dem Namen nach bekannt sind. Woran liegt das aber? Hat es in dieser Zeit keine weiteren Romanneuerscheinungen gegeben? Kann also derjenige, der die besagten zwanzig Romane gelesen hat, ein kompetentes Urteil über die Entwicklung der Gattung in dieser Epoche abgeben? Schön wär's! Doch die Tatsachen sprechen leider eine ganz andere Sprache. Norbert Otto Eke und Dagmar Olasz-Eke haben in ihrer *Bibliographie: Der deutsche Roman 1815-1830* (München 1994) nicht weniger als 1582 Romane verzeichnet, Romane, von denen natürlich nur wenige in allen Bibliotheken erhältlich, nur ganz wenige in aktuellen Ausgaben käuflich und nur einige in den literaturgeschichtlichen Darstellungen zu dieser Zeit überhaupt erwähnt sind. Ein Germanist, der zwei oder drei Prozent dieser 1582 Titel gelesen und analysiert hat, ist, wie gesagt, bereits als Kenner anzusehen; ob irgend jemand mehr als 50 % der Werke rezipiert hat, darf bezweifelt werden. Und dieser Fall ist keineswegs die Ausnahme. Denn in allen Gattungen und Epochen gibt es eine Überfülle an Material, von dem nur ein winziger Bruchteil kanonisiert ist und in den gängigen Literaturgeschichten Erwähnung findet.

Wie ist aber unter solchen Voraussetzungen eine seriöse Literaturgeschichtsschreibung überhaupt realisierbar? Die typische Antwort auf eine solche Frage lautet in anderen Wissenschaften: Arbeitsteilung und Automatisierung. Die Probleme bei der Übertragung dieses Konzeptes auf die Literaturwissenschaften liegen auf der Hand. Eine arbeitsteilige Vorgehensweise ist in der Praxis unmöglich, weil die einzelnen Forscher verschiedenen Methoden folgen und weil die einzelnen Lehrstühle zu klein sind (meistens ein Assistent und zwei oder drei Hilfskräfte), um ein entsprechendes Riesenprojekt zu verwirklichen. Im Prinzip wäre hierbei eine Änderung durch mehr Kooperation denkbar, doch im demokratischen Pluralismus der Gegenwart ist wohl eher - auch im Hinblick auf finanz- und institutionsbedingte Profilierungszwänge - ein umgekehrter Trend zu immer stärkerer Individualisierung der Forschungsansätze zu erwarten. Bleibt noch die Möglichkeit der Automatisierung. Werden Scanner und Sprachanalysesoftware hierbei in Zukunft Fortschritte ermöglichen? Wird auch eine zuverlässige Stil- oder gar Inhaltsanalyse (mit Berücksichtigung intertextueller Relationen in Form von Zitaten und Anspielungen) künftig von Computern erledigt werden können? Es ist gewiß müßig, über die Qualitäten künftiger Software zu spekulieren, doch scheint jedenfalls festzustehen, daß nur Kollege Computer in der Lage wäre, mehr als 50 % der zwischen 1815 und 1830 publizierten deutschsprachigen Romane zu 'lesen'. Es bleibt abzuwarten, ob die Literaturgeschichtsschreibung ggf. in eine neue Entwicklungsphase treten wird und ein höheres Maß an Zuverlässigkeit und Seriosität gewinnen kann.

WICHTIGE BEGRIFFE

tiefe und flache Epochenbezeichnungen / Unterschiede zwischen feudalistischer, bürgerlicher und demokratischer Kultur / vier Ansätze zur Bildung von Epochenbegriffen (Politik- und Sozialgeschichte; Geistes-, Ideen- und Mentalitätsgeschichte; Stilgeschichte; Annalistik) / bürgerliche Sicht auf feudalistische Literatur / Problem der Materialfülle

DISKUSSIONSFRAGEN UND ARBEITSAUFGABEN

• Wäre es sinnvoll, (nur) politische Literatur nach politikgeschichtlichen Kategorien, philosophische Literatur nach ideengeschichtlichen Maßstäben, experimentelle Literatur nach stilgeschichtlichen Kriterien usw. zu periodisieren?
• Welcher der vier genannten Ansätze zur Bildung von Epochenbegriffen läßt sich am besten mit den Erfordernissen der Komparatistik in Einklang bringen?
• Wird das Problem der Materialfülle durch die (häufig stillschweigend vorgenommene) Beschränkung auf 'den' Kanon gelöst oder verdeckt?

• Vergleichen Sie die Artikel über 'Realismus' aus mehreren (u.U. auch fremdsprachigen) Literatur- und Universallexika miteinander im Hinblick auf Unterschiede und Gemeinsamkeiten!

LITERATURHINWEISE

Beutin, Wolfgang u.a.: Deutsche Literaturgeschichte. Von den Anfängen bis zur Gegenwart. 5., überarb. Aufl. Stuttgart 1994.
[Gut lesbare Überblicksdarstellung mit Schwerpunkt Gegenwartsliteratur.]

Frenzel, Herbert A. / Frenzel, Elisabeth: Daten deutscher Dichtung. Chronologischer Abriß der deutschen Literaturgeschichte. 2 Bde. 31. Aufl. München 1998.
[Nützliche Datensammlung mit kurzen Charakterisierungen fast aller kanonischen Werke.]

Glaser, Horst Albert (Hg.): Deutsche Literatur. Eine Sozialgeschichte. Von den Anfängen bis zur Gegenwart. Reinbek 1980ff.
[Zehnbändiges Werk, das im wesentlichen einem politik- und sozialgeschichtlichen Ansatz folgt.]

Grimminger, Rolf (Hg.): Hansers Sozialgeschichte der deutschen Literatur vom 16. Jahrhundert bis zur Gegenwart. München 1980ff.
[Zwölfbändiges Werk, das im Unterschied zur Glaserschen Literaturgeschichte erst im 16. Jahrhundert einsetzt, die mittelalterliche Literatur also nicht behandelt.]

Gumbrecht, Hans-Ulrich / Link-Heer, Ursula (Hg.): Epochenschwellen und Epochenstrukturen im Diskurs der Literatur- und Sprachhistorie. Frankfurt a. M. 1985.
[Umfangreicher Sammelband mit thematisch weitgestreuten Beiträgen zur methodologischen und geschichtsphilosophischen Problematik von Epochenbegriffen.]

Jens, Walter (Hg.): Kindlers Neues Literatur Lexikon. 20 Bde. München 1988-92.
[Prägnante Kurzcharakterisierungen aller wichtigen Werke der Weltliteratur mit nützlichen Hinweisen auf Sekundärliteratur und mit informativen Essays über die Geschichte der Literaturen aller Kontinente und Epochen; unverzichtbarer Schmöker, der auch in Taschenbuchform erhältlich ist.]

Rosenberg, Rainer: Epochen. In: Brackert, Helmut / Stückrath, Jörn (Hg.): Literaturwissenschaft. Ein Grundkurs. 5. Aufl. Reinbek bei Hamburg 1997. S. 269-280.
[Kurze Einführung in Grundprobleme der Periodisierung.]

Weimar, Klaus: Geschichte der deutschen Literaturwissenschaft bis zum Ende des 19. Jahrhunderts. München 1989.
[Schildert aus institutionsgeschichtlicher Perspektive die Vor- und Frühgeschichte der deutschen Literaturwissenschaft.]

2. Gattungsspezifische Analysekategorien

Während die im ersten Kapitel des vorliegenden Buches behandelten Analysekategorien im Prinzip auf alle Arten von literarischen Texten angewendet werden konnten, sind die in diesem zweiten Teil vorzustellenden Begriffe nur jeweils auf bestimmte Gruppen von literarischen Texten beziehbar. Bei diesen Gruppen handelt es sich um die Gattungen, von denen uns solche prominenten wie z.B. der Roman, die Ballade oder die Komödie im allgemeinen schon mehr oder minder vertraut sind, bevor wir uns für das Studium einer Literaturwissenschaft entscheiden. Einer der Gründe hierfür ist zweifellos darin zu suchen, daß derartige Gattungsbezeichnungen nicht selten schon im Titel (oder Nebentitel) von literarischen Werken auftauchen. Anzuführen wären hier beispielsweise Gottfried Benns *Roman des Phänotyp*, Bertolt Brechts *Ballade vom Weib und dem Soldaten* oder Elias Canettis *Komödie der Eitelkeit*. Den Autoren selbst sind die Gattungsbezeichnungen also offenbar nicht gleichgültig, und dementsprechend tut auch der Leser gut daran, den mit solchen Gattungsnamen gegebenen Hinweisen auf den Traditionszusammenhang, in dem ein Werk steht, nachzugehen.

Wer zu diesem Zweck in einem literaturwissenschaftlichen Lexikon nachschlägt, wird mit den dort erhältlichen Auskünften jedoch in vielen Fällen unzufrieden sein. Denn die meisten Gattungen sind nicht akkurat definiert; vielmehr gibt es häufig eine ganze Palette verschiedener Erkennungsmerkmale, von denen im einzelnen Text in der Regel nur einige wiederzuerkennen sind. Dies ist kein Zufall, und es ist auch keineswegs Ausdruck eines Unvermögens der Lexikonschreiber. Denn Gattungen sind geschichtliche, veränderliche Gebilde, die heute so und morgen so aussehen können. Ein solches veränderliches Gebilde definitorisch zu fassen, ist außerordentlich schwierig. Nicht selten erfordert es ein genaueres Studium der Gattungsgeschichte, bis man den Sinn einer konkreten Gattungsbezeichnung verstanden hat. Das läßt sich leicht etwa am Beispiel des oben angeführten Romanes von Gottfried Benn erläutern. Wer dieses Werk in der Erwartung aufschlägt, einen 'konventionellen' Roman mit Haupt- und Nebenfiguren, einer klar konturierten Handlung u.ä. vorzufinden, sieht sich schnell enttäuscht. Denn viel eher handelt es sich bei dem *Roman des Phänotyp* um einen essayistisch-aphoristischen Prosatext mit sehr lockerer, manchmal die Grenze zur Akohärenz streifender Kompositionsstruktur. Ein solches Gebilde als 'Roman' zu bezeichnen, mag verwegen anmuten, wenn man zum Vergleich die Romane von Raabe, Fontane oder Thomas Mann heranzieht. Kennt man sich jedoch in der Gattungsgeschichte ein wenig aus, so wird man die Transformationen des Genres durch André Gide, John Dos Passos oder Alfred Döblin mit ins Kalkül ziehen. Die Bennsche Werküberschrift erhält dann plötzlich eine andere Färbung, und unsere Erwartungen an den Text sind auf einmal ganz andere. Natürlich lassen sich solche deutungsrelevanten Vorkenntnisse nur allmählich, im Laufe eines mehrsemestrigen Studiums, erwerben.

Wie können wir nun aber die Gattungen definieren, wenn sie im Laufe der Jahrzehnte und Jahrhunderte ihr Erscheinungsbild u.U. radikal verändern? Ganz einfach: Akkurate Definitionen, die auf eine begrenzte Anzahl nachweisbarer Erkennungsmerkmale rekurrieren, können immer nur für eine bestimmte Phase der Gattungsgeschichte festgelegt werden. Will man dagegen die Gattung in ahistorischer Weise ohne Berücksichtigung ihrer Entwicklung definieren, wie dies manchmal in Lexikonartikeln geschieht, so kann man in der Regel nur mit einem bunten Strauß von Erkennungsmerkmalen operieren, von denen keines in allen Texten dieser Gattung erscheint und von denen in einem bestimmten einzelnen Text vielleicht nur sehr wenige wiederzufinden sind.

Die entscheidende Ursache hierfür ist in dem Umstand zu erblicken, daß die allmähliche Transformation einer Gattung im Laufe der Jahrhunderte bis zur vollständigen *Metamorphose* führen kann. Vergegenwärtigen wir uns diesen Vorgang mit Hilfe eines kleinen Schemas, das die Veränderung einer Gattung innerhalb von fünf Entwicklungsphasen nachzeichnet. Die in der Kopfzeile angeführten Buchstaben a, b, c und d bezeichnen Erkennungsmerkmale (formaler oder inhaltlicher Art), auf die in den jeweiligen Entwicklungsphasen von den dominierenden Gattungstheoretikern rekurriert wurde:

	a	b	c	d
1. Entwicklungsphase	X	X		
2. Entwicklungsphase	X		X	X
3. Entwicklungsphase		X	X	X
4. Entwicklungsphase			X	X
5. Entwicklungsphase		X	X	

Wie sich der Tabelle leicht ablesen läßt, können wir mit Bezug auf die 4. Entwicklungsphase von einer echten Metamorphose der Gattung sprechen. Texte dieser Phase haben mit denen der 1. Entwicklungsphase kein einziges Merkmal gemeinsam, obwohl sie der gleichen Gattung zuzurechnen sind! Möglich ist das, weil die 2. und die 3. Entwicklungsphase als Verbindungsglieder fungieren, so daß bei historischer Betrachtungsweise durchaus eine innere Logik und eine bestimmte Richtung des Veränderungsprozesses, dem die Gattung unterworfen war, erkennbar wird. Der Sache nicht angemessen wäre es also, wollte man nun um jeden Preis an der Forderung festhalten, daß *alle* Texte einer Gattung zumindest *ein* bestimmtes Merkmal teilen müssen. Sinnvoll ist nur das Postulat, daß die Texte der Phase N (z.B. 4) mit den Texten der Phase N-1 (z.B. 3) immer in mindestens einem Merkmal übereinstimmen müssen. Wäre dies nicht der Fall, wäre also z.B. auf die erste *sogleich* die vierte Entwicklungsphase gefolgt, so müßte man von einem Ende und von einer anschließenden Neubegründung der Gattung unter völlig anderen Vorzeichen sprechen. Ob es solche Fälle geben kann, bleibe hier dahingestellt; wichtig ist für uns zunächst nur die Feststellung, daß Gattungsdefinitionen umso akkurater sind, umso klarer sie historisch eingegrenzt werden. Den 'Roman als solchen' zu definieren, ist also außerordentlich schwierig. Den 'Roman des Realismus' zu beschreiben, ist hingegen schon eher möglich. Und der 'Gesellschaftsroman des bürgerlichen Realismus' läßt sich schließlich präzise und mit klar definierten Erkennungsmerkmalen charakterisieren.

Übrigens kann es dabei im Einzelfall erforderlich sein, mehrere Unterarten einer Gattung mit jeweils spezifischer historischer Entwicklung voneinander zu unterscheiden. Der Abenteuerroman, der Bildungsroman, der Geschichtsroman usw. haben also jeweils ihre eigene Entwicklungsdynamik. Unsere Tabelle müßte dementsprechend erweitert bzw. vervielfältigt werden, wobei diese Zunahme der Komplexität aber nicht mit einem Verlust an analytischer Klarheit verbunden wäre.

Lassen sich jedoch - so könnte man jetzt fragen - überhaupt alle Texte in derartige Tabellen pressen? Gibt es keine Literatur außerhalb von Gattungen? Wozu existieren überhaupt diese Gattungen, die doch das freie künstlerische Sprechen einengen und die Phantasie des Autors von vornherein bestimmten Regeln unterwerfen?

Nun, diese Fragen, die sich natürlich auch auf unser Sprechen und Schreiben im allgemeinen ausweiten lassen, sind durchaus berechtigt. Und in der Literaturwissenschaft gab es auch, vor allem im Anschluß an die radikale Gattungskritik des italienischen Gelehrten Benedetto Croce (1866-1952), immer wieder Zweifel an Berechtigung und Nutzen der Gattungsbezeichnungen. Ausgehend von der Konzeption Wilhelm Voßkamps, der die Gattungen - ähnlich wie zuvor Austin Warren und René Wellek - als literarisch-soziale Institutionen definierte, setzte sich jedoch seit Ende der 70er Jahre die Auffassung durch, daß Gattungen keine Erfindung rubrizierwütiger Philologen, sondern eine gesellschaftliche Wirklichkeit sind, mit der jeder am Prozeß der literarischen Kommunikation Beteiligte zu rechnen hat. Gattungskonventionen erlauben es dem Autor, gezielt an bestimmte tradierte Schreibweisen anzuknüpfen. Und gleichzeitig steuern sie die Vorerwartungen des Buchkäufers und Lesers, der im Meer der literarischen Publikationen vielleicht ganz die Orientierung verlieren würde, wenn er nicht durch eine Gattungsangabe wenigstens ungefähr signalisiert bekäme, was er von dieser oder jener Neuerscheinung zu erwarten hat.

Die Bestätigung der Lesererwartungen durch Anknüpfung an bestimmte Gattungstraditionen einerseits und die Frustration dieser Erwartungen durch innovative Durchbrechung der Gattungsregeln andererseits wirken hierbei in der Regel Hand in Hand. Allmählich kann sich so die Gattung verändern, wobei die Begrenzung des Innovationsspielraumes durch die Frustationstoleranz des kaufenden und lesenden Publikums dafür sorgt, daß diese Veränderungen nicht allzu radikal (Wechsel von der 1. zur 4. Entwicklungsphase; s.o.) ausfallen können. Ein Autor kann also die Romangattung zweifellos transformieren (helfen), aber er kann nicht heute als Elegie und morgen als Schwank bezeichnen, was bis heute als Novelle galt. Noch genauer gesagt: Er kann heutzutage solche Bezeichnungswechsel vornehmen, wenn es ihm beliebt, doch er kann damit die Gattungen der Elegie und des Schwankes, die als soziale Institutionen eine spezifische Eigenträgheit besitzen, nicht nach Belieben umgestalten. In unserer demokratisch-pluralistischen Kultur kann es ihm niemand verbieten, seine Privatinterpretation dieses oder jenes Gattungsbegriffes zu veröffentlichen, doch eine echte Transformation eines bestimmten Gattungskonzeptes als einer gesellschaftlichen Tatsache, wird ihm nur gelingen, wenn er an das zu seiner Zeit gültige Gattungsverständnis anknüpft und seine Innovationen auf ein bestimmtes Maß begrenzt.

Nicht anders verhält es sich ja übrigens auch mit dem Bedeutungswandel aller anderen Wörter. Daß ein Begriff wie 'Sympathisant', 'Blockadepolitik' oder 'Wendehals' plötzlich eine bestimmte Färbung, ein bestimmtes assoziatives Umfeld, erhält, kann ein fleißiger Autor oder Publizist durchaus bewirken. Daß aber 'Sympathisant' auf einmal soviel wie 'Wasser' und 'Blockadepolitik' soviel wie 'Abendbrot' bedeutet, wird er aller Voraussicht nach nicht erreichen können. Abruptes Ende und anschließende radikale Neubegründung sind also auch hier unmöglich, während eine langsame, über mehrere Zwischenstationen verlaufende Transformation eines Wortes und seiner Bedeutung bis hin zur völligen, aber eben allmählichen Metamorphose durchaus möglich ist, wie uns die Etymologie lehrt.

Die Geschichtlichkeit der Gattungen bringt es nun allerdings auch mit sich, daß die vorhandenen Gattungsbezeichnungen den Gesamtbereich der Literatur immer nur relativ unvollkommen abdecken. Denn es gibt natürlich keine ordnende Hand, die dafür sorgt, daß eine Verengung des Gattungsbegriffes x durch eine entsprechende Ausweitung des angrenzenden Gattungsbegriffes y kompensiert wird. Besonders deutlich tritt dies bei einem Blick auf die drei sogenannten 'Naturformen der Poesie' (Goethe), also auf Lyrik, Epik und Drama, zutage. Alle drei Begriffe waren im Laufe der Jahrhunderte einschneidenden Veränderungen unterworfen, doch es gab keinen übergeordneten 'Entwicklungsplan', der eine Abstimmung dieser Begriffe aufeinander hätte gewährleisten können. So müssen wir heute feststellen, daß diese drei Begriffe nicht den Gesamtbereich der Literatur abdecken, sondern nur bestimmte Kernzonen markieren, die von alters her zur Literatur gerechnet wurden. Obwohl dieser Zustand unter wissenschaftlich-methodologischen Gesichtspunkten sicherlich als unbefriedigend gelten muß, kann er doch aufgrund der eben geschilderten Situation, also wegen der Geschichtlichkeit aller Gattungskonzepte, nicht handstreichartig geändert werden. Die Philologie kann höchstens allmählich auf eine Klärung und damit auf eine Transformation der Gattungsbegriffe hinwirken.

Vorläufig ist es deshalb erforderlich, neben den drei Hauptgattungen (Lyrik, Epik, Drama) noch (mindestens) eine vierte Kategorie zu etablieren. Wie wir zugeben müssen, hat diese Kategorie teilweise die Funktion, die in Antiquariatskatalogen oder auf Tagesordnungen dem Begriff 'Verschiedenes' zukommt. Es handelt sich also bis zu einem gewissen Grad um eine Verlegenheitslösung, die den heterogenen Rest dessen abdeckt, was die drei traditionellen Hauptkategorien nicht beinhalten.

Vom Reisebericht über die Biographie bis hin zum Essay ließe sich hierbei eine breite Palette der unterschiedlichsten Gattungen auflisten, für die in den drei großen Schubläden der Lyrik, der Epik und des Dramas ursprünglich kein Platz vorgesehen war. Daran ist inzwischen schon einiges geändert worden, und manche Literaturwissenschaftler würden heute vielleicht dafür plädieren, auch diese Gattungen der Epik zuzurechnen. Genau wie z.B. die Festansprache, der Brief oder die Predigt, um nur einige weitere Problemfälle zu nennen, können diese und ähnliche Gattungen jedoch nicht ohne weiteres unter eine der drei Hauptkategorien subsumiert werden. Die meisten dieser schwer zu verortenden Gattungen entstammen übrigens der in unserem Dreikreisschema (vgl. Kap. 1.1) mit 'L2' bezeichneten Kategorie, also der Gruppe der nicht-fiktionalen, aber fixierten und sprachkünstlerisch gestalteten Texte. Begriffe wie 'Artistik' (Ruttkowski), 'Zweckliteratur' (Sengle) oder der im englischen Sprachraum verbreitete Terminus 'non-fiction' weisen auf diesen Umstand direkt oder indirekt hin. Wir wollen im folgenden den - vor allem durch diesbezügliche Untersuchungen von Horst Belke üblich gewordenen - Begriff 'Gebrauchsliteratur' verwenden, der also eine vierte Hauptgattung neben der Lyrik, der Epik und dem Drama bezeichnet. Um eine erste Vorstellung von Umfang und Inhalt dieser vier Kategorien zu vermitteln, seien hier kurz die wichtigsten Gattungen, die ihnen zugeordnet werden können und die noch im einzelnen vorzustellen sind, aufgelistet:

Hauptgattung	Wichtige zuzuordnende Einzelgattungen
Lyrik	Ode, Hymne, Elegie, Sonett, Madrigal, Triolett, Romanze, Ballade, Lied, Figurengedicht
Epik	Epos, Volksbuch, Roman, Erzählung, Novelle, Märchen, Sage, Anekdote, Kurzgeschichte
Drama	Tragödie, Komödie, Bürgerliches Trauerspiel, Volksstück, Libretto, Hörspiel
Gebrauchsliteratur	Aphorismus, Autobiographie, Biographie, Brief, Essay, Predigt, Reisebericht, Sachbuch, Tagebuch

Bevor die vier Hauptgattungen im einzelnen vorgestellt werden, sei hier noch kurz auf eine grundsätzliche Problematik hingewiesen, die häufig im Zusammenhang mit der Gattungslehre diskutiert wird. Gemeint ist die Frage nach der Relation zwischen Form und Inhalt, die sich an der Feststellung entzündet, daß sehr viele Gattungen (in den meisten ihrer verschiedenen Entwicklungsphasen) zugleich formale und inhaltliche Erkennungsmerkmale aufweisen. Das Sonett scheint z.B. auf den ersten Blick ausschließlich durch formale Charakteristika wie Verszahl, Reimstellung u.ä. definiert zu sein, doch ein Blick auf die Gattungsgeschichte lehrt uns, daß nicht alle Themen und Motive gleichermaßen Eingang in diese Gattung gefunden haben, sondern daß bestimmte Inhalte (z.B. Liebe, Religion, Patriotismus) dominieren. Umgekehrt ist die anscheinend nur durch ihren Inhalt definierte Gattung der Autobiographie zwar nicht auf eine einzige äußere Erscheinungsform festgelegt, doch es dominieren in der Geschichte dieser Gattung ganz eindeutig die romanähnlichen, in der 1. Person 'erzählten' Darstellungsformen.

Wie sind derartige Verbindungen zwischen Formen und Inhalten zu erklären? Können sie auf anthropologische Konstanten zurückgeführt werden, spiegeln sie den Einfluß traditionsbildender Gattungsgründer und -fortsetzer wie Petrarca (Sonett) und Goethe (Autobiographie), oder handelt es sich um Konstrukte einer kanonorientierten Literaturwissenschaft, die aus der unübersehbaren Textflut nach möglicherweise problematischen Auswahlkriterien solche Werke herausfiltert, in denen sie eine Übereinstimmung von Form und Inhalt zu erkennen glaubt? Daß letzteres nicht der Fall ist, ergibt sich aus dem Umstand, daß die Gattungen nicht verlustfrei ineinander übersetzt werden können. Eine Autobiographie in ein Sonett zu transformieren, ist schlechterdings unmöglich, wenn man sich nicht mit sehr allgemeinen Übereinstimmungen inhaltlicher Art, die natürlich hergestellt werden könnten, zufriedengeben will. Auch eine Predigt in eine Komödie, eine Hymne in eine Anekdote oder eine Ballade in einen Aphorismus zu 'übersetzen', ist nahezu ein Ding der Unmöglichkeit. Es kann also nicht jeder Inhalt in jede beliebige Form gebracht werden, und es kann auch nicht jede Form mit jedem beliebigen Inhalt gefüllt werden. Gleichwohl darf aber bei der konkreten Textanalyse nicht pauschal von einer Harmonie zwischen Form und Inhalt ausgegangen werden. Vielmehr müssen wir in jedem Einzelfall untersuchen, weshalb eine spezifische Form gewählt wurde, um einen spezifischen Inhalt zu gestalten. Dabei bildet häufig gerade die Analyse des Zusammenspiels von Form und Inhalt das Fundament einer überzeugenden Interpretation.

Doch zurück zu unserer Ausgangsfrage. Die bei den meisten Gattungen feststellbare Verknüpfung bestimmter Formen mit bestimmten Inhalten hat immer wieder Gelehrte dazu veranlaßt, spezifische Bewußtseinshaltungen oder Stimmungen aufzuspüren, die angeblich dem Wesen einzelner Gattungen entsprechen. So bezeichnete Hegel die Lyrik als subjektive, die Epik als objektive und das Drama als zugleich subjektive und objektive Gattung. Der Psychologe und Philosoph Wilhelm Wundt korrelierte die drei Hauptgattungen mit bestimmten Weltanschauungstypen, indem er die Lyrik mit dem Psychologismus, die Epik mit dem Naturalismus und das Drama mit dem Idealismus verband. Und der Sprachwissenschaftler Roman Jakobson plädierte für eine Verknüpfung mit der grammatischen Kategorie der 'Person', wobei die Lyrik mit der 1. Person Singular, die Epik mit der 3. Person und das Drama mit der 2. Person verbunden sein sollte. Besonders wirkungsmächtig war schließlich bis in die 1960er Jahre hinein die sogenannte 'Fundamentalpoetik' des Schweizer Germanisten Emil Staiger, der in seinem Buch *Grundbegriffe der Poetik* (Zürich 1946) das Lyrische, Epische und Dramatische als überzeitliche Ideen zu erfassen versuchte. Der Sinn für diese drei 'Naturformen', die nicht nur in der Literatur erfahrbar werden sollten, war dem Menschen nach Staiger als anthropologische Konstante angeboren, und die einzelnen 'Dichtarten' waren nur Versuche, diesen Grundhaltungen eine feste Form zu verleihen.

Ganz folgerichtig war es, daß der Literaturwissenschaftler Wolfgang Kayser, in Fortführung früherer Ansätze des Philosophen Eduard von Hartmann, die Begriffsreihen Lyrik-Epik-Drama und Lyrisches-Episches-Dramatisches miteinander kombinierte, wobei es dann lyrische Lyrik, epische Lyrik, dramatische Lyrik, epische Epik, lyrische Epik usw. geben soll. In der literaturgeschichtlichen Darstellung einzelner Gattungen schlug sich ein derartiges Suchen nach dem inneren Wesen ebenfalls nieder, wobei die Grenze zur Literaturkritik nicht selten überschritten wurde. Friedrich Beißners *Geschichte der deutschen Elegie* (Berlin 1941) läßt die Gattungsentwicklung so z.B. im Werk Hölderlins kulminieren, weil hier das angebliche Wesen der Elegie im Zusammenklang von spezifischer Form und spezifischem Inhalt mustergültig zum Ausdruck gebracht worden sei.

In der heutigen Literaturwissenschaft gelten derartige Versuche zur Erfassung des inneren Wesens einer (Haupt- oder Einzel-) Gattung als obsolet. Gattungen stellen als soziale Institutionen bestimmte konventionalisierte Kommunikationsformen dar, die gesellschaftlichen Einflüssen ausgesetzt sind und die historischem Wandel unterliegen. Aufgabe des Literaturwissenschaftlers ist es nicht, das angeblich überzeitliche innere Wesen einer Gattung aufzuspüren und den Grad seiner Realisierung in den einzelnen Entwicklungsphasen der Gattung wertend zu kommentieren. Stattdessen versucht die moderne Gattungsgeschichte, das Wechselspiel zwischen den

Transformationen einer Gattung und den Transformationen der Rahmenbedingungen, unter denen literarische Kommunikation stattfindet, zu beschreiben. Daß z.B. eine Gattung wie das Schäferspiel im bürgerlichen Zeitalter ausstirbt, während der Roman im 19. Jahrhundert einen großartigen Aufstieg erlebt, ist gewiß kein Zufall. Beide Vorgänge illustrieren das Selbstverständnis von Autoren, Lesern und Kritikern in dieser Zeit, und eine moderne Gattungsgeschichte hat solche gesellschaftlich-kulturellen Wandlungsprozesse nachzuzeichnen, ohne einem Ideal von 'Wesensgemäßheit' oder 'Gattungsreinheit' nachzuhängen.

Generell ist hierbei davon auszugehen, daß Gattungsregeln heutzutage nicht mehr so eng gefaßt werden können wie im Zeitalter des Feudalismus oder des Bürgertums. Viele verschiedene gesellschaftliche Gruppen mit unterschiedlichen Interessen und Vorlieben sind nun am Prozeß der literarischen Kommunikation beteiligt, und dieses heterogene Publikum auf bestimmte Gattungskonventionen einzuschwören, ist weder für Autoren noch für Kritiker und Philologen möglich oder wünschenswert. Sachlich falsch wäre es nur, wenn der moderne Literaturhistoriker seine eigene Freiheit im Umgang mit Gattungskonventionen nicht als historisches Phänomen begreifen würde. Daß wir uns heute über solche Regeln ungestraft hinwegsetzen können, darf also nicht vergessen machen, daß derlei Regeln im bürgerlichen und erst recht im feudalistischen Zeitalter große normative Kraft besaßen. Ein Fürst, der ein Hochzeits- oder Geburtstagsgedicht in Auftrag gab, hatte in der Regel eine recht klare Vorstellung davon, was der beauftragte Dichter ihm abzuliefern hatte. Wer sich in dieser Situation über Gattungskonventionen hinwegsetzen wollte, mußte schon ungewöhnliches poetisches Talent, gute Beziehungen oder einen schnellen Reisewagen besitzen ...

WICHTIGE BEGRIFFE

Metamorphose von Gattungen / Wechselspiel von Tradition und Innovation / Gebrauchsliteratur / Relation zwischen Form und Inhalt / Abkehr vom Ideal der Gattungsreinheit (Wesensgemäßheit)

DISKUSSIONSFRAGEN UND ARBEITSAUFGABEN

- Wie beurteilen Sie den Zusammenhang zwischen Gattungswandel und Periodisierung?
- Ist die Frustrationstoleranz des Publikums im Hinblick auf innovative Gattungsveränderungen nach Ihrer Einschätzung historisch variabel und von Bildungsschicht zu Bildungsschicht (bzw. von Wertemilieu zu Wertemilieu) verschieden?
- Erörtern Sie die Angemessenheit des Begriffs 'Gebrauchsliteratur'!
- Informieren Sie sich mit Hilfe mehrerer Lexikonartikel über die historische Entwicklung der Elegie und des Sonetts und vergleichen Sie beide Gattungen im Hinblick auf ihre Definierbarkeit miteinander!

LITERATURHINWEISE

Braak, Ivo / Neubauer, Martin: Poetik in Stichworten. Literaturwissenschaftliche Grundbegriffe. Eine Einführung. 7., überarb. u. erw. Aufl. 1990.
[Handliches Nachschlagewerk, das u.a. prägnante Kurzcharakteristiken aller wichtigen Literaturgattungen liefert.]

Ruttkowski, Wolfgang Victor: Die literarischen Gattungen. Reflexionen über eine modifizierte Fundamentalpoetik. Bern u. München 1968.
[Will Staigers Konzeption um den Begriff des 'Artistischen' ergänzen; nützlich v.a. als Nachschlagewerk zur Geschichte der Begriffe 'Lyrik', 'Epik' und 'Dramatik'.]

Strelka, Joseph: Methodologie der Literaturwissenschaft. Tübingen 1978.
[Bietet in Kap. IIB5 eine hilfreiche Kurzbeschreibung der wichtigsten Gattungstheoretiker und ihrer Thesen.]

Textsorten und literarische Gattungen. Dokumentation des Germanistentages in Hamburg vom 1.-4. April 1979. Berlin 1983.
[Versammelt unterschiedliche Beiträge zum Gesamtbereich der aktuellen Gattungslehre.]

Voßkamp, Wilhelm: Gattungen als literarisch-soziale Institutionen. Zu Problemen sozial- und funktionsgeschichtlich orientierter Gattungstheorie und -historie. In: Hinck, Walter (Hg.): Textsortenlehre - Gattungsgeschichte. Heidelberg 1977. S. 27-42.
[Entfaltet in plausibler und verständlicher Weise das erwähnte Konzept, wonach literarische Gattungen als soziale Institutionen aufzufassen sind.]

2.1 Lyrik: Die Analyse von Gedichten

Obwohl das Wort 'Lyrik' etymologisch bis ins Altgriechische zurückverfolgt werden kann ('lyra'='Leier'), wird es in seiner uns geläufigen Bedeutung erst seit dem Ende des 18. Jahrhunderts, also seit dem bürgerlichen Zeitalter, verwendet. Von 'Lyrikern der Antike' oder 'Lyrikern des Mittelalters' zu sprechen, ist demnach insofern problematisch, als die damit gemeinten Autoren niemals auf die Idee gekommen wären, Lyrik als eine eigene Hauptgattung neben Epik und Drama aufzufassen.

Für die bürgerlichen Gattungstheoretiker, unter denen besonders Herder und Hegel hervorzuheben sind, ist Lyrik die emotional-subjektive Gattung, in der das Individuum seine Gefühle und Empfindungen ungeschminkt zum Ausdruck bringen kann. Im Hinblick auf den Wechsel von der feudalistischen Gesellschafts- zur bürgerlichen Individualdichtung (vgl. Kap. 1.5) ist demnach die Etablierung der dritten Hauptgattung ein wichtiges Indiz. Bezeichnend ist außerdem die Tatsache, daß dann im Übergang von der bürgerlichen zur demokratisch-pluralistischen Kulturepoche eine Korrektur des von Herder und Hegel durchgesetzten Lyrikverständnisses stattfindet. Lyrik erscheint jetzt nicht mehr als unmittelbarer Ausdruck subjektiver Gefühle, sondern als eine Art Rollenspiel, das es dem Autor erlaubt, bestimmte Gefühlslagen oder Bewußtseinszustände zu simulieren und sprachlich zu objektivieren. Margarete Susman liefert in ihrer Schrift *Das Wesen der modernen deutschen Lyrik* (Stuttgart 1910) mit der Bezeichnung 'lyrisches Ich' den entscheidenden Terminus, der diesen Wandel des Lyrikverständnisses illustriert. Daß wir seither auch mit Bezug auf die Lyrik des 17. oder des 19. Jahrhunderts diesen Ausdruck verwenden, ist allerdings nicht unproblematisch. Denn das Selbstverständnis der Lyriker und Lyriktheoretiker des demokratischen Zeitalters wird damit auf die Literatur des Feudalismus und des Bürgertums zurückprojiziert. Lyrische Texte dieser Epochen werden auf diese Weise quasi nachträglich fiktionalisiert, die Referenz des Personalpronomens 'ich' wird im Sinne der ontologischen Emanzipation (vgl. Kap. 1.7) verändert.

Damit ist die - im demokratisch-pluralistischen Zeitalter bezeichnenderweise oft gestellte - Frage nach der Fiktionalität lyrischer Texte bereits beantwortet: Wie alle sonstigen literarischen Werke erscheinen auch Gedichte dem heutigen Leser zunehmend als fiktional, d.h. als Rollenrede eines 'lyrischen Ichs' und nicht als unmittelbare Aussprache eines Subjektes. Dieser Prozeß ist nicht zu korrigieren, wohl aber bewußt zu machen und bei der konkreten Gedichtanalyse zu berücksichtigen. Wird also Lyrik des bürgerlichen Zeitalters untersucht, so muß von vorneherein verdeutlicht werden, ob von der Selbstwahrnehmung des Verfassers oder von der Fremdwahrnehmung des heutigen Lesers ausgegangen werden soll. Beides ist möglich und legitim, doch interpretatorisch macht es einen großen Unterschied, ob ich ein Gedicht als unmittelbare Selbstaussprache eines Subjektes oder als spielerisch-freie Rollenrede auffasse. Ersteres setzt freilich voraus, daß ich nicht einer jener Persönlichkeits- und Sprachtheorien des pluralistischen Zeitalters folge, die Begriffe wie 'Subjekt' oder 'Selbstaussprache' ohnehin für blanke Illusionen halten. Ob sich diese Persönlichkeits- und Sprachtheorien der ahistorischen Rückprojizierung demokratisch-pluralistischen Denkens auf vorpluralistische Zeiten schuldig machen, ist eine bisher unbeantwortete Frage.

Eng mit der Fiktionalitätsproblematik ist das Problem der Existenz lyrischer Figuren verbunden. Kann der Begriff 'lyrisches Ich' als Bezeichnung für jenes Aussagesubjekt aufgefaßt werden, dessen Analogon in der Epik als 'Erzähler' und im Drama als 'Regiefigur' erscheint, so fehlt es in der Lyrikanalyse bisher an einer ähnlichen Bezeichnung für jene Gestalten und Charaktere, über die im Gedicht gesprochen wird und die u.U. als zentrale Handlungsträger oder Wahrnehmungsinstanzen fungieren. Dabei wird das Universum der Lyrik ja nicht ausschließlich von selbstzentrierten Aussagesubjekten bevölkert, die nur das Personalpronomen der 1. Person kennen! Der Begriff 'lyrisches Ich' reicht also keineswegs aus, um alle in der Lyrik vorkommenden Gestalten zu erfassen und zu benennen. Soll man demnach ergänzend auch vom 'lyrischen Du' und 'lyrischen Er' sprechen? Oder wird im pluralistischen Zeitalter die Fiktionalitätsvermutung so weit generalisiert werden, daß der bei Epik und Drama gebräuchliche Begriff 'Figur' auch in der Lyrikanalyse Verwendung finden kann? Antwort auf diese Fragen kann es vorläufig nicht geben, da das bürgerliche Lyrikverständnis in der Philologie noch relativ stark nachwirkt. Hingewiesen sei in diesem Zusammenhang auf Käte Hamburgers vieldiskutierte Studie *Die Logik der Dichtung* (Stuttgart 1957), mit welcher der letzte großangelegte Versuch unternommen wurde, die Lyrik als nichtfiktionale Gattung zu deuten. Sind Hamburgers Thesen von seiten der Narrativik scharf attackiert worden, so gab es aus den Reihen der Lyriktheoretiker nur relativ zaghafte Proteste. Es bleibt also abzuwarten, ob die Lyrik, die ja für die Konstitution des bürgerlichen Selbstverständnisses (Subjektivität, Individualität, Innerlichkeit) im Übergang von der Gesellschafts- zur Individualdichtung von zentraler Bedeutung war, von einer nachbürgerlichen Philologie so weit entzaubert werden kann, daß ihr Fiktionalitätscharakter betont und terminologisch festgeschrieben wird. Vorläufig ist anzuraten, im Zusammenhang mit Gedichten nicht von 'Figuren' zu sprechen, sondern bei der Textinterpretation ggf. immer den Namen oder die konkrete Bezeichnung einer im Gedicht vorkommenden Gestalt zu verwenden.

Großen Raum bei der Gedichtinterpretation nimmt in der Regel die Analyse der metrischen Struktur ein (vgl. Kap. 1.6). Dies ergibt sich aus dem Umstand, daß die meisten Vers- und Strophenformen eine ausgeprägte eigene Tradition besitzen, deren Kenntnis von großer Bedeutung für die Textauslegung sein kann. Ob ein politisches Lied in einer sehr gängigen oder in einer ganz ungewöhnlichen Strophenform verfaßt ist, müssen wir z.B. beurteilen können, um die vermutlichen Wirkungspotentiale des Werkes zutreffend einzuschätzen. Und ob diese Strophenform schon bei anderen politischen Autoren eine große Rolle spielte oder ob sie ansonsten vorwiegend im Kirchenlied oder in der Naturlyrik verwendet wurde, ist ebenfalls offenkundig von großer Bedeutung für die Textinterpretation. Zum Glück stellt uns die Philologie nützliche Hilfsmittel zur Verfügung, die eine Beschaffung diesbezüglicher Informationen sehr erleichtern. An erster Stelle ist hierbei das (auch als Taschenbuch erhältliche) *Handbuch der deutschen Strophenformen* von Horst Joachim Frank zu nennen, das auf der Basis von mehr als 30000 Gedichtanalysen die 300 wichtigsten deutschen Strophenformen vorstellt und ihre historischen Ausprägungen detailliert beschreibt. Jeder Literaturwissenschaftler muß mit der Benutzung dieses Standardwerks vertraut sein, das auch ein nützliches Register aller berücksichtigten Autoren und Gedichttitel enthält! Am Ende dieses Handbuches findet sich übrigens ein 'Schema der häufigsten Strophenformen', dem sich entnehmen läßt, daß die vierzeiligen (Volkslied-) Strophen im Deutschen seit dem bürgerlichen Zeitalter dominieren, während zuvor auch die längeren Formen, speziell die u.a. im Kirchenlied verbreiteten sechs- und achtzeiligen Strophen, großes Gewicht besaßen.

Einschränkend ist allerdings hinzuzufügen, daß im 20. Jahrhundert der Anteil der strophischen Gedichte an der Lyrik tendenziell rückläufig ist. Von einer Strophe sprechen wir ja nur bei denjenigen Versgruppen, die in Verszahl, Versmaß und Reimordnung (weitgehend) übereinstimmen. Solche gleichgebauten Versgruppen sind jedoch in der Lyrik der Gegenwart eher die Ausnahme; viel häufiger begegnen uns darin 'freie Strophen', d.h. Versgruppen von unterschiedlicher Länge und ohne wiederkehrende metrische Struktur. Auch für die Analyse derartiger Gedichte ist jedoch die Kenntnis traditioneller Strophenformen unabdingbar, denn häufig variieren oder umspielen solche individuell konstruierten Versgruppen altbekannte Strophenformen. Der Autor setzt sich auf diese Weise in ein ironisch-kritisches Verhältnis zu jener Tradition des strophischen Dichtens, auf die er mehr oder minder verschlüsselt anspielt. Die freie Versgruppe ist also in vielen Fällen ein komplizierteres, aufgrund ihres Anspielungscharakters schwerer zu analysierendes Gebilde als die konventionelle Strophe.

Einige der von Frank vorgestellten 300 Strophenformen haben im Deutschen eine gewisse Prominenz erlangt und sind deshalb mit eigenen Bezeichnungen belegt worden. Wie Franks Statistik zeigt, handelt es sich hierbei nicht unbedingt um die häufigsten Formen. Doch in der Diskussion von Autoren, Lesern, Kritikern und Philologen haben sie aus verschiedenen Gründen zeitweise eine große Rolle gespielt, so daß man ihnen schließlich eigene Namen verlieh. In einem eigenen 'Register der Formbezeichnungen' listet Franks Handbuch mehr als 70 derartige Strophennamen auf, unter denen allerdings einige - wie z.B. 'Eckenstrophe', 'Kürnbergweise' oder 'Schüttensamton' - nur dem Spezialisten vertraut sind. Kennen sollte man zumindest die sechs folgenden Namen:

● **Volksliedstrophe**
Unscharfe Sammelbezeichnung für vierzeilige, drei- und/oder vierhebige, fast immer gereimte und häufig mit wechselnder Kadenz versehene Strophen, die in einfacher Sprache (gängiges Vokabular, klarer Satzbau) gehalten sind. Im ganzen 19. Jahrhundert sehr verbreitet.

Bei einem Wirte wundermild,
Da war ich jüngst zu Gaste;
Ein goldner Apfel war sein Schild
An einem langen Aste.

Uhland, *Einkehr*

Wende dich, du kleiner Stern,
Erde! wo ich lebe,
Daß mein Aug, der Sonne fern,
Sternenwärts sich hebe!

Keller, *Unter Sternen*

- **Chevy-Chase-Strophe**

Vierzeilige Strophe, in der sich jambische Vier- und Dreiheber mit stumpfer Kadenz in Kreuzreimstellung abwechseln (zuweilen auch mit unterbrochenem Reim xaxa oder ganz reimlos). Ihr Name geht auf den Titel der altenglischen Ballade *The Hunting in the Cheviothills* zurück, die im 18. Jahrhundert durch eine Übersetzung Luise Adelgunde Gottscheds in Deutschland bekannt wurde und auf die Klopstocks *Kriegslied zur Nachahmung des alten Liedes von der Chevy-Chase-Jagd* anspielte.

Im Felde schleich ich still und wild,
Gespannt mein Feuerrohr,
Da schwebt so licht dein liebes Bild,
Dein süßes Bild mir vor.

Goethe, *Jägers Abendlied*

Mir war noch immer wohl zu Sinn,
Solang ich bei ihr war,
Bei meiner Herzenskönigin
Im blonden Lockenhaar.

Hölderlin, *Schwabens Mägdelein*

- **Romanzenstrophe**

Vierzeiler aus trochäischen Vierhebern mit wechselnden Kadenzen und häufigen Assonanzen (im Deutschen oft in Kreuzreimstellung oder mit unterbrochenem Reim xaxa). Speziell in den untragischen, heiteren Balladen (=Romanzen) der Romantik oft zu finden.

Gräfin Lauras Augenfunken
Zündeten den Brüderstreit.
Beide glühen liebestrunken
Für die adlig holde Maid.

Heine, *Zwei Brüder*

Nina, laß den Schlummer fahren!
Bist du denn gestorben, ach?
Bist du tot in jungen Jahren?
Horch, die Liebe ruft! Erwach!

C. F. Meyer, *Pergoleses Ständchen*

- **Stanze**

Achtzeiler aus jambischen Fünfhebern mit klingenden Kadenzen in der charakteristischen Reimstellung ab ab ab cc. Im Deutschen häufig in der zweiten, vierten und sechsten Zeile männlicher Ausgang. Fast nur in der Literatur des bürgerlichen Zeitalters anzutreffen.

Der Morgen kam; es scheuchten seine Tritte
Den leisen Schlaf, der mich gelind umfing,
Daß ich, erwacht, aus meiner stillen Hütte
Den Berg hinauf mit frischer Seele ging;
Ich freute mich bei einem jeden Schritte
Der neuen Blume, die voll Tropfen hing;
Der junge Tag erhob sich mit Entzücken,
Und alles war erquickt, mich zu erquicken.

Goethe, *Zueignung*

Wie an dem Tag, der dich der Welt verliehen,
Die Sonne stand zum Gruße der Planeten,
Bist alsobald und fort und fort gediehen
Nach dem Gesetz, wonach du angetreten.
So mußt du sein, dir kannst du nicht entfliehen,
So sagten schon Sibyllen, so Propheten;
Und keine Zeit und keine Macht zerstückelt
Geprägte Form, die lebend sich entwickelt.

Goethe, *Urworte. Orphisch*

• Terzine

Dreizeiler aus jambischen Fünfhebern mit charakteristischer, kettenartiger Reimstellung: aba bcb cdc usw. Zumeist durchgängig mit klingenden Kadenzen. Auch in Epos und Drama verwendet.

Im ernsten Beinhaus war's, wo ich beschaute,
　Wie Schädel Schädeln angeordnet paßten;
　Die alte Zeit gedacht ich, die ergraute.
Sie stehn in Reih' geklemmt, die sonst sich haßten,
　Und derbe Knochen, die sich tödlich schlugen,
　Sie liegen kreuzweis zahm allhier zu rasten.
[...]

Goethe, *Bei Betrachtung von Schillers Schädel*

Die Stunden! wo wir auf das helle Blauen
Des Meeres starren und den Tod verstehn,
So leicht und feierlich und ohne Grauen,

Wie kleine Mädchen, die sehr blaß aussehn,
Mit großen Augen, und die immer frieren,
An einem Abend stumm vor sich hinsehn

[...]

Hofmannsthal, *Terzinen (II)*

• Odenstrophen

Vierzeilige reimlose Strophen mit fest geregelter metrischer Struktur. Es gibt zahlreiche Varianten, von denen in der deutschsprachigen Literatur vor allem drei Formen stärkere Verbreitung fanden, die jeweils nach ihren griechischen Erfindern bzw. Hauptvertretern benannt wurden. Zur Identifikation dieser drei Formen genügt das Abzählen der Silben pro Verszeile; um ihre Bedeutung zu verstehen, muß man sich vor allem mit der idealistischen Griechenbegeisterung zu Beginn des bürgerlichen Zeitalters auseinandersetzen. Tonbeugungen sind bei den schwer ins Deutsche übertragbaren antiken Vers- und Strophenformen, also auch bei der Ode, keine Seltenheit.

141

a) Alkäische Odenstrophe (11+11+9+10 Silben)

Im Deutschen häufigste Odenstrophe, die in der ersten Zeile elf, in der zweiten Zeile ebenfalls elf, in der dritten Zeile neun und in der letzten Zeile zehn Silben enthält. Die beiden ersten Zeilen enthalten eine Zäsur (Einschnitt, Sprechpause) nach der fünften Silbe sowie jeweils fünf Betonungen, und zwar auf der zweiten, vierten, sechsten, neunten und elften Silbe. Die dritte Zeile hat ihre vier Akzente auf der zweiten, vierten, sechsten und achten Silbe. In der Schlußzeile liegen die Betonungen auf der ersten, vierten, siebten und neunten Silbe.

In jüngern Tagen war ich des Morgens froh,
Des Abends weint ich; jetzt, da ich älter bin,
Beginn ich zweifelnd meinen Tag, doch
Heilig und heiter ist mir sein Ende.

Hölderlin, *Ehmals und jetzt*

Die spätern Sprachen haben des Klangs noch wohl;
Doch auch des Silbenmaßes? Statt dessen ist
In sie ein böser Geist, mit plumpem
Wörtergepolter, der Reim, gefahren.

Klopstock, *An Johann Heinrich Voss*

b) Asklepiadeische Odenstrophe (12+12+7+8 Silben)

Es gibt fünf verschiedene asklepiadeische Odenstrophen, von denen im Deutschen jedoch fast nur die hier behandelte Form (sogenannte dritte askl. Str.) zu größerer Bedeutung gelangte. Zwei zwölfsilbigen folgen hierbei eine sieben- und eine achtsilbige Zeile. Die sechs Akzente der ersten beiden Zeilen ruhen jeweils auf der ersten, dritten, sechsten, siebten, zehnten und zwölften Silbe, wobei zwischen der sechsten und der siebten Silbe eine Zäsur liegt. Die drei Betonungen der dritten Zeile finden sich bei der ersten, dritten und sechsten Silbe. In der letzten Zeile gibt es vier Akzente, die sich auf die erste, die dritte, die sechste und die achte Silbe verteilen.

Schön ist, Mutter Natur, deiner Erfindung Pracht
Auf die Fluren verstreut, schöner ein froh Gesicht,
Das den großen Gedanken
Deiner Schöpfung noch einmal denkt.

Klopstock, *Der Zürchersee*

Mädchen! die ihr mein Herz, die ihr mein Schicksal kennt,
Und das Auge, das oft Tränen im Tale weint
In den Stunden des Elends -
Dies mein traurendes Auge seht!

Hölderlin, *An meine Freundinnen*

c) Sapphische Odenstrophe (11+11+11+5 Silben)

Drei elfsilbigen Zeilen folgt in dieser am leichtesten zu erkennenden, zäsurfreien Odenstrophenform eine fünfsilbige Abschlußzeile. Die fünf Akzente der gleichgebauten Elfsilbler liegen jeweils auf der ersten, dritten, fünften, achten und zehnten Silbe. In der letzten Zeile werden nur die erste und die vierte Silbe betont.

Stets am Stoff klebt unsere Seele, Handlung
Ist der Welt allmächtiger Puls, und deshalb
Flötet oftmals tauberem Ohr der hohe
Lyrische Dichter.

Platen, *Los des Lyrikers*

Bogen, groß gespannt über Meer und Inseln,
Herzschrein, holder, adlig Gefäß des Lichts, gegeben jener lieblichsten Stimme, die dem
Abendland vorsang.

Weinheber, *An den antiken Vers*

Über die genannten drei Formen hinaus gibt es noch weitere Odenstrophen wie z.B. die archilochische und die hipponakteische, die jedoch keinen starken Widerhall in der deutschsprachigen Literatur fanden. In der Regel wird es deshalb genügen, bei Gedichten mit mehreren gleichgebauten vierzeiligen Strophen ohne Endreim die *Sprechsilben in den vier Zeilen der einzelnen Strophen* abzuzählen:

11 plus 11 plus 9 plus 10 Silben   =>   alkäische Ode

12 plus 12 plus 7 plus 8 Silben   =>   asklepiadeische Ode

11 plus 11 plus 11 plus 5 Silben   =>   sapphische Ode

Natürlich ist kein absoluter Verlaß auf diese Faustregeln. Doch in den allermeisten Fällen erlauben sie bereits eine zuverlässige Bestimmung der Strophenform, über deren Tradition dann bei Frank mehr zu erfahren ist.

Nach den Strophenformen können wir uns jetzt die einzelnen Gattungen etwas näher anschauen, die sich dem Oberbegriff 'Lyrik' subsumieren lassen.

Wir beginnen mit der **Ode**, die sich aus gleichgebauten Odenstrophen zusammensetzt. Die Anzahl dieser Strophen ist nicht festgelegt; meistens sind es jedoch mehr als drei und manchmal sogar mehr als zwanzig Strophen. Die bekanntesten deutschen Odendichter waren Klopstock (*An Fanny*; *Der Zürchersee*), Hölderlin (*An die Deutschen, Heidelberg*) und August von Platen (*Einladung nach Sorrent, Der bessere Teil*). Im 20. Jahrhundert bemühten sich Rudolf Alexander Schröder, Josef Weinheber und Rudolf Borchardt um eine Neubelebung der Form, die jedoch nicht mehr zu wirklicher Popularität gelangte. Inhaltlich bleibt die feierlich wirkende Odenform seit Klopstock und Hölderlin häufig den ernsteren Themen und Stimmungen vorbehalten, obwohl sie ursprünglich - etwa bei Horaz - durchaus auch für leichtere und heitere Gegenstände verwendet wurde. Nicht aus Odenstrophen besteht die noch kurz zu erwähnende *Pindarische Ode*, bei der auf zwei gleichgebaute (und vermutlich von Halbchören zu singende) Strophen eine metrisch abweichende Abschlußstrophe folgt, die als Lied für einen Chor konzipiert ist.

Eng verwandt mit der Ode ist die ebenfalls aus der antiken Dichtung stammende **Hymne**, die häufig aus Odenstrophen oder freien, aus Odenstrophen entwickelten Versgruppen besteht. Ursprünglich definiert war die Hymne allerdings durch ihren Inhalt: sie enthält begeisterte Lobgesänge auf Götter und Halbgötter. Schon in der altorientalischen und antiken Dichtung ist sie - in wechselnder äußerer Gestalt - anzutreffen. Auch der im christlichen Mittelalter verbreitete lateinische Kirchenhymnus, der allerdings Endreime aufweist, kann im Hinblick auf Themen und Inhalte in die Vorgeschichte der Hymnendichtung eingereiht werden. Erst im Renaissance- und Barockzeitalter werden dann die inhaltlichen um formale Definitionsmerkmale ergänzt: gefordert werden jetzt Odenstrophen, wobei gleichzeitig das Themenspektrum vom Gotteslob auf einige weitere, ähnlich würdevolle Gegenstände wie Natur, Fürstenlob und Patriotismus (vgl. unsere Nationalhymnen) ausgeweitet wird. Seit Klopstock unterliegt dann auch die äußere Form einer erneuten Transformation. Die feste metrische Struktur der Odenstrophen wird aufgebrochen, variiert und schließlich durch *freie Rhythmen* ersetzt, d.h. durch prosaähnliche Zeilen mit sehr freier und abwechslungsreicher metrischer Gliederung, die zu verschieden langen Versgruppen zusammengestellt sind. Die Hymne näherte sich hierbei immer stärker dem *Dithyrambus* an, einem ursprünglich als Chorlied konzipierten, besonders die Taten des Weingottes preisenden und demzufolge enthusiastisch-ekstatischen Gedichttypus. Die wichtigsten Verfasser von Hymnen in der deutschen Literaturgeschichte waren Klopstock (*Dem Allgegenwärtigen*), Goethe (*Ganymed*), Hölderlin (*Der Einzige*) und Novalis (*Hymnen an die Nacht*). Ohne durchschlagenden

Erfolg bemühten sich in neuerer Zeit George, Rilke, Weinheber und einige Expressionisten wie Mombert, Däubler und Werfel um eine Neubelebung der Gattung, deren begeisterter Ton in unserer prosaisch-unpathetischen, durch 'Kahlschlag' und 'Alltagslyrik' hindurchgegangenen Gegenwart nur noch wenig Widerhall findet.

Ähnliche Definitionsprobleme wie bei der Hymne hat der Literaturwissenschaftler im Falle der **Elegie**. Diese ebenfalls bis in die Antike zurückverfolgbare Gattung wurde einerseits inhaltlich als Gedicht in klagendem, wehmütigen Ton bestimmt. Andererseits galt als Elegie ein Gedicht beliebigen Inhalts in der äußeren Form von *Distichen*, d.h. von zweizeiligen Strophen, die aus einem Hexameter und einem Pentameter zusammengesetzt sind. Als *Hexameter* bezeichnen wir eine Verszeile aus sechs Daktylen, deren letzter jedoch in der Regel zu einem Spondeus oder Trochäus umgebildet ist; *Pentameter* nennen wir - begrifflich etwas irreführend - die gleiche Verszeile, wenn die Senkungen des dritten Daktylus fehlen. Besonders erschwert wird die Beschreibung der Gattungsgeschichte der Elegie dadurch, daß man im Deutschen nach Ersatzversen für die antiken Distichen suchte, die bis zu den diesbezüglichen Versuchen Klopstocks und Hölderlins als unübersetzbar galten. Standardvers für die Elegie war deshalb zunächst der *Alexandriner*, ein auch in Epos und Drama verwendeter Vers aus sechs Jamben mit Zäsur nach der dritten Hebung. Solche sechshebigen Ersatzverse wurden in der Elegie durch Endreime in Kreuzreimstellung zu längeren, häufig mehrseitigen Gedichttexten verbunden. Autoren wie Opitz, Fleming und Gottsched übten sich in dieser Form, bevor Klopstock (*Elegie*), Goethe (*Römische Elegien*) und Hölderlin (*Brot und Wein*) das antike Distichon erfolgreich in der deutschen Sprache nachbildeten. Mehr und mehr trat jedoch das inhaltliche Definitionsmerkmal (Klage, Wehmut) in den Vordergrund. Die wichtigsten Elegien des 20. Jahrhunderts, Rilkes *Duineser Elegien* und Brechts *Buckower Elegien*, sind folgerichtig freirhythmische Gebilde, die an das äußere Erkennungsmerkmal der Distichenstruktur nur noch durch einzelne Anklänge erinnern.

Kaum weniger kompliziert ist die Geschichte der vielleicht prominentesten lyrischen Gattung, des Sonetts. Wie Madrigal, Triolett und Romanze gehört auch das **Sonett** zu den ursprünglich romanischen Lyrikgattungen, die sich vielfach durch strenge Festlegung äußerlich-formaler Erkennungsmerkmale auszeichnen. Das Sonett hat immer 14 Zeilen und weist Endreime auf. Häufig handelt es sich um jambische Fünfheber, die durch variierende Reimstellung in zwei Gruppen von 8 plus 6 Zeilen (Petrarca-Typ) oder von 12 plus 2 Zeilen (Shakespeare-Typ) aufgeteilt sind. Beim Petrarca-Sonett besteht die erste Gruppe aus zwei Vierzeilern in Kreuzreimstellung oder mit umarmendem Reim und die zweite Gruppe aus Terzinenstrophen oder gleichgebauten Terzetten. Beim Shakespeare-Sonett finden wir dagegen drei Quartette in Kreuzreimstellung, gefolgt von einem abschließenden Reimpaar.

	abab / abab		cdc / dcd
Petrarca-Sonett:	oder	**plus**	oder
	abba / abba		cde / cde

Shakespeare-Sonett:	abab / cdcd / efef / gg

Im Deutschen fand das Sonett im 16. und 17. Jahrhundert große Verbreitung, wobei Opitz, Gryphius und andere den Alexandriner bevorzugten. Nach einer Phase der relativen Vernachlässigung im 18. Jahrhundert gelangte es seit der Romantik (A. W. Schlegel, Platen, Rückert) und speziell zur Zeit der Jahrhundertwende (George, Rilke, Heym) zu neuer Blüte. In letzter Zeit hat vor allem Rainer Kirsch die Gattung wiederbelebt, wobei er die strenge Form virtuos variierte und auflockerte. Dies kann allerdings nur erkennen, wer mit der reichen, philologisch übrigens gut aufgearbeiteten Tradition dieser Gattung vertraut ist.

Wie das Sonett stellt auch das **Madrigal** eine lyrische Kurzform dar; es besteht aus zwei oder drei Terzetten und einem oder zwei anschließenden Reimpaaren. Das Madrigal umfaßt demnach mindestens acht und höchstens dreizehn Zeilen. Häufig besteht es aus jambischen Versen mit drei bis sechs Hebungen; die Reimstellung innerhalb der einleitenden Dreizeiler ist nicht festgelegt. Inhaltlich war das Madrigal ursprünglich auf Themen wie das Land- und Hirtenleben, die Landschaftsidylle und die galante Liebe festgelegt. Im Barockzeitalter traten philosophische und satirische Inhalte hinzu, und darüber hinaus machten Komponisten wie Gesualdo, Monteverdi und Schütz das Madrigal zur wichtigsten Gattung der weltlichen mehrstimmigen Vokalmusik. In der Anakreontik (Gellert, Hagedorn) und in der Romantik (Uhland, Eichendorff) erfuhr es sowohl inhaltlich als auch formal eine weitere Auflockerung. Viele Gedichte der Gegenwart ähneln Madrigalen; aufgrund des Fehlens klarer Erkennungsmerkmale wird diese Gattungsbezeichnung jedoch heute kaum noch von Autoren oder Kritikern verwendet.

Relativ leicht zu identifizieren ist das **Triolett**, ein meistens acht Zeilen umfassendes Gedicht aus jambischen oder trochäischen Vierhebern, dessen erste, vierte und siebte Zeile (weitgehend) identisch sind. Die zweite Zeile deckt sich zudem mit der achten, und insgesamt kommen im ganzen Gedicht nur zwei Reimklänge vor. Alle diese formalen Bestimmungen innerhalb von acht Kurzzeilen (=Zeilen bis zu vier Hebungen) zu erfüllen, ist kein leichtes Unterfangen und erfordert ein gewisses artistisches Interesse. Folgerichtig hat diese komplizierte Form in Deutschland nur in der Anakreontik und bei den lange Zeit als 'Formkünstlern' verschrieenen Metrikvirtuosen Platen und Rückert größere Beachtung gefunden.

Formal flexibler und damit historisch dauerhafter war die aus Spanien stammende **Romanze**, die als erzählendes Preislied die Taten eines siegreichen Helden schildert und die manchmal als südlich-heiteres Gegenstück zur nördlich-düsteren Ballade aufgefaßt wird. Sie besteht aus mehreren oder sogar sehr vielen Romanzenstrophen, die im Spanischen allerdings häufig ungereimt bzw. nur durch Assonanzen klanglich zusammengehalten sind. Versuche mit solchen reimlosen Strophen gab es auch im Deutschen (z.B. Herders *Der Cid*, Brentanos *Romanzen vom Rosenkranz*, Heines *Der Asra*), doch viele deutsche Romanzen verwenden den Endreim oder verzichten sogar ganz auf die traditionelle Romanzenstrophe (z.B. Schillers *Der Kampf mit dem Drachen* oder Mörikes *Romanze vom wahnsinnigen Feuerreiter*). Im Gefolge von Heines *Atta Troll* wurde der inhaltliche Schwerpunkt in Richtung auf das Satirisch-Parodistische verlagert, so daß die Romanze des 20. Jahrhunderts (Tucholsky, Kästner, Brecht) nicht ohne historische Berechtigung in die Nähe des kritisch-ironischen und volksballadenartigen Bänkelsanges rückte.

Im Falle der **Ballade** muß zunächst zwischen der romanischen und der germanischen Spielart dieser Gattung unterschieden werden. Die romanische Ballade besteht aus drei langen und einer kürzeren Strophe, deren jeweilige Schlußzeilen identisch sind. Sie war vor allem im Frankreich des 14. und 15. Jahrhunderts verbreitet (Deschamps, Villon) und hat in der Moderne nur vereinzelt Widerhall gefunden. Unser Balladenbegriff ist deshalb heute von der germanischen Ballade geprägt, deren Vorgeschichte bis ins Mittelalter (Heldenlied) zurückverfolgt werden kann und die in Form der Volksballade und der Kunstballade erscheint. Bei der *Volksballade* handelt es sich ursprünglich um anonyme, stilistisch einfache, häufig spannende und umfangreiche Erzähllieder, die in der Moderne von Moritat und Bänkelsang abgelöst wurden. Die literaturgeschichtlich breiter erforschte *Kunstballade* entstand hingegen erst am Ende des 18. Jahrhunderts und zeichnet sich durch hohe stilistische Raffinesse und emotionale Wirkungsintensität aus. Neben der 'numinosen Ballade', in der gespenstisch-magische Vorgänge beschrieben werden (Goethes *Erlkönig*), ist hierbei die sogenannte 'Ideenballade' zu erwähnen, in der die ethische Bewährung des Menschen im Kampf mit übermächtigen Schwierigkeiten und Gegenspielern geschildert wird (Schillers *Der Handschuh*). Nicht alle Kunstballaden können jedoch einer dieser beiden Untergattungen zugeordnet werden; vor allem in den politisch-sozialen Kunstballaden von Autoren wie Heine (*Die schlesischen Weber*) oder Brecht (*Kinderkreuzzug*) erwuchs der Gattung eine neue Spielart, die bis heute (Biermann, Enzensberger, Meckel) Interesse findet. Manche Balladen enthalten z.T. epische oder dramatische Stilelemente.

Auch das **Lied** trat ursprünglich in zwei Erscheinungsformen auf, nämlich als Volkslied und als Kunstlied. Das anonyme, stilistisch einfache *Volkslied*, das uns als Kinderlied, Weihnachtslied, Arbeitslied, Liebeslied usw. begegnet, wurde zunächst mündlich überliefert, schon seit dem Spätmittelalter aber auch in Liederbüchern gesammelt. Im Verlauf des 19. Jahrhunderts verlor die mündliche Überlieferung stark an Bedeutung; gleichzeitig wurden - beginnend mit *Des Knaben Wunderhorn* (1806-08) von Clemens Brentano und Achim von Arnim - die historisch-wissenschaftlichen Bemühungen um eine Sammlung und schriftliche Fixierung der noch verbreiteten Texte intensiviert. Das Deutsche Volksliedarchiv in Freiburg besitzt heute mehr als 200000 Aufzeichnungen von Liedtexten, doch die mündliche Tradierung von Volksliedern ist inzwischen weitgehend zum Stillstand gekommen. Mit dem Fortleben der Volksliedtradition in der heutigen 'Volksmusik' und im Schlager hat sich die Literaturwissenschaft bisher kaum beschäftigt. Breiter erforscht ist hingegen das *Kunstlied*, dessen Entstehung in seiner bis heute verbreiteten Form auf das späte 18. Jahrhundert zu datieren ist. Matthias Claudius (*Der Mond ist aufgegangen*), Goethe (*Sah ein Knab ein Röslein stehn*), Heine (*Ich weiß nicht, was soll es bedeuten*) und viele Dichter der Romantik wirkten an der Verbreitung dieses oftmals in Volksliedstrophen gehaltenen Gedichttypus mit, und besonders die Vertonungen vieler derartiger Gedichte (Schubert, Schumann, Brahms) verhalfen der Gattung im 19. Jahrhundert zu besonderer Popularität. Heute sind Spuren des Kunstliedes insbesondere in der politischen Lyrik auszumachen, die vor allem an das Liedschaffen der Jungdeutschen anknüpft.

Eine letzte Gedichtgattung, die hier Erwähnung finden soll, ist das sogenannte **Figurengedicht**, das manchmal auch als Bildgedicht oder Bildergedicht bezeichnet wird. Hierbei handelt es sich um Mischkunstwerke, in denen literarische und graphisch-malerische Gestaltungstechniken miteinander kombiniert sind. Bekannt geworden sind derartige Werke vor allem durch die visuelle Dichtung der Dadaisten (Hugo Ball, Kurt Schwitters) und durch die 'konkrete poesie' (Eugen Gomringer, Ernst Jandl). Die Vorgeschichte dieser Mischgattung reicht jedoch über das Barockzeitalter (Zesen, Birken) bis in die Antike (Theokrit) zurück, in der bereits Gedichte in der Form eines Beils, eines Eis usw. niedergeschrieben wurden. Nicht nur dekorative Zwecke, sondern tiefgründige Absichten im Hinblick auf semiotische Selbstreflexionen verfolgen oftmals die Autoren des 20. Jahrhunderts mit solchen Werken. Interpretationen derartiger Texte müssen in der Hauptsache die raumsymbolische Dimension der künstlerischen Anordnung und Ausgestaltung von Schriftzeichen auf dem Papier berücksichtigen. Wie das Figurengedicht die Grenzen zur Malerei überschreitet, so vermischt sich das ebenfalls in Dadaismus und konkreter poesie verbreitete *Lautgedicht* mit der Musik. Als reine Klangkunst ignoriert es die semantisch-kommunikative Funktion der Sprache und erschließt das Universum der Töne und Geräusche, deren Ausdeutung dann allerdings nicht selten in den Bereich des Begrifflichen zurückführt. Ein Beispiel hierfür stellt Ernst Jandls bekanntes Gedicht *schtzngrmm* dar, in welchem die Schrecken der Schützengräben rein klanglich durch Detonationsgeräusche, Sirenenklänge u.ä. wiedergegeben werden.

Viele Gedichte der Gegenwart lassen sich keiner bestimmten Gattung zuordnen. Endreime und feste metrische Strukturen werden heute von vielen Autoren abgelehnt, so daß moderne Gedichte manchmal sehr prosaähnlich wirken. Wichtigstes Erkennungsmerkmal derartiger Texte ist der lyrikspezifische Zeilenumbruch, dessen 'Bedeutung' allerdings schwer einzugrenzen ist. Daß die Zeilen nicht im prosatypischen Blocksatz vollgeschrieben werden, führt zu Lese- und Denkpausen, gibt aber zusätzlich dem Text auch eine bestimmte äußere Gestalt, deren Wahrnehmung und Berücksichtigung interpretationsrelevant sein kann. Häufig ergibt sich ein sehr 'zerfetztes' Erscheinungsbild des Gedichttextes, das u.U. in Beziehung zum Inhalt gebracht werden kann. Darüber hinaus ist der Zeilenwechsel nicht ohne Einfluß auf die Wahrnehmung syntaktischer Beziehungen durch den Leser. Der Aufbau komplizierter Satzkonstruktionen ist hierbei vielfach schwerer zu durchschauen, gleichzeitig können durch gezielten Zeilenumbruch jedoch auch Wörter untereinander zu stehen kommen und damit in eine Beziehung zueinander treten, deren innere Verbindung bei vollgeschriebenen Zeilen im Nacheinander der Prosa unbemerkbar geblieben wäre. Auch die manchmal kunstlos und gestaltungsarm wirkenden Gedichte der Gegenwart können also subtile Bedeutungsdimensionen entfalten, die eine intensive Analyse erfordern. Und darüber hinaus finden sich in den Texten anerkannter Lyriker natürlich häufig versteckte Form- und Inhaltszitate, die beim Leser eine gründliche Kenntnis der lyrischen Tradition erfordern.

Trotz (oder wegen?) der weitreichenden ideologischen, formalen, ontologischen und semiotischen Emanzipation der modernen Lyrik, die sie in Teilen als besonders avancierte Hauptgattung erscheinen läßt, konnte sie sich gegenüber der Epik und dem Drama nur schlecht behaupten. Von Gedichtbänden kann heute kein Autor leben, eine verkaufte Auflage von 2000 oder 3000 Exemplaren darf bereits als großer Erfolg gelten. Und dennoch müssen wir gleichzeitig konstatieren, daß die Lyrik in unserer Zeit einen beispiellosen Boom erlebt. Denn alle Schlager und Pophits, die uns in Supermärkten und U-Bahnhöfen aus den Lautsprecheranlagen entgegenquellen, sind nichts anderes als vertonte Lyrik. Fast immer begegnet uns in diesen (englischen und deutschen) Hits allerdings die Ästhetik und Ideologie des 19. Jahrhunderts. Vor allem das bürgerliche Liebeskonzept mit seinen zahlreichen Nebenthemen und -motiven wird in diesen Texten traktiert, und zwar meistens in volksliedartigen Strophen mit ganz konventionellen Endreimen, Reimstellungsschemata und Versmaßen. Was den Lyrikern der Gegenwart, deren Werke selbst in den größten Buchhandlungen meistens in ein einziges Regal zusammengedrängt sind, längst als obsolet erscheint, feiert also in der Alltagskultur unverändert seine Triumphe. Dieses Phänomen und seine Auswirkungen zu erforschen, ist eine von der Literaturwissenschaft bisher kaum realisierte und ernstgenommene Aufgabe.

WICHTIGE BEGRIFFE

Geschichte des Begriffs 'Lyrik' / Problem der Fiktionalität von Lyrik (lyrisches Ich) / Versgruppe und Strophe / Volksliedstrophe / Chevy-Chase-Strophe / Romanzenstrophe / Stanze /

Terzine / alkäische, asklepiadeische und sapphische Odenstrophe / Ode / Hymne / Elegie (Distichon, Hexameter, Pentameter, Alexandriner) / Petrarca- und Shakespeare-Sonett / Madrigal / Triolett / Romanze / Ballade / Lied / Figuren- und Lautgedicht / Funktion des Zeilenumbruchs / Lyrikflaute trotz Schlagerboom

DISKUSSIONSFRAGEN UND ARBEITSAUFGABEN

• Welche Argumente sprechen für und welche gegen die Annahme, daß lyrische Texte fiktional sind?
• Wie erklärt sich das Fortbestehen traditioneller Strophenformen des 19. Jahrhunderts in Volksmusik, Schlager und Pophit der Gegenwart?
• Unterziehen Sie die oben im Abschnitt über Strophenformen abgedruckten Beispieltexte einer metrischen Analyse (gemäß Kap. 1.6)!
• Interpretieren Sie zwei oder drei Figurengedichte von Hugo Ball und Kurt Schwitters!
• Besorgen Sie sich in einer Musikbücherei, in einem Schallarchiv oder über den CD-Handel die Aufzeichnung einer Lesung von Ernst Jandl und interpretieren Sie eines der von ihm vorgetragenen Lautgedichte!
• Zeichnen Sie eine aktuelle Hitparadensendung mit Schlager- oder Volksmusik auf und untersuchen Sie einige der Liedertexte im Hinblick auf metrische Strukturen und die Verwendung von Reimen!

LITERATURHINWEISE

Burdorf, Dieter: Einführung in die Gedichtanalyse. 2., überarb. u. erw. Aufl. Stuttgart u. Weimar 1997.
[Leicht verständliche Darstellung mit weiterführenden Literaturangaben.]

Frank, Horst Joachim: Handbuch der deutschen Strophenformen. 2., durchges. Aufl. Tübingen u. Basel 1993.
[Unverzichtbares Standardwerk, das bei keiner Gedichtanalyse fehlen darf.]

Hinderer, Walter (Hg.): Geschichte der deutschen Lyrik vom Mittelalter bis zur Gegenwart. Stuttgart 1983.
[Informativer Sammelband mit über 20 Beiträgen zu den einzelnen Epochen der Lyrikgeschichte.]

Korte, Hermann: Geschichte der deutschen Lyrik seit 1945. Stuttgart 1989.
[Gut geschriebene, auf souveräner Kenntnis der Materie beruhende Überblicksdarstellung.]

Völker, Ludwig (Hg.): Lyriktheorie. Texte vom Barock bis zur Gegenwart. Stuttgart 1990.
[Kommentierte Auszüge aus den Schriften der wichtigsten Lyriktheoretiker von Opitz über Herder und Hegel bis zu Susman und Hamburger; nützliche und kompakte Zusammenstellung.]

2.2 Epik: Die Analyse von Romanen und Erzählungen

Das entscheidende Erkennungsmerkmal epischer Texte ist die Mittelbarkeit der Darstellung. Anders als in der Lyrik oder im Drama stoßen wir hier auf eine erfundene Erzählinstanz, die uns die thematisierten Geschehnisse und Sachverhalte gewissermaßen aus zweiter Hand präsentiert. Während das lyrische Ich und die Figuren im Drama (mehr oder minder) direkt zu uns sprechen, gibt es also in Romanen und Erzählungen immer einen Vermittler, der wie ein Filter wirkt, indem er die erzählten Geschehnisse und Sachverhalte rekonstruiert, antizipiert oder sogar explizit kommentiert.

Die epische Darstellungsweise zeigt allerdings einige Übereinstimmungen mit den sogenannten 'Alltagserzählungen', die gewiß auch den historischen Ursprung der Erzählliteratur markieren. Wenn wir z. B. Freunden oder Gästen etwas erzählen, das uns am Vortag zugestoßen ist, so machen wir häufig ganz unbewußt von vielen Präsentationstechniken Gebrauch, die - natürlich in verfeinerter Form - auch die Erzählkunst eines Theodor Fontane oder eines Günter Grass prägen. Es kann sehr aufschlußreich sein, unter diesem formalen Aspekt einmal aufmerksam die (inhaltlich vielleicht langweiligen) Erzählungen von Verwandten und Bekannten anzuhören, wie sie z.B. am Kaffeetisch oder bei Grillabenden zum besten gegeben werden. Solche mündlichen Alltagserzählungen können allerdings nicht die Komplexität und die gestalterische Raffinesse längerer und fixierter epischer Texte erreichen. In Romanen oder Novellen erzählt uns nicht einfach ein Mensch etwas über andere Menschen, sondern es liegt eine wesentlich kompliziertere Kommunikationssituation vor, die sich in einer Aufspaltung von Sender und Empfänger in jeweils drei verschiedene Instanzen äußert.

Im Falle des Senders unterscheiden wir hierbei zwischen dem empirischen Autor, dem idealen Autor und dem fiktiven Erzähler. Um die Unterschiede zwischen diesen drei Instanzen erkennen zu können, wollen wir zunächst drei verschiedene Sätze betrachten, in denen jeweils von einer dieser Instanzen die Rede ist:

- Grass arbeitete nach dem Krieg für einige Zeit in einem Kalibergwerk.

- Mit seinem Vokabular erregte Grass bei konservativen Kritikern Anstoß.
- Der Erzähler von *Ein weites Feld* liefert viele direkte Kommentare zur deutschen Geschichte.

Der *empirische Autor*, von dem im ersten dieser drei Sätze gesprochen wird, ist der konkrete Mensch Günter Grass, der in unserer geschichtlichen Welt lebt. Der *ideale Autor* aus dem zweiten Satz, der aber ebenfalls mit dem Namen 'Grass' bezeichnet wird, ist dagegen ein gedankliches Konstrukt. Denn nicht als Privatperson, sondern nur in seiner Rolle als Schriftsteller wird der Autor hierbei benannt. Ob Grass, was übrigens auch tatsächlich der Fall ist, in Privatunterredungen ein sehr gepflegtes Vokabular verwendet, spielt demnach in diesem Kontext keine Rolle. Der Autorname bezeichnet also im zweiten Satz eine 'ideale', d.h. gedanklich konstruierte Instanz, die nicht in unserer geschichtlichen Welt anzusiedeln ist. Anders als der Name des empirischen Autors kann derjenige des idealen Autors durch die Bezeichnung 'die Werke von ...' ersetzt werden. ('Das Vokabular der Werke von Grass erregte Anstoß'. Aber nicht: 'Die Werke von Grass arbeiteten in einem Kalibergwerk.') Was schließlich den *fiktiven Erzähler* betrifft, so handelt es sich hierbei um die textinterne Darstellungsinstanz in einem bestimmten Einzelwerk. Der Erzähler ist aus heutiger Sicht eine freie Erfindung des (idealen) Autors, darf also nicht mit der Person des empirischen Autors verwechselt werden, auch wenn sich in Einzelfällen vielleicht Übereinstimmungen zwischen politischen oder sonstigen Äußerungen des einen und des anderen nachweisen lassen. Partielle Kongruenz darf hierbei also nicht als Indiz für verborgene Identität interpretiert werden; der Erzähler ist nicht das Sprachrohr des empirischen Autors. Unmittelbar zu erkennen ist dies an dem Umstand, daß der Erzähler eines Werkes nicht mit dem Namen des Autors bezeichnet werden darf. Der Satz 'In *Ein weites Feld* liefert Grass viele direkte Kommentare zur deutschen Geschichte' ist also literaturwissenschaftlich unkorrekt. Daß in Feuilletons gleichwohl immer wieder solche falschen Sätze zu lesen sind, macht deutlich, daß es selbst professionellen Lesern häufig schwerfällt, die ontologische Emanzipation epischer Autoren anzuerkennen. Warum ist dies so? Natürlich wiederum wegen der geschichtlichen Veränderungen des Literaturverständnisses. Wie für die Lyrik so gilt auch für die Epik, daß erst im demokratischen Zeitalter die Vorstellung von einem Pluralismus des Subjektes entstand, also von dessen Fähigkeit, unterschiedliche Rollen, Masken oder Erscheinungsformen anzunehmen.

Wie das bürgerliche Zeitalter noch nicht vom 'lyrischen Ich' sprach, so identifizierte es auch den Erzähler noch nicht als eine frei erfundene Schöpfung des Autors, sondern klebte am Gedanken einer weitreichenden Identität von Romanverfasser und epischer Vermittlungsinstanz. Es stellt sich demzufolge die Frage, ob die starke Betonung und Bewußtmachung des Fiktionalitätscharakters von Erzählerfiguren ohne weiteres einer Analyse von Romanen und Erzählungen des bürgerlichen Zeitalters zugrundegelegt werden darf. Da es jedoch anachronistisch wäre, im demokratischen Zeitalter eine bürgerliche Literaturwissenschaft zu betreiben, bleibt hierbei nur der Hinweis auf die erforderliche Selbstreflexion des Interpreten als Ausweg übrig. Daß sich die Selbstwahrnehmung von der Fremdwahrnehmung unterscheidet, macht diese Fremdwahrnehmung nicht wertlos, obwohl andererseits eine Rekonstruktion des ursprünglichen Selbstverständnisses bürgerlicher Romanverfasser und -leser von literarhistorischem Wert ist, sofern sie sich ihres Rekonstruktionscharakters bewußt ist. Völlig verfehlt wäre es allerdings, das bürgerliche Epik- und Fiktionalitätsverständnis auf Romane des demokratisch-pluralistischen Zeitalters anzuwenden und auch noch einen Grass mit den von ihm erfundenen Erzählerfiguren zu identifizieren. Dies gilt übrigens auch dann, wenn man den demokratischen Pluralismus unserer Tage - z.B. aus antikapitalistischer Perspektive - als fortgeschrittene (Selbst-) Entfremdung des Menschen interpretiert und politisch ablehnt.

Wenden wir uns nun der Empfängerseite zu, so können wir in ähnlicher Weise zwischen empirischem Leser, idealem Leser und fiktivem Leser unterscheiden. Auch hier wollen wir wieder von drei Beispielsätzen ausgehen, die uns das Spezifische dieser drei Instanzen veranschaulichen:

- Einer seiner Leser wies ihn brieflich auf zwei sachliche Fehler hin.
- Durch diese feinsinnige Anspielung wird der Leser des Romanes an die verwickelte Motivgeschichte erinnert.
- Ja, lieber Leser, nun sitzt du also da gemütlich am Feuer und bist vergnügter Dinge, - aber gleich soll dir der Spaß vergehen!

Der im ersten dieser Sätze gemeinte *empirische Leser* ist ein konkreter Mensch, der in unserer geschichtlichen Welt lebt. Der *ideale Leser* im zweiten Satz, der zuweilen auch als *impliziter Leser* bezeichnet wird, stellt demgegenüber ein gedankliches Konstrukt dar. Der Begriff meint jenes Gegenüber, mit dem der ideale Autor bei der Abfassung seines

Werkes rechnet. Anders als beim idealen Autor bezeichnet das Attribut 'ideal' hierbei also eine 'optimale' Instanz, d.h. einen Rezipienten, dem keine der inhaltlichen und formalen Eigenarten des Textes entgeht. Insofern diese Bestimmung eine unfehlbare Intelligenz, Aufmerksamkeit und Vorbildung des Lesers voraussetzt, wie es sie in praxi niemals geben kann, meint das Adjektiv 'ideal' hier zugleich auch soviel wie 'unwirklich' oder 'nicht real'. In literaturwissenschaftlichen Analysen finden sich häufig Sätze, in denen mit dem verkürzten Ausdruck 'der Leser' diese Instanz des idealen oder impliziten Lesers gemeint ist. Schließlich gibt es dann noch den *fiktiven Leser*, wie er vom fiktiven Erzähler oder auch von anderen Figuren in einem konkreten Erzähltext angesprochen werden kann. Wenn diese Instanz - wie in unserem dritten Beispielsatz - detaillierter beschrieben wird, fällt es uns leicht, ihren fiktionalen Charakter zu erkennen. Wenn hingegen bloß die in der Literatur häufig zu findende Anrede 'lieber Leser' verwendet wird, können wir uns als empirische Leser unmittelbar angesprochen fühlen. Da es aber der fiktive Erzähler oder eine fiktive Figur ist, die in dieser Weise das Wort an uns richtet, entsteht ein gewisser Irritationseffekt, den wir als Beispiel für eine *Fiktionsstörung* auffassen können. Für einen Moment sind wir dann im Zweifel, wer da eigentlich von welcher Wirklichkeitsebene aus zu uns spricht, und wenn wir nicht genauer darüber nachdenken, können wir diese Instanz unter Umständen fälschlich und fahrlässig mit dem empirischen Autor gleichsetzen. Kommunikationstheoretisch müssen wir jedoch festhalten, daß in einem epischen Text nach unserem heutigen Literaturverständnis immer nur der fiktive Erzähler (bzw. eine fiktive Figur) zum fiktiven Leser sprechen kann. Wie man sich leicht vorstellen kann, bietet eine direkte Anrede des fiktiven Lesers großartige Möglichkeiten, den empirischen Leser, zumal wenn er geringe literaturwissenschaftliche Vorkenntnisse besitzt, völlig zu verwirren. Tatsächlich gab es z.B. in der englischen Literatur des 18. Jahrhunderts (Fielding, Sterne u.a.) sowie in der deutschen Literatur der Romantik (Hoffmann, Brentano u.a.) zahlreiche Autoren, die derartige Effekte virtuos einsetzten. Noch heute kann es dem (empirischen) Leser großes Vergnügen bereiten, wenn er bei der Lektüre dieser Texte auf Passagen stößt, in denen sich eine Figur bei ihrem mit Namen angeredeten Autor über die schlechte Rolle beklagt, die er ihr zugedacht hat, wenn der (fiktive?) Leser in unverschämter Weise beschimpft wird oder wenn Figuren aus ihrer fiktiven Welt heraustreten und dem Leser über die Schulter schauen, der gerade ihre Geschichte liest. Über den bloßen Spaß hinaus verfolgen derartige Texte natürlich oftmals die Absicht, einen naiven Wirklichkeitsbegriff zu unterhöhlen und unsere Aufmerksamkeit auf erkenntnistheoretische und kognitionspsychologische Probleme der Realitätserfassung und -konstruktion zu lenken.

Die Aufspaltung des Senders und des Empfängers in jeweils drei verschiedene Instanzen muß bei der Interpretation epischer Texte sorgfältig beachtet werden. Dabei stehen jedoch die beiden einzeltextinternen Instanzen, also fiktiver Erzähler und fiktiver Leser, zusammen mit den übrigen fiktiven Figuren im Mittelpunkt der eigentlichen *Narrativik* (Erzählforschung). Vereinfacht könnte man sagen, daß die Gestaltung der Relation zwischen fiktivem Erzähler, Figuren und fiktivem Leser das spezifische Profil der *Erzählsituation* ausmacht, das einen Text prägt. Die Größe des Abstandes zwischen diesen drei Instanzen kann vom Autor frei gestaltet werden (s.u.). Und darüber hinaus besteht auch die Möglichkeit, entweder ihre Existenz deutlich vor Augen zu führen oder umgekehrt ihr Erscheinen vergessen zu machen.

Umstritten ist es hierbei, ob im Falle des Erzählers eine Reduktion bis zum Nullpunkt der Existenz möglich ist, wodurch der Erzähltext in die Nähe des Dramas rücken würde. Streicht man dann zusätzlich noch die fiktiven Figuren, gelangt man einer gängigen Auffassung der drei Hauptgattungen zufolge in die Nähe der Lyrik. Doch solche theoretischen Überlegungen erfordern dauernde Gegenproben an der ganzen Erscheinungsvielfalt des literarischen Materials und können deshalb in einer Einführung nicht weiter verfolgt werden. Halten wir deshalb vorläufig nur fest, daß die Erforschung spezifischer Erzählsituationen im Mittelpunkt des Interesses der Narrativik stehen und daß hauptsächlich die Gestaltung der Abstände und der Relationen zwischen fiktivem Erzähler, fiktivem Leser und fiktiven Figuren diese Erzählsituationen prägt.

Übrigens gilt dies unabhängig davon, in welcher Person ein bestimmter epischer Text erzählt wird. Bekanntlich gibt es ja nicht nur Romane in der dritten Person, sondern auch in der ersten und (seltener) in der zweiten Person. Hierbei ist speziell im Hinblick auf die Erzähltexte in der ersten Person noch eine wichtige Differenzierung anzubringen, denn aufgrund der personalen Identität von Erzähler und (Haupt-) Figur kann es auf den ersten Blick so aussehen, als existiere in diesen Texten überhaupt kein Erzähler. Tatsächlich jedoch muß hier zwischen zwei verschiedenen Ich-

Facetten unterschieden werden. Denn das Ich erscheint in derartigen Texten einerseits als Erzähler und andererseits als Figur. Es ist also Ich-Erzähler (Subjekt der Erzählung) und zugleich Ich-Figur (Objekt der Erzählung). Da in aller Regel eine zeitliche Distanz zwischen dem Zeitpunkt des Erzählens und dem Zeitpunkt der Handlung vorliegt, könnte man auch vom 'Gegenwarts-Ich' und dem 'Vergangenheits-Ich' sprechen. In der Narrativik begegnet man zudem den Begriffen 'erzählendes Ich' und 'erlebendes Ich'. Wie das folgende Beispiel zeigt, hat das Pronomen 'ich' in Erzähltexten der ersten Person oft zwei unterschiedliche Bedeutungen:

markiertes 'ich' = Ich-Erzähler	markiertes 'ich' = Ich-Figur
So will **ich** nun erzählen, wie ich damals Elena kennenlernte. Zum Glück erinnere **ich** mich noch an alle Einzelheiten, so daß hier zuverlässig beschrieben werden kann, unter welchen Umständen ich ihr zuerst begegnete. Zunächst will **ich** jedoch schildern, wo ich damals lebte.	So will ich nun erzählen, wie **ich** damals Elena kennenlernte. Zum Glück erinnere ich mich noch an alle Einzelheiten, so daß hier zuverlässig beschrieben werden kann, unter welchen Umständen **ich** ihr zuerst begegnete. Zunächst will ich jedoch schildern, wo **ich** damals lebte.

Bei epischen Texten, die in der ersten Person geschrieben sind, steht also dem *Ich-Erzähler* eine *Ich-Figur* gegenüber, die zwar als Person, nicht jedoch als literarische Kommunikationsinstanz mit dem Ich-Erzähler identisch ist.

Auch einige *Besonderheiten der Zeitgestaltung* in epischen Texten sind hier hervorzuheben.
Wie das obige Textbeispiel zusätzlich zeigt, ist der *Tempuswechsel* vom Präteritum zum Präsens in vielen Fällen ein sicherer Indikator für ein stärkeres Hervortreten des Erzählers. Handlungen der Ich-Figur bzw. der anderen fiktiven Figuren werden in der Vergangenheitsform geschildert, während Kommentare, Selbstreflexionen, generalisierende Betrachtungen (z.B. 'Ja, so ist das Leben!'), Leseranreden und andere direkte Statements des Erzählers im Präsens formuliert sind. Ausnahmen von dieser Regel (vor allem das dramatische Präsens) sind meistens leicht zu erkennen. In diesem Zusammenhang sollte übrigens auch noch ein Wort zum Begriff 'Vergangenheitsform' gesagt werden. Denn anders als im Falle von Alltagserzählungen handelt es sich bei den in dieser Zeitstufe geschilderten

Handlungen und Sachverhalten nicht um tatsächlich vergangene, sondern um erfundene Vorgänge. Der Erzähler berichtet nicht über Vergangenes, sondern er stiftet eine fiktionale Welt, die von unserer geschichtlichen Welt zumeist deutlich unterschieden ist. Zwar tut er hierbei oftmals so, als schreibe er aus der Erinnerung, doch ist darin eher ein Kunstgriff des idealen Autors bei der Gestaltung seiner Erzählerfigur als ein Hinweis auf echte Historizität des Geschehens zu erblicken. Um nun den Unterschied zwischen der Verwendung des Präteritums in literarischen und nicht-literarischen Texten kenntlich zu machen, hat man die fiktionsstiftende Vergangenheitsform in Romanen und Erzählungen als 'episches Präteritum' bezeichnet. Insofern Vergangenheitsformen mit der gleichen Funktion auch im Drama - und je nach Gattungsverständnis sogar in der Lyrik - auszumachen sind, würde man allerdings zutreffender vom *Präteritum der Fiktion* sprechen. Übrigens wird vor diesem Hintergrund auch verständlich, weshalb die zusammenfassende Darstellung eines plots niemals im Präteritum, sondern immer im Präsens zu erfolgen hat (vgl. Kap. 1.4). Denn das Präteritum würde hierbei signalisieren, daß die jeweiligen Geschehnisse berichtet werden sollen, während es bei der literaturwissenschaftlichen Darstellung eines plots um die synchronisch-synoptische Beschreibung eines erfundenen Handlungszusammenhanges geht. Sofern das (falsche) Präteritum im plot nicht als Präteritum der Fiktion identifiziert wird, könnte also der Eindruck entstehen, daß der plot-'Erzähler' die Geschehnisse nicht für erfunden, sondern für vergangen hält.

Besondere Beachtung verdient schließlich auch das Problem der *Relation zwischen Darstellungszeit und dargestellter Zeit*, das in der Epik größere Schwierigkeiten mit sich bringt als in der Lyrik und im Drama. Die Rezitationszeit bzw. die Aufführungsdauer liefert dort nämlich ein relativ klar begrenztes Maß für die Festlegung der Darstellungszeit, während die sogenannte 'Erzählzeit' in vielen Fällen nicht exakt bestimmt werden kann. Entscheidend ist hierbei der Umstand, daß epische Texte meistens nicht vorgetragen (bzw. angehört), sondern mit Unterbrechungen still gelesen werden. Ist aber die Erzählzeit eines Textes bei derartiger Privatlektüre aus der Summe der mindestens aufzuwendenden oder der tatsächlich aufgewendeten Lektürephasen zu errechnen? Gehören auch die zwischen den Lektürephasen liegenden Pausen, in denen ja häufig eine gedanklich-seelische Bearbeitung des bisher Gelesenen stattfindet, mit zum Rezeptionsakt? Muß die Erzählzeit eher in Textmengeneinheiten als in Zeiteinheiten

gemessen werden? Alle diese Fragen sind in der Narrativik bisher un-
beantwortet geblieben, doch es fällt auf, daß in konkreten Textanalysen
niemals eine Bestimmung der Erzählzeit in diesen oder jenen Maßeinhei-
ten erfolgt. Meistens wird die 'Erzählzeit' nur als Maßstab für die Charakterisierung der erzählten Zeit verwendet und stillschweigend - wie
schon bei Günther Müller, der den Terminus 1946 einführte - mit dem
Textumfang gleichgesetzt. In dieser Funktion ist das Wort jedoch vollkommen überflüssig, da die erzählte Zeit in absoluten Zeiteinheiten be-
rechnet und auch ohne Verwendung des Begriffs 'Erzählzeit' mit dem
Textumfang in Beziehung gesetzt werden kann. Ob ein Handlungszeit-
raum von zwei Jahren auf dreißig oder auf dreihundert Seiten geschildert
wird, ist natürlich ein beträchtlicher Unterschied, doch um dies festzustellen, benötige ich nicht das Wort 'Erzählzeit'. So ist es erforderlich,
noch einmal grundsätzlich über die Leistung dieses Begriffes nachzuden-
ken. Wenn damit sinnvollerweise etwas anderes gemeint sein soll als
'Textumfang', so muß wohl in Rechnung gestellt werden, daß die Rezeption epischer Texte, anders als diejenige von Gedichten oder Dramen
(-Aufführungen), häufig nicht an einem Stück, sondern in stiller, u.U.
mehrfach und für längere Zeit unterbrochener Lektüre erfolgt. Gestalterische Effekte wie Zeitraffung oder Zeitdehnung, die traditionell mit Hilfe
der Bezeichnung 'Erzählzeit' beschrieben werden, bleiben davon nicht
unbeeinflußt. Ist der Terminus dann aber im Grunde unbenutzbar, da er
die unkalkulierbaren individuellen Unterschiede in der Lektüredauer nicht
zu erfassen erlaubt? Das wäre nur der Fall, wenn der Text keinerlei Pau-
sensignale beinhalten würde, wenn also Lektüreunterbrechungen nicht
von vornherein vom Autor mit eingeplant wären. Genau dies ist jedoch
in der Tat der Fall. Viele epische Texte enthalten selbst schon explizite
Hinweise auf Möglichkeiten zur Lektüreunterbrechung, und zwar in Form
von *Kapiteleinteilungen*, die einen längeren Roman in einzelne Segmente
gliedern. Natürlich fungieren nicht alle derartigen Einteilungen ausschließlich als Unterbrechungssignale, denn es können auch Aspekte der
Komposition, der Leserlenkung, der Spannungssteigerung u.ä. hierbei eine Rolle spielen (vgl. oben Kap. 1.5). Nicht selten dient jedoch die Segmentierung längerer Erzähltexte einer Vorstrukturierung des Lektüre-
prozesses. Sinnvoll gesetzte Kapiteleinteilungen machen es möglich, auch
längere epische Texte portionsweise zu rezipieren, ohne den Überblick
über den Handlungsverlauf zu verlieren. Damit dürfte aber feststehen, daß
es sachlich unangemessen wäre, den Terminus 'Erzählzeit' einfach als ein

Synonym für 'Textumfang' zu verwenden. Denn die Angabe der Seitenzahl verdeckt die vom (idealen) Autor vorgegebene Segmentierung des Rezeptionsprozesses und geht an der Wirklichkeit des Lektürevorganges vorbei. Die *Erzählzeit* eines Romanes oder einer Novelle sollte deshalb nicht in Seitenzahlen, sondern in *Anzahl und Umfang der vom Autor vorgesehenen Lektüreportionen* abgemessen werden. Diese Einzelportionen abzugrenzen, ist nicht immer einfach, da Kapitel- oder Textabschnittsgrenzen manchmal nur durch Leerzeilen oder Einrückungen in Verbindung mit Konfigurationsveränderungen, Schauplatzwechseln, Zeitsprüngen u.ä. markiert sind. Häufig finden sich jedoch Leerzeilen in Kombination mit Kapitelnummern und/oder Kapitelüberschriften, wobei allerdings - wie schon erwähnt - nicht alle derartigen Einteilungen als Hinweise auf eine Möglichkeit zur Lektüreunterbrechung aufzufassen sind. Zur literaturwissenschaftlichen Analyse eines epischen Textes gehört deshalb auch die Ermittlung sinnvoller und so oder so im Text gestalterisch manifestierter Möglichkeiten zur Lektüresegmentierung. Die als Anzahl der vom (idealen) Autor vorgesehenen Lektüreportionen definierte Erzählzeit mit der erzählten Zeit in Verbindung zu bringen, ist dann ein weitergehender Interpretationsvorgang, der nur im Wechselspiel mit der inhaltlichen Auslegung eines konkreten Einzeltextes sinnvoll durchgeführt werden kann. Anzahl und Umfang der Lektüreportionen lassen hierbei vielfach Rückschlüsse auf die Niveauanforderungen eines Autors zu; betont anspruchsvolle epische Texte wie z.B. die Romane Samuel Becketts verzichten fast ganz auf Segmentierungssignale und suggerieren damit, daß es eigentlich erforderlich wäre, das Werk nach Möglichkeit ohne Unterbrechung in einem einzigen Kraftakt der Konzentration und der permanenten Aufmerksamkeit durchzustudieren.

Beschäftigen wir uns nun jedoch mit dem zentralen Gegenstand der Narrativik, also mit der *Analyse von Erzählsituationen.* Hierbei ist zunächst hervorzuheben, daß es sich um ein besonders kompliziertes Problem handelt, das in der Literaturwissenschaft trotz großer Anstrengungen noch keine allgemein akzeptierte Lösung gefunden hat.
Damit uns das ganze nicht wie eine selbstzweckhafte Spielerei erscheint, wollen wir zuerst noch einmal fragen, welche Auswirkungen denn die Gestaltung der Erzählsituation überhaupt auf die epische Behandlung eines Themas hat. Nehmen wir beispielsweise an, ein Autor wolle uns die Geschichte der Emma Bovary erzählen, wie sie oben im Zusammenhang mit

dem Begriff 'plot' kurz dargestellt worden ist (Kap. 1.4). Welchen Unterschied macht es eigentlich, ob diese Geschichte zum Beispiel in der ersten, zweiten oder dritten Person erzählt wird? Offenkundig ist dies von erheblicher Bedeutung, und zwar speziell im Hinblick auf die Möglichkeit, zuverlässige und glaubwürdige Informationen über das Innenleben der Hauptfigur und anderer Figuren zu vermitteln. Wenn der Erzähler mit der Hauptfigur identisch ist (Ich-Erzählung), kann er mit großer Glaubwürdigkeit Zeugnis von deren Denken und Empfinden ablegen. Die Innenwelt anderer Figuren bleibt ihm dabei allerdings verschlossen; nur aus ihrem äußeren Verhalten kann er auf ihre Bewußtseins- und Seelenzustände schließen. Wird die Geschichte hingegen in der zweiten Person erzählt, so muß sich der Erzähler - wenn er nicht eine gottgleiche Position für sich in Anspruch nimmt - vollständig auf die Beschreibung derartiger Äußerlichkeiten beschränken, so daß keine zuverlässige Darstellung der Innenwelt irgendeiner Figur möglich wäre. (Wir setzen voraus, daß der Erzähler dann nicht im Sinne einer Ich-Erzählung sein eigenes Seelenleben thematisiert, sondern primär die Geschichte der Emma Bovary erzählen will, an die er sich - etwa brieflich aus der Position eines Freundes heraus - in der zweiten Person wendet.) Schließlich bleibt noch eine dritte Möglichkeit, und zwar die Schilderung in der dritten Person. Will der Erzähler hierbei die Rolle eines menschlichen Beobachters einnehmen, so ist seine Situation u.U. noch ungünstiger als diejenige des in der zweiten Person Erzählenden. Wenn er sich nicht als Freund oder Vertrauter der Hauptfigur präsentiert, steht er wie ein Fremder den Geschehnissen gegenüber, die er aus der Distanz heraus beschreiben muß, ohne privilegierten Zugang zum Innenleben der Hauptakteure zu besitzen. Anders verhält es sich, wenn er von vorneherein eine gottgleiche Position einnimmt und en détail das Seelenleben einer oder gleich mehrerer Figuren schildert. Der Vorteil dieses Verfahrens liegt in der uneingeschränkten Zugänglichkeit aller relevanten Informationen für Erzähler und Leser; der Nachteil ergibt sich aus der hieraus automatisch folgenden Verstärkung des Fiktionalitätscharakters der Erzählung. Denn ein solcher allwissender Erzähler ist ganz offenkundig eine reine Phantasiegestalt, und das Geschehen bekommt dadurch einen 'fingierteren', weniger authentischen Charakter.

Wie man sieht, spielen also zwei unvereinbare Ziele bei der Erzählkunst eine wichtige Rolle. Einerseits wollen viele Erzähler die inneren, geistig-seelischen Hintergründe des Handelns der Figuren beschreiben. Und gleichzeitig soll das Erzählte vielfach eine gewisse Geltungshaftigkeit und Wirklichkeitsrelevanz besitzen, d.h. nicht wie reine Erfindung wirken. Beides läßt sich jedoch in einem Text nicht verwirklichen, da ein hohes Maß an Innenweltdarstellung einen übermenschlichen Erzähler voraussetzt, der prinzipiell nur eine reine Phantasiegestalt sein kann.

Drei Hauptvarianten der Darstellung hat die Erzählkunst gefunden, um mit diesem Dilemma fertigzuwerden. Erstens hat sie das Ziel einer unbegrenzten Innenweltdarstellung hintangestellt und vor allem mit bestimmten Formen der Ich-Erzählung eine Strategie der Selbstbeschränkung verfolgt, bei der nur das Innenleben einer einzigen Figur dargestellt wird, und zwar in dem Ausmaß, wie es einem aufmerksamen Selbstbeobachter mit vorzüglichem Gedächtnis gerade noch zugebilligt werden kann. *Ich-Erzähler* dieses Typs pflegen zu beteuern, daß ihre Geschichte durch und durch authentisch sei, daß sie sich bestens an alle Einzelheiten erinnern, daß alte Dokumente ihre Darstellungen bestätigen, daß sie Zeugen für das Geschehene anführen können usw. Bei der zweiten Variante nimmt die Erzählkunst dagegen vom Ziel der relativen Geltungshaftigkeit Abschied und betont im Sinne einer Flucht nach vorn hemmungslos die Gestaltungsfreiheit des Erzählers, dessen uneingeschränkte Verfügungsgewalt über ein fiktionales Geschehen auf manchmal artistische Weise demonstriert wird. *Auktoriale Erzähler* dieses Typs weisen den Leser explizit darauf hin, daß ihre ganze Geschichte reine Erfindung ist, daß es sich um ein bloßes Spiel handelt, daß sie jederzeit in das Geschehen einzugreifen vermögen, daß man die Handlung auf verschiedene Arten weiterführen könnte usw. Schließlich gibt es dann noch eine dritte Hauptvariante, die trotz aller Schwierigkeiten das Ziel einer gleichzeitigen Verwirklichung von Geltungshaftigkeit und uneingeschränkter Innenweltdarstellung zu erreichen versucht. Hierbei beschränkt sich der Erzähler überwiegend auf die neutrale Beschreibung von Äußerlichkeiten des Handlungsgeschehens und des Figurenverhaltens, aber dann und wann schlüpft er gleichsam in eine Figur hinein, um die Innenwelt dieser Person von ihrem eigenen Standpunkt aus wiederzugeben. *Personale Erzähler* dieses Typs zeichnen sich durch besondere Unauffälligkeit und Konturlosigkeit aus; wie ein selbst unbemerkt bleibender Beobachter schildern sie (in der dritten Person) nur das äußere Geschehen und wechseln dann bei der Beschreibung der Innenwelt ihrer Figuren in den Modus der erlebten Rede (s.u.), bei dem sie wie ein neutraler Reflektor die Gedanken und Empfindungen dieser Figuren widerspiegeln.

Um eine anschauliche Vorstellung von den drei genannten Erzählsituationen zu vermitteln, sei hier ein kurzer Beispieltext in den drei entsprechenden Versionen geliefert:

Ich-Erzähler	Auktorialer Erzähler	Personaler Erzähler
Spät am Abend verließ ich noch einmal das Haus. Verdammt, dachte ich, welcher von beiden Zigarettenautomaten ist wohl heute ausnahmsweise einmal nicht kaputt? Ich entschied mich für die Grabenstraße und ging deshalb nach links, an der Tankstelle und am Postgebäude vorbei, als mich plötzlich ein Gedanke durchfuhr. O nein, dachte ich, das darf ja einfach nicht wahr sein! Jetzt habe ich doch tatsächlich mein Portemonnaie vergessen. Mit dem gemütlichen Abend wird es heute also wieder nichts! Ärgerlich fluchend stapfte ich durch den Schnee zurück nach Hause und ging sofort ins Bett, ohne bei Carola anzurufen, was ein großer Fehler war, wie ich heute leider einsehen muß.	Spät am Abend verließ unser Held noch einmal das Haus. Er fragte sich, welcher von beiden Zigarettenautomaten wohl an diesem Tag ausnahmsweise einmal nicht kaputt sein würde. Er entschied sich für die Grabenstraße und ging deshalb nach links, an der Tankstelle, die im übernächsten Kapitel noch eine große Rolle spielen wird, und am Postgebäude vorbei, als ihn plötzlich ein Gedanke durchfuhr. 'O nein', dachte er, 'das darf ja einfach nicht wahr sein! Jetzt habe ich doch tatsächlich mein Portemonnaie vergessen. Mit dem gemütlichen Abend wird es heute also wieder nichts!' Tja, lieber Leser, das sind die Folgen der Nikotinsucht; ohne Zigaretten ist der Abend für solche Leute direkt verdorben. Ärgerlich fluchend stapfte unser Mann also durch den Schnee zurück nach Hause und ging sofort ins Bett, ohne bei Carola anzurufen, die noch fast die ganze Nacht hindurch wach lag, weil sie nicht wußte, wo er steckte.	Spät am Abend verließ er noch einmal das Haus. Verdammt, welcher von beiden Zigarettenautomaten war wohl heute ausnahmsweise mal nicht kaputt? Er wandte sich nach links in die Grabenstraße und hatte schon die Tankstelle und das Postgebäude passiert, als er plötzlich wie angewurzelt stehenblieb. O nein, das durfte ja einfach nicht wahr sein! Jetzt hatte er doch tatsächlich sein Portemonnaie vergessen. Mit dem gemütlichen Abend war es heute also wieder nichts! Leise vor sich hin fluchend stapfte er durch den Schnee zurück nach Hause und ging sofort ins Bett, ohne bei Carola anzurufen.

Natürlich handelt es sich bei diesen drei Probetexten nur um einzelne Varianten der drei Erzählstile; im Detail ließe sich manches also auch anders gestalten. Dennoch dürfte der Hauptunterschied zwischen den Erzählsituationen deutlich zutage treten. Die Wiedergabe der Figurengedanken durch den personalen Erzähler ist übrigens ein Beispiel für die sogenannte *erlebte Rede*, bei der Bewußtseinsinhalte einer Figur ohne Verwendung von *Inquit-Formeln* (von lat. 'inquit' = 'er sagt[e]') in der dritten Person und im Präteritum (sowie überwiegend im Indikativ) referiert werden. Davon zu unterscheiden ist der *innere Monolog*, in welchem die erste Person und (oft) das Präsens zur Anwendung kommen. Ein Beispiel für diese Darstellungsweise erhalten wir, wenn wir aus dem obigen Beispiel für die Ich-Erzählung alle *Inquit-Formeln* entfernen, also hier das zweimalige 'ich dachte'. Weiter modernisieren können wir unseren inneren Monolog dann noch, indem wir die Technik des sogenannten *Bewußtseinsstroms* (*stream of consciousness*) verwenden, bei der eine möglichst unmittelbare Darstellung von Denk- und Empfindungsprozessen angestrebt wird. Stilistisch würde sich dies vor allem in einer Aufsprengung der regulären Syntax äußern: 'Ich entschied mich für die Grabenstraße und ging deshalb nach links, an der Tankstelle und am Postgebäude vorbei. O nein ... das ist doch ... das darf ja einfach nicht wahr sein. Jetzt habe ich ... verflixt ... jetzt habe ich doch tatsächlich kein Portemonnaie ... habe ich es doch tatsächlich vergessen. Von wegen gemütlicher Abend ... Mensch ... damit wird es jetzt wieder nix!' Sprachpsychologisch ist heute davon auszugehen, daß der stream of consciousness keine getreue Abbildung dessen liefert, was bei der 'Versprachlichung' von Bewußtseinsinhalten tatsächlich im Inneren eines Menschen abläuft. Vielmehr handelt es sich um eine literarische Konvention, d.h. um einen bestimmten Schreibstil, der die ganz unmittelbaren, intimen und unzensierten Gedanken oder Empfindungen einer Figur eher symbolisiert als realitätsnah abbildet.

Die Unterscheidung zwischen personaler, auktorialer und Ich-Erzählung verdanken wir übrigens dem Anglisten Franz K. Stanzel, der sie zuerst in seinem Buch *Die typischen Erzählsituationen im Roman* (Wien u. Stuttgart 1955) vorstellte. Wissenschaftsgeschichtlich hat dieses Buch drei wesentliche Verdienste. Erstens folgt es einer induktiven Methode, basiert also auf der detaillierten Analyse zahlreicher Romantexte und bleibt damit immer nah an dem Material, das mit Hilfe der narrativischen Kategorien zu erschließen ist. Zweitens bezieht es auch die moderne Erzählkunst (wie z.B. den *Ulysses* von Joyce) mit ein, was in der damaligen Philologie noch keineswegs selbstverständlich war. Und drittens behandelt es die drei Erzählsituationen nicht wie monolithische Blöcke, sondern betont ausdrücklich, daß es Übergangs- und Mischformen zwischen ihnen gibt und daß sich die Erzählsituation auch innerhalb ein und desselben Textes

- und unter Umständen sogar sehr häufig - verändern kann. Gerade dieser letzte Gedanke ist für die Analyse der Gegenwartsliteratur von außerordentlicher Bedeutung und sichert dem Buch von Stanzel bleibende Aktualität.

Gleichwohl läßt sich nicht verschweigen, daß Stanzels Konzeption auch einige Schwächen aufweist. Sein induktives Verfahren führt nahezu zwangsläufig zu einer gewissen Inkonsistenz seiner Kategorien, aus denen sich kein schlüssiges und alle Facetten der Erzählkunst abdeckendes System, sondern nur eine ausschnitthafte Darstellung bestimmter Kernbereiche der Epik gewinnen läßt. In seinem Buch *Theorie des Erzählens* (Göttingen 1979) hat Stanzel dieses Manko zwar auszugleichen versucht, doch da er seine zentralen Analysekategorien hierbei nicht aufgeben wollte, gelangte er nicht zu einer überzeugenden Systematisierung seiner induktiv gewonnenen Untersuchungsergebnisse. Dennoch ist die *Theorie des Erzählens* in ihrer neuesten Auflage ein wichtiges Standardwerk, das jedem Philologiestudenten im Grundstudium ohne weiteres als nützliche Lektüre zur Einführung in die Narrativik empfohlen werden kann, zumal sich alle modernen Erneuerer dieser Unterdisziplin (Genette, Petersen) damit auseinandersetzen.

Um unser Analyseinstrumentarium zu verfeinern, wollen wir auf Stanzel jedoch an dieser Stelle nicht weiter eingehen und uns stattdessen noch einmal unserer - jetzt präzisierten - Ausgangsfrage zuwenden: Wie können die Abstände und die Relationen zwischen fiktivem Erzähler, fiktivem Leser und fiktiven Figuren so beschrieben werden, daß v.a. ihre Relevanz für die 'Geltungshaftigkeit' und für die spezifischen Möglichkeiten der Innenweltdarstellung in einem bestimmten Text erkennbar wird?

Um diese Frage zu beantworten, wollen wir uns mit einem Werk eines anderen wichtigen Vertreters der Narrativik beschäftigen, und zwar mit dem Buch *Poetik der Komposition* (Frankfurt a. M. 1975; zuerst russ. Moskau 1970) des russischen Literaturwissenschaftlers Boris Uspenskij. Seine Unterscheidung zwischen raumzeitlichen, psychologischen, phraseologischen (sprachlichen) und ideologischen Distanzierungsmöglichkeiten wollen wir aufgreifen und um den Aspekt der ontologischen Distanzierung erweitern, so daß wir zu einer Tabelle mit sechs verschiedenen Gesichtspunkten gelangen, unter denen die Beziehungen zwischen den drei genannten Instanzen analysiert werden können:

Zeitliche Distanzierung:	Wie groß ist die zeitliche Distanz zwischen den Momenten, in denen der fiktive Erzähler erzählt, die fiktiven Figuren handeln und der fiktive Leser den Text liest?
Räumliche Distanzierung:	Wie groß ist die räumliche Distanz zwischen den Orten, an denen sich der fiktive Erzähler, die fiktiven Figuren und der fiktive Leser aufhalten?
Ontologische Distanzierung:	Leben fiktiver Erzähler, fiktive Figuren und fiktiver Leser in ein und derselben fiktiven Welt, und bis zu welchem Grad wird ihre Existenz für den idealen Leser überhaupt spürbar?
Psychologische Distanzierung:	Gewähren fiktiver Erzähler, fiktive Figuren und fiktiver Leser einander direkten Einblick in ihre Gedanken und Empfindungen und hat der ideale Leser einen solchen Einblick?
Stilistische Distanzierung:	Unterscheiden sich die Sprechweise des fiktiven Erzählers, der fiktiven Figuren und des fiktiven Lesers im Hinblick auf Dialekt, Soziolekt usw. voneinander?
Weltanschauliche Distanzierung:	In welchem Maße divergieren die Ansichten des fiktiven Erzählers, der fiktiven Figuren und des fiktiven Lesers in politischer, religiöser u.a. Hinsicht voneinander?

Die sechs in dieser Tabelle versammelten Grundfragen müssen jeweils im Hinblick auf die Relation zwischen (fiktiven) Erzählern und Figuren, Figuren und Lesern sowie Lesern und Erzählern gestellt und beantwortet werden. Für einen sehr einfachen Text mit einem fiktiven Erzähler, einer einzigen fiktiven Figur und einem einzigen fiktiven Leser ergibt das bereits eine Liste von 18, manchmal außerdem nur schwer zu beantwortenden Fragen. Wie man hieran erkennt, ist die Beschreibung einer Erzählsituation ein außerordentlich komplexes Unterfangen, das im Grunde - zumal die Situation auch noch innerhalb des Textes wechseln kann - tagelange Voruntersuchungen erfordert. Kein Mensch hat hierzu im Normalfall die erforderliche Zeit, weshalb in der Praxis eben häufig auf die oben vorgestellten Kategorien von Stanzel zurückgegriffen wird, die sich im Falle der Ich-Erzählung schwerpunktmäßig auf Fragen der zeitlichen, räumlichen und weltanschaulichen Distanzierung, beim auktorialen Erzähler überwiegend auf den Aspekt der ontologischen und weltanschaulichen Entfernung und schließlich, bei Vorliegen einer personalen Erzählsituation, hauptsächlich auf die Vermessung des psychologischen und stilistischen Abstandes konzentrieren. Dabei werden außerdem die Beziehungen zwischen fiktivem Leser und fiktiven Figuren bzw. zwischen fiktivem Leser und fiktivem Erzähler vielfach nur im Falle einer auktorialen Erzählsituation, in der sie oft besonders hervorstechen, mit in die Analyse einbezogen. Pragmatisch mag dies sinnvoll sein, doch bei einer präzisen und vollständigen Untersuchung der narrativischen Struktur eines Textes müssen natürlich in jedem Einzelfall alle sechs in der obigen Tabelle aufgelisteten Fragen gestellt und beantwortet werden.

Dabei ist besondere Aufmerksamkeit erforderlich, da es nicht nur direkte und offensichtliche, sondern auch zahlreiche indirekte und verborgene Distanzierungsindikatoren gibt. Im Falle der *zeitlichen* Distanzierung wird man z.B. nicht immer auf konkrete Jahreszahlen oder dergleichen treffen, sondern vielfach versteckte Hinweise erhalten, die sich nur aus dem Handlungsverlauf, aus der Beschreibung von Alterungsprozessen, Veränderungen an Gebäuden, Anspielungen auf historische Ereignisse u.ä. ablesen lassen.

Der *räumliche* Abstand ist ebenfalls oft nur an subtilen Detailschilderungen zu erkennen; viele Erzählerfiguren leben außerdem in unbestimmten, nicht genauer zu konkretisierenden Innenräumen, die manchmal so abstrakt bleiben, daß man sie als indirekte Indikatoren für eine ontologische Distanz zur Welt der Figuren auffassen kann. Sowohl bei der zeitlichen als auch bei der räumlichen Distanzierung spielen Deiktika wie 'ich', 'hier' oder 'jetzt', also Ausdrücke mit situationsabhängiger Bedeutung, eine wichtige Rolle. Bei unserem obigen Textbeispiel mußte so z.B. das 'heute' im Falle der auktorialen Erzählsituation durch die Formulierung 'an diesem Tag' ersetzt werden, da nur der Ich-Erzähler und der personale Erzähler in die Situation der beschriebenen Figur hineinschlüpfen und gleichsam aus ihrer Perspektive heraus sprechen. Höchstens in direkter Rede, kombiniert mit einer entsprechenden Inquit-Formel, hätte der auktoriale Erzähler diesen deiktischen Ausdruck verwenden oder besser: wiedergeben können.

Hinsichtlich der *ontologischen* Distanz ist vor allem - wie Stanzel mit Bezug auf den auktorialen Erzähler besonders betont hat - danach zu fragen, ob es sich bei dem Erzähler um ein 'Ich mit Leib', d.h. um ein konkret und materiell objektiviertes, im Prinzip sinnlich wahrnehmbares Geschöpf oder um eine abstrakt-unkörperliche Darstellungsinstanz handelt. Ist letzteres der Fall, so begegnet uns in der Gestalt des fiktiven Erzählers häufig ein gottähnliches Wesen, das die Handlung aus olympischer Distanz beobachtet bzw. stiftet, was diesem Wesen einerseits eine unbegrenzte Gestaltungsfreiheit sichert, was aber andererseits die Geltungshaftigkeit und Wirklichkeitsrelevanz des Dargestellten im Bewußtsein vieler Leser stark reduziert ('alles bloß erfunden'). Da dieser letzte Effekt - trotz des großen Einflusses der Brechtschen und ähnlicher Ästhetiken - von vielen Autoren nicht gewünscht wird, kommt es sehr häufig zu einer Art freiwilliger Auktorialitätsreduktion. Der eigentlich frei disponierende auktoriale Erzähler macht sich dann menschlicher, indem er vorgibt, bestimmte Fakten nicht zu kennen, das weitere Handlungsgeschehen nicht zu überblicken, einzelne Figuren aus dem Auge verloren zu haben usw. Überraschenderweise scheint dieser Trick gut zu funktionieren, so daß der oben beschriebene Zielkonflikt (unbeschränkte Innenweltdarstellung vs. Geltungshaftigkeit) mit diesem Gestaltungsmittel - auf andere Art als bei der gleiche Ziele verfolgenden personalen Erzählsituation - in für viele Leser offenbar plausibler Weise gelöst werden kann. Hinsichtlich einer ontologischen Distanzierung des fiktiven Lesers ist hervorzuheben, daß sie vielfach den Zweck hat, empirische Leser zu verunsichern oder zu amüsieren, da diese scheinbar ganz unmittelbar aus der fiktiven Welt des Erzählers oder der Figuren heraus angesprochen werden, was natürlich - kommunikationstheoretisch betrachtet - aus heutiger Sicht niemals wirklich der Fall ist. Wenn 'uns' jedoch der Erzähler eines Romanes am Ende eines Kapitels auffordert, jetzt erst einmal in die Küche zu gehen und uns einen Kaffee zuzubereiten, wird heute wohl nur noch ein sehr naiver Leser tatsächlich aufstehen und in die Küche laufen. Der erfahrene Leser wird stattdessen darüber nachdenken, welche Bedeutung der Einsatz von Fiktionsstörungen in einem epischen Text haben könnte. Und der Literaturwissenschaftler weiß das bereits, nutzt die eingesparte Denkzeit und brüht sich doch einen Kaffee auf, sofern die Maschine nicht schon in Benutzung ist ...

Das zentrale Problem bei der *psychologischen* Distanzierung ist die Frage, ob wir eine innenperspektivische Darstellung der Vorgänge in den fiktiven Figuren, aber auch im fiktiven Erzähler und (selten) im fiktiven Leser, vorfinden. Als *innenperspektivisch* gilt hierbei eine explizite Darstellung und Benennung derartiger Vorgänge ('er schämte sich'), während umgekehrt die *außenperspektivische* Präsentation nur die sinnlich wahrnehmbaren, äußeren Geschehnisse und Sachverhalte beinhaltet ('er wurde rot'). Konsequente außenperspektivische Darstellungen sind eher selten, und viele epische Texte bewegen sich in einer Übergangszone zwischen Außen- und Innenperspektive, deren Zustandekommen damit zu erklären ist, daß wir aus bestimmten nonverbalen Kommunikationssignalen (Haltung, Gestik, Mimik usw.) relativ zuverlässige und weitgehende Schlüsse auf das Innenleben der geschilderten Figuren ziehen können. Selbst von einem Hund könnte so z.B. behauptet werden, daß er sich fürchtet, freut, beeilt usw., ohne daß es sich, wenn entsprechende äußere Verhaltensindizien geliefert würden (winselt, wedelt mit dem Schwanz, reißt an der Leine usw.), unbedingt um innenperspektivische Darstellungen handeln müßte. Ein bestimmtes Ausmaß an Innenweltdarstellung wird jedoch vom Leser - wie bereits dargelegt - als Hinweis auf intensivierte Fiktionalität interpretiert.

Relativ leicht zu analysieren sind die *stilistischen* Distanzierungstechniken. In unserem obigen Textbeispiel redet die Figur des Zigarettenholers beispielsweise etwas umgangssprachlicher als der Erzähler (Schimpfwörter). Besonders Soziolekt und Dialekt sind sehr offenkundige Mittel zur Schaffung eines Abstandes und Unterschiedes zwischen fiktiven Erzählern, Figuren und Lesern, doch zuweilen kommt es hierbei auch zu komplizierten Überlagerungseffekten. So ist es einerseits möglich, daß der Individualstil des (idealen) Autors den Redestil der Figuren beeinflußt; plötzlich reden dann Figuren aus den verschiedensten Bildungsschichten im Rilke- oder Fontane-Ton. Und andererseits kann auch die Sprechweise einer bestimmten Figur auf die Diktion des Erzählers abfärben, wodurch der Eindruck entsteht, daß der Erzähler seine Figur zitiert oder zeitweise ihre Sichtweise übernimmt. Prinzipiell können alle in Kap. 1.5 vorgestellten Kategorien der Stilanalyse für die Beschreibung sprachlicher Abstände und Relationen zwischen fiktiven Erzählern, Figuren und Lesern herangezogen werden.

Zuletzt bleibt dann noch die Problematik der *weltanschaulichen* oder ideologischen Distanzierung zu erörtern. In unserem obigen Textbeispiel kritisiert ja sowohl der Ich-Erzähler die Ich-Figur ('was ein großer Fehler war') als auch der auktoriale Erzähler den Zigarettenholer ('Nikotinsucht', 'solche Leute'). Sinn und Zweck derartiger Äußerungen können natürlich nur im Kontext der inhaltlichen Auslegung eines Gesamttextes bestimmt werden. Methodologisch ist jedoch allgemein darauf hinzuweisen, daß auch in diesem Fall zwischen direkten und indirekten Distanzierungsindizien unterschieden werden kann. Zwar gibt es auch Erzähler, die ihre Figuren oder Leser geradeheraus attackieren (oder von ihnen attackiert werden), doch häufig entfaltet sich erst im Verlauf eines Textes der weltanschauliche Rahmen oder ideologische Kontext, aus dem heraus eine bestimmte Figur spricht und handelt. Gerade an Textanfängen gibt es deshalb oftmals subtile Hinweise auf die Haltung und Einstellung der Figuren, wobei von der Wohnungseinrichtung (z.B. Kruzifix an der Wand) bis hin zur Bekleidung (z.B. Ledermantel) allerlei kleine und versteckte Fingerzeige gegeben werden können. Erneut macht dieser Umstand im übrigen deutlich, daß die literaturwissenschaftliche Analyse auch eine hohe soziologische Kompetenz und Unterscheidungsfähigkeit voraussetzt. Wer nicht weiß und erkennt, wie sich eine bildungsbürgerliche von einer besitzbürgerlichen oder kleinbürgerlichen Wohnung unterscheidet, wird entsprechende Signale im Text auch nicht realisieren und adäquat ausdeuten können. Erst recht gilt dies für literarische Werke aus vergangenen Epochen, in denen z.B. manches ein Anzeichen besonderen Reichtums war, was heute als normal und allgemein üblich gilt.

Wie wir insgesamt resümieren können, ist die narrativische Analyse eines Textes ein außerordentlich arbeitsaufwendiges Unternehmen. Will man die Relationen zwischen fiktiven Erzählern, fiktiven Lesern und fiktiven Figuren unter Berücksichtigung aller sechs aufgelisteten Distanzierungsmöglichkeiten systematisch untersuchen, so bedarf es schon bei zehn- oder zwanzigseitigen Erzählungen einer mehrstündigen Bearbeitung und Auswertung. Will man eine schriftliche Hausarbeit oder ein Referat über einen bestimmten Text anfertigen, kann man sich dieser Aufgabe nicht entziehen. Bereitet man jedoch eine normale Seminarsitzung vor, wird man - das ist leider einzuräumen - häufig nicht die Zeit für eine wirklich solide und umfassende narrativische Analyse finden. Es ist deshalb wichtig, durch Einübung allmählich ein Gespür dafür zu entwickeln, welche der Instanzen, Abstände und Relationen in einem bestimmten Fall prägend für die Struktur des Textes sind und welche nicht. Denn natürlich gibt es Texte, in denen der fiktive Leser niemals direkt adressiert wird oder in denen der Erzähler stets ganz im Hintergrund bleibt. Viele Untersuchungsfragen und Analyseaspekte sind dann von vornherein irrelevant und unergiebig, so daß man sich als erfahrener Leser die Arbeit sehr erleichtern kann. Wer allerdings erst wenige epische Texte intensiv studiert hat, sollte die sechs vorgestellten Hauptfragen bei jeder Lektüre eines epischen Textes zumindest im Schnelldurchgang durchlaufen, um kein womöglich zentrales Gestaltungselement zu übersehen.

Zuletzt wollen wir nun noch einige Hauptgattungen der Epik genauer kennenlernen.

Wir beginnen mit dem **Epos** (griech. für 'Wort', 'Erzählung'), einer heute fast ausgestorbenen, aber ehemals weit verbreiteten und hochangesehenen Gattung. Es handelt sich hierbei um lange Erzähltexte in gleichgebauten Versen (oft Hexameter oder Alexandriner) und Strophen, Texte, die man als die großen Geschwister der Balladen und Romanzen bezeichnen könnte. Wie das altorientalische *Gilgamesch-Epos*, die Epen von Homer (*Ilias*; *Odyssee*) und Vergil (*Aeneis*) oder auch die mittelalterlichen Epen (*Beowulf*; *Nibelungenlied*) zeigen, besaß diese - für den öffentlichen Vortrag vorgesehene - Gattung ursprünglich einen ernsten, feierlichen Charakter. Götter und Heroen, Könige und Ritter stehen somit im Zentrum der epischen Handlung, doch schon seit der Renaissance treten derartige Stoffe zurück, und die Unterart des komischen Epos gewinnt stattdessen an Bedeutung. Ernste, traditionelle Epen wie Klopstocks *Messias* oder Goethes *Hermann und Dorothea* verlieren also im 19. und 20. Jahrhundert allmählich an Beliebtheit, während Heines satirische Versepen (*Atta Troll. Ein Sommernachtstraum*; *Deutschland. Ein Wintermärchen*) sowie Wilhelm Buschs komische illustrierte Epen (*Max und Moritz*; *Balduin Bählamm*) weiterhin große Resonanz finden.

Eine Übergangsform zwischen Epos und Roman stellen die **Volksbücher** dar, längere Prosaerzählungen des 15. bis 17. Jahrhunderts, die formal-stilistisch schon weitgehend dem modernen Roman ähneln, die jedoch inhaltlich in vielen Fällen als Prosaauflösungen bekannter Epen (z.B. um den Alexander-Stoff, den Siegfried-Stoff u.ä.) einzustufen sind. Seit dem 16. Jahrhundert gab es auch in dieser Gattung eine Wendung zum Satirisch-Humoristischen, was vor allem so bekannte Werke wie der *Eulenspiegel* oder das *Lalebuch* beweisen. Im 19. Jahrhundert wurden viele Volksbücher von Dichtern oder Philologen einer (v.a. sprachlichen) Neubearbeitung unterzogen; in diesen modernisierten Fassungen gelangten sie in den Kanon der Kinder- und Jugendliteratur, was ihnen bis heute eine gewisse Bedeutung sichert.

Der **Roman** stellt gewiß die heute bekannteste unter den epischen Gattungen dar. Obwohl es auch schon in der Antike (z.B. *Der goldene Esel* von Apuleius), in der frühen Neuzeit (z.B. Jörg Wickrams *Knabenspiegel*) und vor allem im Barockzeitalter (z.B. Grimmelshausens *Simplicissimus*) wichtige Vorläufer und Frühformen gegeben hat, wurde der Roman erst relativ spät, nämlich am Ende des 18. Jahrhunderts, zur dominierenden literarischen Gattung. Anders als das Epos stellt er keine außergewöhnlichen Charaktere, sondern alltäglich-bürgerliche Helden mit nachvollziehbaren Gedanken und Empfindungen in den Mittelpunkt des Geschehens. Ihre Geschichte wird im Roman üblicherweise auf mehreren hundert Buchseiten abgehandelt, wobei jedoch klar erkennbare Kapiteleinteilungen in der Regel eine sinnvolle Portionierung der Lektürearbeit ermöglichen. Die behandelten Themen, Probleme und Konflikte besitzen oft ein hohes Identifikationspotential für breite Leserschichten, und der vergleichsweise leserfreundliche Prosastil fördert ebenfalls die Popularität. Neben den demzufolge besonders erfolgreichen Spielarten des Genres wie z.B. dem Kriminal-, dem Abenteuer- oder dem Heimatroman gibt es jedoch auch eine äußerst anspruchsvolle Romankunst, die maßgeblichen Anteil an der Entwicklung und Verbreitung komplizierterer Erzähltechniken hat (z.B. *Ulysses* von James Joyce, *Manhattan Transfer* von John Dos Passos). Im Hinblick auf das Fortwirken bürgerlicher Ideologie und Ästhetik im demokratisch-pluralistischen Zeitalter ist es von großer Bedeutung, daß Literaturverfilmungen in aller Regel Romanverfilmungen sind und daß generell Filmdrehbücher fast immer romanartige Strukturen aufweisen.

Eine Art Verlegenheitsbegriff ist der Terminus **Erzählung**, der epische Prosatexte von mittlerer Länge bezeichnet, welche zwischen dem Roman und der Kurzgeschichte bzw. anderen Formen der Kurzepik anzusiedeln sind. Obwohl es vermutlich weise wäre, hier keine genaueren Angaben zum Umfang zu liefern, soll doch im Sinne einer Orientierungshilfe erwähnt werden, daß die meisten Romane mehr als 200 und daß die meisten Texte aus dem Bereich der Kurzepik weniger als 20 normale Buchseiten umfassen. Mit Ausnahmen ist zu rechnen. Wie der Roman läßt sich auch die Erzählung aufgrund ihrer Vielgestaltigkeit heute nicht mehr auf bestimmte inhaltliche Erkennungsmerkmale festlegen; es gibt vermutlich kein Thema, das nicht schon einmal in irgendeiner Erzählung (und irgendeinem Roman) behandelt wurde. Eine Sonderform der Erzählung stellt die - allerdings häufig kürzere und deshalb manchmal zur Kurzepik gerechnete - *Novelle* dar, welche stilistisch und kompositorisch etwas genauer definiert ist. Sie thematisiert häufig einen einzigen zentralen Konflikt, der durch eine 'unerhörte Begebenheit' (Goethe), also durch ein relativ unwahrscheinliches Ereignis, ausgelöst oder beigelegt wird. Die Anzahl der Figuren, der Zeitraum des Handlungsgeschehens und die Menge der Handlungsschauplätze sind meistens relativ begrenzt, Wendepunkte des Geschehens treten oftmals auffällig hervor, und das Ende bleibt in der Regel nicht offen. Wohl auch, um die 'unerhörte', allerdings selten rein phantastische zentrale 'Begebenheit' durch Kontrastwirkungen stärker hervorheben zu können, pflegen viele Novellisten einen realistischen Darstellungsstil. Besonders die deutschsprachige Novellistik bedient sich häufig des Kompositionsschemas der *Rahmenerzählung*, bei der eine oder mehrere Novellen von Erzählerfiguren vorgetragen werden, die diese Novellen im Hotel, bei geselligen Zusammenkünften oder bei ähnlichen Gelegenheiten vor anderen zuhörenden Figuren vortragen. Berühmte Beispiele für diesen interessanten Typus einer Erzählung in der Erzählung verkörpern Boccaccios *Decamerone*, Goethes *Unterhaltungen deutscher Ausgewanderten* und E. T. A. Hoffmanns *Serapionsbrüder*.

Allgemein bekannt ist das **Märchen**, und zwar vor allem durch die Sammeltätigkeit der Gebrüder Grimm, die zu Anfang des 19. Jahrhunderts ihre einflußreiche Anthologie der *Kinder- und Hausmärchen* zusammenstellten, mit der die bis dahin wenig beachtete, mündlich tradierte und deshalb anonyme Gattung zu höheren literarischen Ehren gelangte. Verband sich ursprünglich ein patriotisches Interesse an der Kultur des eigenen Volkes mit dieser Gattungsaufwertung, so entdeckten viele bedeutende Schriftsteller schon bald die gestalterischen Potentiale der Märchenform, die vor allem eine zeitgemäße Befreiung der dichterischen Phantasie und damit eine stärkere ontologische Emanzipation ermöglichte. Neben den anonymen Volksmärchen entstanden folgerichtig die hochliterarischen Kunstmärchen, in denen Autoren wie Clemens Brentano, E. T. A. Hoffmann und Hans Christian Andersen die ganze Spielbreite der Phantastik ausnutzten, was sich stilistisch besonders in kommunikationstheoretisch bis heute interessanten Innovationen auf dem Gebiet der Fiktionssteigerung und -störung bemerkbar machte. Kunstmärchen können unter Umständen den Umfang konventioneller Texte aus dem Bereich der Kurzepik deutlich übertreffen und kleine 'Märchenromane' darstellen.

Bei der **Sage** handelt es sich um eine ebenfalls von den Brüdern Grimm und von anderen Autoren der Romantik besonders gepflegte, vom Märchen manchmal nur schwer zu unterscheidende anonyme Gattung. Sagen zielen häufig auf die volkstümlich-mythologische 'Begründung' ungewöhnlicher geschichtlicher Vorgänge oder Naturphänomene ab, wobei sie sich einer einfachen, bildhaft-anschaulichen Sprache bedienen. Zahlreiche Teufelsfelsen, Hexensteine, Spukschlösser u. dgl. haben dementsprechend die Ausbildung von Lokalsagen veranlaßt, in denen irgendeine auffällige Besonderheit des Ortes in nicht-rationaler Weise erklärt wird. Da dieser Erklärungsanspruch ein vormodernes Wirklichkeitsverständnis voraussetzt, sind Sagen ab dem 19. Jahrhundert zwar gesammelt, stilistisch auf-gearbeitet und in Anthologien verbreitet worden, doch eine eigenständige 'Kunstsage' in Analogie zum Kunstmärchen, das als freies Phantasiepro-dukt aufgefaßt werden konnte, hat sich nicht herausgebildet.

Zu hohem künstlerischen Ansehen gelangte hingegen im 19. Jahrhundert die **Anekdote**, mit der in verdichteter Form und mit witzartiger Schluß-pointe ein charakteristischer Wesenszug prominenter historischer Persön-lichkeiten oder allgemein eines Menschen in einer außergewöhnlichen Situation episodisch veranschaulicht werden soll. Obwohl es schon bei Brant, Grimmelshausen oder auch Claudius anekdotische Texte von hoher literarischer Qualität gibt, werden im allgemeinen erst die Anekdoten von Kleist als entscheidender Meilenstein in der Gattungsgeschichte angese-hen. Neben den literaturgeschichtlich entsprechend gewürdigten Texten von Wolfgang Borchert oder Bertolt Brecht gibt es jedoch nach wie vor eine Vielzahl unambitionierterer Anthologien, in denen anonyme oder von unbekannten Autoren stilistisch überarbeitete Anekdoten über Bis-marck, Churchill, Adenauer und ähnliche Persönlichkeiten der Zeitge-schichte versammelt sind.

Längere Anekdoten, in denen keine derartigen historischen Charaktere porträtiert werden, streifen manchmal die Grenze zur **Kurzgeschichte**, die zudem eine enge Verwandtschaft mit (den kürzeren Erscheinungsformen) der Novelle aufweist, von der sie sich inhaltlich vor allem durch das mei-stens offene Ende unterscheidet. Darüber hinaus ist die Kurzgeschichte durch eine stärkere Typisierung der Figuren, einen Verzicht auf die Kon-kretisierung von erzählter Zeit und Handlungsschauplätzen sowie durch gelegentliche Abkehr vom realistischen Erzählstil der Novelle durch Ein-beziehung surreal-phantastischer Elemente gekennzeichnet. Nach 1945 war die Entwicklung der deutschsprachigen Kurzgeschichte stark durch die Tradition der englisch-amerikanischen *short story* geprägt, die als Versuchsfeld für erzählstilistische Neuerungen aller Art bezeichnet wer-den kann, so daß die Kurzgeschichte der Gegenwart eine unübersehbare Fülle unterschiedlichster Erscheinungsformen aufweist. Als Meister der Gattung galten bzw. gelten im deutschsprachigen Raum vor allem Kafka, Borchert, Böll und Aichinger.

Im demokratischen Zeitalter ist die Epik als Siegerin aus der Konkurrenz der drei traditionellen Hauptgattungen hervorgegangen. Im Hinblick auf Verkaufszahlen und Bekanntheitsgrad repräsentiert speziell der im bürgerlichen Zeitalter in seiner heutigen Form erfundene Roman die einzige literarische Gattung, die sich im Wettbewerb mit Spielfilmen oder game shows dauerhaft und nachhaltig behaupten konnte. Gleichzeitig ist der Roman jedoch eine äußerst vielgestaltige Gattung, die sowohl im Hinblick auf Motive und Inhalte als auch unter dem Gesichtspunkt der Ausgestaltung von Erzählsituationen eine unübersehbare Fülle an Erscheinungsformen aufweist. Gerade diese Flexibilität der Gattung, die sich auf literaturwissenschaftliche Definitionschancen natürlich eher ungünstig auswirkt, scheint dabei das Geheimnis ihres Erfolgs auszumachen. Ob die sich allmählich entwickelnde Internet-Literatur den ursprünglich bürgerlichen Roman nur erneuern oder durch eine genuin pluralistische Literaturgattung ersetzen wird, ist deshalb vorläufig nicht abzusehen. Das vielleicht wichtigste Desiderat der Narrativik ist zur Zeit die Erstellung eines Handbuches der Erzählsituationen, in dem in Analogie zu Franks *Handbuch der Strophenformen* eine repräsentative Anzahl von epischen Texten nach den Kategorien von Uspenskij erfaßt und den 100 oder 200 wichtigsten Typen von Erzählsituationen zugeordnet werden müßten.

WICHTIGE BEGRIFFE

empirischer Autor, idealer Autor und fiktiver Erzähler / empirischer Leser, idealer (impliziter) Leser und fiktiver Leser / Narrativik / Zeitgestaltung (Funktion des Tempuswechsels, Präteritum der Fiktion, Erzählzeit und erzählte Zeit) / Erzählsituationen nach Stanzel: Ich-Erzählung (Ich-Erzähler vs. Ich-Figur), auktoriale Erzählung, personale Erzählung / erlebte Rede / innerer Monolog / Dimensionen der Distanzierung nach Uspenskij (zeitlich, räumlich, ontologisch, psychologisch, stilistisch, weltanschaulich) / Gattungen der Epik (Epos, Volksbuch, Roman, Erzählung, Novelle, Märchen, Sage, Anekdote, Kurzgeschichte)

DISKUSSIONSFRAGEN UND ARBEITSAUFGABEN

- Sind Überschriften, Inhaltsverzeichnisse und Klappentexte als Äußerungen des fiktiven Erzählers, des idealen Autors oder des empirischen Autors anzusehen und wenden sie sich an den empirischen, idealen oder fiktiven Leser?
- Wer kommuniziert im Falle von Fiktionsstörungen (z.B. Leseranrede) mit wem?
- Weshalb entstand Ihrer Meinung nach im bürgerlichen Zeitalter ein verstärktes Interesse an neuen Formen der Innenweltdarstellung (z.B. erlebte Rede)?
- Untersuchen Sie zwei oder drei epische Kurztexte Ihrer Wahl im Hinblick auf die sechs Uspenskijschen Dimensionen der Distanzierung!
- Ordnen Sie diese Texte jeweils einer der drei Stanzelschen Erzählsituationen zu!

LITERATURHINWEISE

Genette, Gérard: Die Erzählung. Aus d. Französ. v. Andreas Knop. Mit einem Nachwort hg. v. Jochen Vogt. 2. Aufl. München 1998.
[Wichtigstes Konkurrenzunternehmen zur Konzeption Stanzels; relativ anspruchsvoll.]

Martin, Wallace: Recent Theories of Narrative. Ithaca und London 1986.
[In jeder Hinsicht souveräne und empfehlenswerte Überblicksdarstellung zur Geschichte der Narrativik; leider nicht in deutscher Übersetzung erschienen.]

Petersen, Jürgen H.: Der deutsche Roman der Moderne. Grundlegung - Typologie - Entwicklung. Stuttgart 1999 [Nachdr. d. Aufl. 1991].
[Flott geschriebene Übersichtsdarstellung, in der v.a. die komplizierteren Erscheinungsformen der modernen Romankunst verständlich beschrieben werden.]

Petersen, Jürgen H.: Erzählsysteme. Eine Poetik epischer Texte. Stuttgart u.a. 1993.
[Nach Genette das zweitwichtigste Konkurrenzunternehmen zu Stanzel; leicht verständlich, aber bisher nicht weit verbreitet.]

Stanzel, Franz K.: Theorie des Erzählens. 6., unveränd. Aufl. Göttingen 1995.
[Umstrittenes, aber vielzitiertes Standardwerk, in dem Stanzel seine empirischen Befunde zu systematisieren versucht; als Heranführung an die Narrativik nach wie vor empfehlenswert.]

Stanzel, Franz K.: Typische Formen des Romans. 12. Aufl. Göttingen 1993.
[Klassiker der Narrativik, in dem die drei Erzählsituationen vorgestellt und anschaulich beschrieben werden.]

Uspenskij, Boris A.: Poetik der Komposition. Struktur des künstlerischen Textes und Typologie der Kompositionsformen. Hg. u. nach einer revidierten Fassung d. Originals bearb. v. Karl Eimermacher. Aus d. Russ. übers. v. Georg Mayer. Frankfurt a. M. 1975.
[Verständlich geschriebenes Grundlagenwerk, in dem u.a. die verschiedenen Dimensionen der Distanzierung (außer der ontologischen) näher beschrieben werden.]

2.3 Drama: Die Analyse von Theaterstücken

Das wichtigste Erkennungsmerkmal dramatischer Werke ergibt sich aus der Art ihrer Rezeption. Meistens kommt es zu einer szenisch-plurimedialen Aufführung, die in aller Regel von mehreren oder sogar sehr vielen Personen vorbereitet und realisiert wird. Fiktive Figuren werden hierbei von Schauspielern verkörpert, und zusätzlich werden nicht nur sprachliche, sondern alle Arten von sinnlich wahrnehmbaren Zeichen verwendet. Im akustischen Bereich sind dies v.a. Geräusche und Musik, im optischen v.a. das Bühnenbild, die Kostüme, die Beleuchtung sowie die Bewegungen und die nonverbalen Kommunikationssignale der Figuren. Auch der Tast-, der Geruchs- und der Geschmackssinn können im Prinzip angesprochen sein, wenn z.B. Schauspieler durch die Zuschauerreihen gehen und Hände schütteln, wenn sich eine Figur auf der Bühne parfümiert oder wenn im Kindertheater von der Bühne aus Bonbons ins Publikum geworfen werden. In der Regel spielen derartige Kommunikationssignale jedoch kaum eine Rolle; der Theaterbesucher bekommt also meistens nur etwas zu sehen und etwas zu hören.

Auch dies genügt jedoch schon, um Dramen klar von Gedichten oder Romanen zu unterscheiden, denn beim lauten Vorlesen lyrischer oder epischer Texte vor einem größeren Rezipientenkreis gibt es im Prinzip nichts (Bildhaftes) zu sehen, sondern nur etwas zu hören. Ein Rezitator kann solche Texte allerdings 'dramatisch' interpretieren, d.h. durch Gestik und Mimik, durch den Einsatz von Requisiten u.ä. nicht-akustische Kommunikationssignale hinzufügen. Umgekehrt kann natürlich auch ein Dramentext - etwa zu Lehr- und Lernzwecken - still gelesen werden; selbst wenn es sich hierbei um ein *Lese-* oder *Buchdrama* handelt, das aus technischen, ökonomischen oder anderen Gründen grundsätzlich nicht aufgeführt werden kann, muß der Leser jedoch die plurimediale Struktur des Werkes mitberücksichtigen und - soweit möglich - imaginativ inszenierend nachvollziehen.

Wie sich aus dem Gesagten ergibt, gehört zur literaturwissenschaftlichen Erforschung dramatischer Werke sowohl die Textanalyse als auch die Aufführungsanalyse, wobei letztere einerseits die aufführungsgeschichtliche Untersuchung der bisherigen (bedeutenden) Bühnenrealisationen eines Stückes und andererseits die Erörterung der prinzipiellen Inszenierungsmöglichkeiten, die das Werk bietet, umfaßt. Diese Möglichkeiten werden im Drama hauptsächlich durch den *Nebentext* determiniert, der alles umfaßt, was nicht zum Sprechtext der Figuren, dem sogenannten *Haupttext*, gehört. Häufig ist der Nebentext typographisch vom Sprechtext abgesetzt; er beinhaltet in erster Linie Spiel- und Bühnenanweisungen, wobei es historisch große Schwankungen in der quantitativen Relation zwischen Haupt- und Nebentext gibt. Manche Dramen bestehen fast nur aus Sprechtext, andere beinhalten seitenlange Regieanweisungen, in denen Zimmereinrichtungen oder Kostüme bis ins kleinste Detail beschrieben werden.

Interessanterweise wird Dramenregisseuren und Schauspielern heute eine wesentlich größere Freiheit im Umgang mit ihrer Textvorlage zugebilligt als den Rezitatoren von lyrischen oder epischen Werken. Wenn bei einer Heine-Lesung nicht 'Denk ich an Deutschland in der Nacht', sondern 'Denk ich an die BRD in der Nacht' gesagt würde, hätten gewiß auch und gerade die besten Lyrikkenner unter den Zuhörern wenig Verständnis für eine derartige Abweichung vom Gedichttext. Wenn wir hingegen eine Aufführung von Goethes *Iphigenie auf Tauris* besuchen und auf der Bühne einen Autofriedhof und eine Telefonzelle vorfinden, werden wir als routinierte Theaterbesucher nicht besonders überrascht sein. Während im bürgerlichen Zeitalter die Forderung nach *Werktreue* dominierte, gibt es also in unserer pluralistischen Kultur eine zunehmende Akzeptanz für das moderne *Regietheater*, in dem der Regisseur gleichsam wie ein zweiter Autor fungiert, der den Nebentext und in steigendem Maße auch den Sprechtext eines dramatischen Werkes ignorieren, umstellen und ergänzen darf. Dieser kulturgeschichtlich bemerkenswerte Vorgang ist vom Literaturwissenschaftler nicht zu beklagen, sondern nur präzise zu beschreiben und zu erklären. Weshalb, so ist hierbei zu fragen, dürfen in unserem Zeitalter Dramentexte, nicht jedoch Gedichte oder Romane bei der öffentlichen Präsentation in ihrem Wortlaut verändert werden? Eine mögliche Antwort hierauf könnte sein, daß den fiktiven Figuren in Theaterstücken eher ein autorunabhängiges Eigenleben zugebilligt wird, während Figuren in epischen Texten aufgrund der fühlbaren Präsenz des fiktiven Erzählers und das lyrische Ich aufgrund seiner traditionellen Verwechslung mit dem empirischen Autor gleichsam für stärker autorisiert und 'unberührbar' gehalten werden. Derselbe Regisseur, der *Egmont* oder *Clavigo* ohne Bedenken aktualisierend im Wortlaut verändert, würde also vermutlich bei der Vorbereitung einer Lesung aus den *Wahlverwandtschaften* oder den *Römischen Elegien* sehr darauf achten, daß seine Schauspieler den Originaltext lückenlos und wortgetreu wiedergeben.

Kommunikationstheoretisch ist daran bemerkenswert, daß der Name Goethe im Spielplan dann zweierlei Bedeutung hat. Bei der Ankündigung der Lesung meint er den idealen Autor, der sein Werk gleichsam noch regiert und für den Wortlaut einsteht. Im Falle einer *Egmont*-Ankündigung hingegen verweist der Name Goethe nur noch erinnernd an den empirischen Autor, der sich Eingriffe von seiten heimlicher Koautoren (Regisseur, u.U. auch Schauspieler u.a.) gefallen lassen muß. Da die Zubilligung eines höheren Autorisierungsgrades im Falle von Lyrik und Epik auf kommunikationstheoretischen Irrtümern bzw. auf poetologischen Prämissen des bürgerlichen Zeitalters beruht, ist in der Epoche des Pluralismus à la longue eher mit einer Zunahme nicht-werktreuer, 'dramatisierender' und aktualisierender Lyrik- und Epik-Lesungen als mit werktreueren Drameninszenierungen zu rechnen.

Editionsphilologisch hat die Abkehr vom Prinzip der Werktreue zur Folge, daß Editionen von Dramentexten strenggenommen auch aufführungsgeschichtlich bedeutsame Inszenierungen mit ihren Abweichungen vom Originaltext berücksichtigen müßten. Bisher unterblieb dies, weil Inszenierungen in der Regel ephemere Ereignisse waren, die im Unterschied zu gedruckten Textausgaben nur ein kleines Publikum erreichten und die häufig nicht adäquat dokumentiert waren. Im Zeitalter der elektronischen Medien mit ihren weitreichenden Fixierungs- und Verbreitungsmöglichkeiten gibt es jedoch zahlreiche Inszenierungen, die aufgezeichnet und über das Fernsehen einem Massenpublikum (u.U. in mehrfacher Wiederholung) vorgestellt werden. Es gibt wenig gute Argumente für die editorische Nichtberücksichtigung derartiger Aufführungen, außer wenn rezeptionsgeschichtliche Aspekte von den Editoren prinzipiell für irrelevant gehalten werden. (Bei Romanverfilmungen liegt der Fall etwas anders, da epische Texte von Natur aus nicht plurimedial sind; anders als die Inszenierung eines von vorneherein für die Inszenierung vorgesehenen Dramentextes ist eine solche Verfilmung also mit der Transformation in eine entferntere Gattung und in ein andersartiges Medium verbunden, dessen editorische Berücksichtigung nicht unbedingt zwingend erscheint.)

Bei der Analyse dramatischer Figuren gibt es einige Besonderheiten, die aus der Abwesenheit einer vermittelnden Erzählinstanz und aus der Plurimedialität des Dramas resultieren. Zwar kann der (ideale) Autor z.B. durch die Namensgebung oder durch das Kostüm quasi-auktoriale Hinweise auf die Eigenart einer Figur liefern, doch im wesentlichen müssen die Figuren sich selbst oder wechselseitig dem Zuschauer vorstellen, wobei es direkte und indirekte Möglichkeiten der Charakterisierung gibt. Sicherlich die direkteste Form stellt hierbei der sogenannte *Eigenkommentar* dar, in dem eine Figur - meistens gleich bei ihrem ersten Auftritt - eine explizite Selbstvorstellung liefert. Entweder spricht sie hierbei direkt das Publikum an, wobei ähnlich wie in epischen Texten eher der ideale als der empirische Rezipient gemeint ist, oder sie integriert ihre Selbstbeschreibung in dazu taugliche Szenen. Wenn sich also zu Beginn einer Komödie zwei Reisende in einer Hotelhalle zum ersten Mal begegnen und einander sogleich die wesentlichen Stationen ihrer Lebensgeschichte schildern, handelt es sich um eine dramentypische Technik zur gerafften expositorischen Charakterisierung dieser Figuren für das Publikum.

Die wichtigsten Instrumente der indirekten Figurencharakterisierung sind neben der individuellen Sprechweise (s.u.) vor allem die *Kostüme* und die *Requisiten*, die im sogenannten *Ausstattungsstück* allerdings auch einer bloßen Befriedigung der Schaulust des Publikums dienen können, wenn sie - wie das heute besonders in kommerziellen Musicals der Fall ist - besonders prächtig und zahlreich sind. In Zeiten schrumpfender Kulturetats entdecken jedoch viele Schauspielregisseure nolens volens ihr Herz für abstrakte Bühnenräume, in denen nur wenige und sehr einfache, dafür aber oftmals besonders bedeutungsschwangere Requisiten und Kostüme eingesetzt werden. Frauen in einfachen weißen Kleidern und Männer in schweren schwarzen Mänteln bilden in Kombination mit blutroten Plüschsofas bereits ein vielsagendes Szenario, in dem Worte der Liebe oder des Hasses ein besonderes Gewicht erhalten.

Wesentliche Bedeutung für die Charakterisierung einer Figur hat außerdem ihre Relation zu anderen Figuren, wobei im Drama besonders gute Möglichkeiten zur raumsymbolischen und nonverbalen Veranschaulichung derartiger Beziehungen existieren. Ob eine Figur sich von einer anderen immer fernhält oder ihre Nähe sucht, ist also genauso deutungsrelevant wie z.B. ihre Gestik und ihr Mienenspiel bei Auftritt und Abgang dieser anderen Figur. Prinzipiell könnten derartige Informationen über interfigurale Relationen auch vom fiktiven Erzähler eines Romans geliefert werden, doch kann hierbei ein komplexes Beziehungsgeflecht zwischen mehreren an einem Schauplatz anwesenden Figuren kaum in ähnlicher Sinnfälligkeit und mit ähnlicher Geschwindigkeit wie im Drama geschildert werden. Die zusätzliche Vermittlung optischer Informationen macht das Drama zur literarischen Hauptgattung mit der höchsten Informationsdichte. Übrigens tritt hierbei ein Problem auf, das in ähnlicher Form auch bei Romanverfilmungen existiert. Selbst bei sehr umfangreichen Bühnenanweisungen im Nebentext ist es einem Dramenautor in der Regel nicht möglich, jedes Detail der Kostüme oder des Bühnenbildes im vorhinein festzulegen. Auch bei (heute ohnehin unzeitgemäßem) absolutem Willen zur Werktreue ist es deshalb für den Regisseur unvermeidlich, Einzelheiten der Ausstattung nach eigenem Gutdünken zu ergänzen. Diese Einzelheiten charakterisieren aber fast zwangsläufig die betroffenen Figuren und ihren Lebensraum, was für die Werkauslegung natürlich nicht ohne Folgen bleibt.

Im Hinblick auf stilistische Eigenarten der Kommunikation im Drama sind besonders der Monolog, der Dialog und das Beiseitesprechen zu erwähnen. Der *Monolog* stellt hierbei eine besonders auffällige Sonderform der Figurenrede dar, da er kein direktes Pendant in natürlichen Kommunikationssituationen besitzt. Zwar gibt es im Alltag entfernt ähnliche Phänomene wie z.B. das Selbstgespräch, doch erreichen derartige Äußerungen niemals die innere Geschlossenheit und sprachliche Raffinesse dramatischer Monologe. Gerade die Tatsache, daß viele Autoren des Realismus und des Naturalismus dem Monolog ablehnend gegenüberstanden, macht deutlich, daß es sich hierbei um eine besonders artifizielle, 'unrealistische' oder 'unnatürliche' Äußerungsform handelt, die aber umgekehrt gerade deshalb in positivem Sinne als hochkünstlerisch und anspruchsvoll gelten kann. Tatsächlich kommt dem Monolog in vielen kanonischen Dramen der Weltliteratur eine herausragende Rolle zu; Hamlet und Faust geben die wichtigsten Facetten ihres Inneren in berühmt gewordenen, teilweise recht umfangreichen Monologen preis, die bis heute für jeden Schauspieler eine besondere Herausforderung darstellen. Da sie überwiegend der unmittelbaren Unterrichtung des (idealen) Rezipienten über das Denken und Empfinden zentraler Figuren dienen, können Monologe als funktionelle Äquivalente zu den aus Romanen bekannten Figurencharakterisierungen durch auktoriale Erzähler aufgefaßt werden. Da es im Drama keine Instanz gibt, die mit der Glaubwürdigkeit eines derartigen Erzählers über das Innenleben der Figuren informieren könnte, müssen diese Figuren selbst dafür sorgen, daß der Rezipient durch ihre Monologe Einblick in ihre eigentlichen, wahren, geheimen Gedanken und Empfindungen erhält. Mit der *Regiefigur*, wie sie uns etwa bei Brecht häufiger als 'Ausrufer', 'Sänger' o. dgl. begegnet, haben neuere Autoren allerdings eine dem fiktiven Erzähler im Roman sehr ähnliche Instanz geschaffen, die - in der Art von spielexternen Prolog- oder Epilogfiguren - das Verhalten der Dramengestalten kommentieren und explizit erklären kann.

Eng verwandt mit dem Monolog ist das sogenannte *Beiseite*, bei dem eine Figur kurz monologisiert, obwohl sie - anders als im eigentlichen Monolog - nicht alleine auf der Bühne ist. Möglich ist dies, weil die übrigen Figuren das Beiseite nicht hören bzw. nicht zu hören scheinen, so daß nur das Publikum über die im Beiseite formulierten Gedanken oder Gefühle des Sprechenden unterrichtet wird. Einen speziell in der Komödie häufiger zu findenden Sonderfall stellt hierbei das *Beiseite ad spectatores* dar, das mit einer Fiktionsstörung einhergeht. Die sprechende Figur wendet sich hierbei bewußt an den (fiktiven) Zuschauer, und die übrigen anwesenden Figuren scheinen dies ebenfalls nicht zu hören.

Der dramatische *Dialog* schließlich unterscheidet sich vom Zwiegespräch der Epik häufig durch den schnelleren Wechsel der Figurenrepliken und durch die Möglichkeit zur Einbeziehung mehrerer Gesprächspartner (sog. 'Mehrgespräch'). Während der Leser epischer Texte an solchen Stellen - besonders im Fall des 'Stimmengewirrs' - schnell den Überblick darüber verlieren kann, welche Figur nun eigentlich was sagt, hat der Theaterbesucher die betreffende Figur direkt vor Augen und benötigt keine zusätzlichen Inquit-Formeln, deren unvermeidliche Wiederholung im Roman leicht zu einer gewissen Eintönigkeit führen kann (A sagte, B erwiderte, C sagte, A antwortete usw.). Längere Dialoge und Mehrgespräche wirken im Drama deshalb häufig lebendiger als im Roman, wenngleich es natürlich auch Meister der epischen Gesprächsdarstellung wie z.B. Fontane gibt, die berühmte und farbige Dialogszenen in ihre Werke integriert haben. Echte Mehrgespräche sind jedoch selbst bei Fontane eine Ausnahme; meistens handelt es sich um dicht aufeinanderfolgende Kurzdialoge, bei denen eine (Haupt-) Figur der Reihe nach mit mehreren Tischgenossen, Festgästen o.ä. spricht. Häufiger als in der Epik begegnet uns im Drama auch die Technik des Ins-Wort-Fallens, die den Eindruck gesteigerter Lebhaftigkeit und Spontaneität vermittelt.

Besondere Bedeutung hat diese Technik bei Versdramen, in denen eine angefangene Verszeile von der ins Wort fallenden Figur korrekt komplettiert wird (sogenannte *Hemi-Stichomythie*). Besonders in Fällen, in denen die unterbrechende Figur nicht widerspricht, sondern dem Unterbrochenen quasi die Worte aus dem Mund nimmt, kann sich hierdurch ein intensivierter Eindruck von Harmonie und Übereinstimmung ergeben. Wird hingegen die Verszeile nicht korrekt zuende geführt, kann dies umgekehrt ein aufschlußreiches formales Indiz für eine gedankliche oder emotionale Nichtübereinstimmung der sprechenden Figuren sein. Seit Realismus und Naturalismus sind Dramen mit metrisch gebundenem Sprechtext in der deutschsprachigen Literatur allerdings in der Minderzahl. Abgesehen von wenigen Ausnahmen wie z.B. Hofmannsthal oder (z.T.) Hauptmann lassen moderne Dramenautoren ihre Figuren in alltagsnah-'realistischer' Prosa sprechen. Bis ins 18. Jahrhundert galten hingegen bestimmte Verszeilen als nahezu obligatorisch für die dramatische Dichtung. In der Frühen Neuzeit war dies zunächst der *Knittelvers*, ein vierhebiger Vers in Paarreimstellung, dessen Senkungszahl variiert werden konnte, so daß sich häufig ein unregelmäßiger, holpriger Rhythmus ergab. Opitz ersetzte ihn durch den Alexandriner, der wiederum seit Lessing, Schiller und Goethe durch den *Blankvers* verdrängt wurde, einen von Shakespeare her bekannten jambischen Fünfheber ohne Reimbindung, der im deutschsprachigen Drama des 19. Jahrhunderts dominierte. Mehr und mehr setzte sich jedoch die Prosaform durch, die dann im 20. Jahrhundert eindeutig vorherrschte:

Knittelvers => Alexandriner => Blankvers => Prosa

Von großer Bedeutung ist im Falle des Dramas sehr häufig die Analyse des *Handlungsverlaufs*. Dies ergibt sich ohne weiteres aus der besonderen Rezeptionssituation des Publikums. Denn einerseits sollen im Drama durchaus komplexe, verwickelte, vielschichtige Geschehensabfolgen präsentiert werden, andererseits jedoch muß der Zuschauer die Handlung bei nur einmaliger und kaum unterbrochener Präsentation sofort durchschauen und verstehen können. Anders als beim Roman gibt es hier ja keine Möglichkeit zur selbstbestimmten Unterbrechung des Rezeptionsvorganges, auch ein Zurückblättern o. dgl. ist nicht möglich. Diese besondere Situation ist von unmittelbarem Einfluß auf die Gestaltung der Zeit, des Raumes, der Komposition und der Segmentierung des Dramas.

Was zunächst die Zeitstruktur des Dramas betrifft, so stoßen wir hierbei, auch in der Gegenwartsliteratur, bedeutend seltener auf eine anachronische oder achronische Darstellungsweise als im Roman. Zuweilen gibt es größere Zeitsprünge ('zwei Jahre später'), doch selbst dann wird in aller Regel die natürliche Abfolge der Geschehnisse nicht durchbrochen. Die v.a. von Gottsched geforderte weitgehende Kongruenz von gespielter und Spielzeit ('Einheit der Zeit') gilt zwar schon seit Lessing nicht mehr als obligatorisch, doch vom Prinzip der chronologischen Darstellung rücken nur wenige Dramenautoren ab.

Ähnliche Vereinfachungen gelten auch für die Raumstruktur im Drama, wobei zu den rezeptionspsychologischen auch noch technische und ökonomische Restriktionen hinzutreten. Während ein Romanautor von Kapitel zu Kapitel zwischen Städten, Kontinenten oder sogar Galaxien hin und her wechseln kann, ist dies für den Dramenautor nur in eingeschränkterem Maße möglich. Wo es dennoch zu relativ häufigen Schauplatzwechseln kommt, behilft man sich in der Regel mit abstrakten, also nicht konkretisierten Bühnenräumen, bei denen neben einzelnen Requisiten vor allem sprachliche Lokalisierungstechniken dafür sorgen, daß der Zuschauer den jeweiligen Schauplatz 'erkennt', d.h. imaginativ realisiert.

Drei spezielle Darstellungsmittel sind außerdem in diesem Zusammenhang zu erwähnen. Die *Wortkulisse* beinhaltet im Unterschied zur impliziten, im Sprechtext enthaltenen Regieanweisung verstehensrelevante Informationen über den Schauplatz, ohne daß diese Informationen vom Bühnenbildner realisiert werden. So kann sich eine Figur z.B. über ein Bild oder eine Statue in einem Zimmer äußern, ohne daß Bild oder Statue unbedingt auf der Bühne vorhanden sein müßten. Soll hingegen in einer Kriminalkomödie später jemand mit dieser Statue erschlagen werden, muß sie tatsächlich auf der Bühne präsent sein, auch wenn sie im Nebentext vielleicht gar nicht erwähnt wird. Shakespeare z.B., zu dessen Zeiten abstrakte Bühnenräume üblich waren, hat häufig mit dem Mittel der Wortkulisse gearbeitet. In Shakespeare-Verfilmungen oder ausstattungsreichen Shakespeare-Inszenierungen kann es deshalb manchmal zu störenden Redundanz-Effekten kommen, wenn Requisiten verwendet werden, deren Nichtvorhandensein offenbar von den Figuren, die sie beschreiben oder sonstwie thematisieren, unterstellt wird. Das zweite zu erwähnende Darstellungsmittel ist die sogenannte *Mauerschau (Teichoskopie)*, bei der Geschehnisse im *off stage* (Lokalität außerhalb des gerade auf der Bühne gezeigten Handlungsschauplatzes) von einer dorthin spähenden Figur reportageartig vermittelt werden. In Kleists *Penthesilea* beschreibt so z.B. eine Amazone eine spannende Streitwagenwettfahrt in hügeligem Gelände zwischen der Titelheldin und ihrem Widersacher Achilles. Offenkundig wäre es technisch fast unmöglich, derartiges wirklichkeitsnah zu inszenieren, so daß hier zum Hilfsmittel der Teichoskopie gegriffen werden mußte. Zusätzlichen Gewinn im Hinblick auf die Zeitraffung bringt häufig der damit verwandte *Botenbericht* mit sich. Hierbei schildert eine (Neben-) Figur Geschehnisse, die sich zuvor an anderen, unter Umständen weit entfernten Schauplätzen ereignet haben und die nun in zeitsparender Zusammenfassung nacherzählt werden. Nicht selten greifen Autoren ferner zu diesem Kunstmittel (oder zur Technik der Mauerschau), wenn skandalöse Vorgänge (Kindstötung, Tierquälerei u.ä.) darzustellen sind, deren szenische Präsentation auf der Bühne eine für das jeweilige Publikum unakzeptable Tabuverletzung bedeuten würde. Insgesamt können Wortkulisse, Mauerschau und Botenbericht als Hilfsmittel aufgefaßt werden, die (u.a.) eine Verringerung der erforderlichen Anzahl von Schauplatzwechseln ermöglichen. Sie tragen damit vielfach zu einer Verminderung der Rezeptionsschwierigkeiten bei, so daß trotz Lessings wirkungsmächtiger Kritik am klassizistisch-aufklärerischen Prinzip von der Einheit des Ortes (Beibehaltung eines einzigen Schauplatzes) selbst in vielen modernen Dramen des Naturalismus, des absurden Theaters, des Neorealismus u.a. de facto eine Beschränkung auf ganz wenige Schauplätze festzustellen ist.

Nicht ohne Bedeutung für die Schauplatzgestaltung ist hierbei auch die Bühnenform und -technik, die im Verlauf der Jahrhunderte einschneidenden Veränderungen unterlag. So wurde in der Antike unter freiem Himmel in Amphitheatern gespielt, das Mittelalter kannte den von Zugtieren bewegten Theaterwagen, der oftmals in der Mitte städtischer Plätze aufgeschlagen wurde, und das Theater der Shakespearezeit wurde auf einer nach drei Seiten hin offenen Bühne aufgeführt. Erst im bürgerlichen Zeitalter setzte sich dann die bis heute dominierende Form der *Guckkastenbühne* durch, die einen geschlossenen Raum zeigt, dem nur eine einzige Wand fehlt. Die Bühne erscheint hierdurch fraglos viel stärker als z.B. im mittelalterlichen Theater wie eine eigene abgeschlossene Sphäre; der Fiktionalitätsgrad des Dargestellten wird also tendenziell erhöht und stärker bewußt gemacht. Neuere Theaterformen wie das Happening, das Straßentheater u.ä. zielen demgegenüber auf eine Durchbrechung der damit gegebenen Grenzen zwischen Spiel und Wirklichkeit ab.

Das dritte zu erwähnende Gestaltungsmittel zur Vereinfachung der Handlungsführung ist die häufig relativ schematische *Kompositionsstruktur* dramatischer Werke. Schon Horaz hatte eine Untergliederung des Handlungsgeschehens in fünf Hauptabschnitte gefordert, und noch im 19. Jahrhundert wurde in Gustav Freytags einflußreicher Schrift *Die Technik des Dramas* (1863) eine dementsprechende Aufteilung in fünf Akte gefordert, wobei der erste eine Exposition, der zweite eine Entfaltung des dramatischen Grundkonfliktes, der dritte einen Höhepunkt, der vierte eine Handlungswende und der fünfte die (komische oder tragische) Auflösung des Konfliktes enthalten sollte. Die Unterteilung des Dramas in Akte und in Szenen (letztere sind in der Regel durch Konfigurationsveränderungen voneinander abgegrenzt) dient also anders als in der Epik nicht primär einer Segmentierung in sinnvolle Lektüre- bzw. Rezeptionsportionen, sondern einer inneren kompositorischen Logik, die im Sinne einer plausiblen Vorstrukturierung das Handlungsgeschehen faßlicher machen soll. Dramen der Gegenwart machen zwar seltener vom Fünfaktschema Gebrauch, doch auch sie weisen häufig einen strukturell ähnlichen Handlungsverlauf oder Spannungsbogen auf. Selbst im Falle des von Büchner, Strindberg oder Brecht her bekannten *Stationendramas*, das anstelle der festen 5-Akte-Struktur nur eine lockere Abfolge voneinander unabhängiger Einzelszenen aufweist, finden sich nicht selten zu Beginn expositorische Elemente und im weiteren Verlauf Spannungsbögen und Handlungsverläufe, die der von Freytag beschriebenen Kompositionsstruktur nahekommen. Natürlich gibt es aber auch, speziell im experimentellen Theater, Alternativformen, die von diesem Schema radikal abweichen. Irritationen der Zuschauer (soweit es sich nicht um Philologen handelt) sind dann vorprogrammiert und häufig sogar bewußt anvisiert, damit die beschriebenen Restriktionen in puncto Zeit-, Raum- und Kompositionsstruktur nicht durch eine dauernde Bestätigung diesbezüglicher Publikumserwartungen à la longue zementiert werden.

Allerdings ist es schwer zu sagen, bis zu welchem Grad die genannten Restriktionen aus überholten, veränderungsbedürftigen und veränderbaren Konventionen und bis zu welchem Grad sie aus unabänderlichen Begrenzungen der Aufnahme- und Verständniskapazität des Publikums resultieren. Versuche zur innovativen Durchbrechung unzeitgemäßer Theaterkonventionen werden jedenfalls schnell als Anmaßung empfunden und abgelehnt, wenn sie sich über das Literatur- und Theaterverständnis durchschnittlich gebildeter Theaterbesucher - sei es aus unreflektiertem Bildungsdünkel oder aus wohlbegründetem Innovationsdrang - leichtfertig hinwegsetzen. Auch unter rezeptionssoziologischen Gesichtspunkten ist das aufwendige und kostspielige Drama also heikler als Lyrik und Epik. Eine lange geprobte und aufwendige Inszenierung, die nach zwei Wochen vom Spielplan abgesetzt werden muß, führt ökonomisch zu größeren Verlusten als ein erfolgloser Gedicht- oder Novellenband, von dem nur ein paar Dutzend Exemplare verkauft werden. Vor allem aber ist es vom künstlerischen und kulturpolitischen Standpunkt aus unbefriedigend, wenn vor hochsubventionierten leeren Rängen ein zeitgemäßes, innovatives und avanciertes Theater präsentiert wird, während das anvisierte Publikum in entfernte Städte reist, um überteuerte Musicalaufführungen zu beklatschen, in denen aus kommerziellen Interessen die Ästhetik des Ausstattungsstückes und vielfach auch die bürgerliche Ideologie des 19. Jahrhunderts unbekümmert fortgeschrieben werden. Stärker als andere Literaturformen unterliegt das Drama also dem Zwang, sein Publikum dort 'abzuholen', wo es tatsächlich steht. Wirksame Kunst fängt dann an, wo es gelingt, nicht an diesem Ort stehenzubleiben, sondern das Publikum mit dorthin zu nehmen, wo es heute stehen sollte. Wer letzteres selbst nicht weiß oder wissen will, findet in Musical und Volkstheater sein Betätigungsfeld. Für wen dagegen das 'Abholen' unter seiner Würde oder unter seinen Möglichkeiten liegt, der ist am besten bei nicht-kommerziellen Amateur-, Liebhaber- und Studiobühnen aufgehoben.

Wir wollen uns nun einen Überblick über die wichtigsten Gattungen des Dramas verschaffen, soweit sie in der deutschsprachigen Literatur Resonanz fanden.

Zunächst ist hierbei die **Tragödie** zu erwähnen, die unsere gesamte Dramentradition maßgeblich beeinflußte, obwohl sie aus ganz 'unliterarischen', halb-religiösen Zusammenhängen hervorging. Rituell-magische und kultische Praktiken führten seit dem 8. Jh. v. Chr. in Griechenland zur Ausbildung einer festen Vortrags- und Aufführungsform, bei der zunächst nur ein Chor agierte; er besang Ereignisse aus dem Leben des Dionysos oder anderer Götter und Heroen. Vermutlich bei Thespis trat ein erster, später bei Aischylos ein zweiter und bei Sophokles ein dritter Schauspieler hinzu, so daß Dialoge und die szenische Präsentation einer Spielhandlung ermöglicht wurden. Schon im 6. Jahrhundert wurde der ursprünglich improvisierte und jedesmal variierte Text (vermutlich durch Arion aus Methymna) fixiert sowie rhythmisch-metrisch durchgeformt und vereinheitlicht. Teilweise schon bei Sophokles, deutlicher noch bei Euripides tritt der kultisch-religiöse Inhalt in den Hintergrund. Bereits bei

Aristoteles soll der Held der Tragödie ein in moralischer Hinsicht durchschnittlicher Mensch sein, der aufgrund einer halb schuldhaften und halb nicht-schuldhaften Verfehlung (*hamartia*) ins Unglück gestürzt wird. Der Nachvollzug seines Schicksals läßt nach Aristoteles im Zuschauer einen *Katharsis*-Effekt entstehen, der im Sinne einer kultisch-rituellen Reinigung von schädlichen Affekten wirkt und der damit noch ganz eindeutig die religiösen Funktionen der ursprünglichen Tragödie besitzt. Insgesamt bleibt die antike griechische Tragödie eine literarische Form, die inhaltlich strenggenommen nur aus ihrem besonderen Entstehungszusammenhang und aus ihrem spezifischen mentalitätsgeschichtlichen Kontext heraus gedeutet werden kann. Die später von Horaz geforderte und in der Tragödie Senecas praktizierte Aufteilung nach dem Fünfakteschema beförderte jedoch eine gewisse Verselbständigung der nunmehr festgefügten literarischen Form, die sich jetzt auch anderen Inhalten und Wirkungsabsichten öffnete. Nach einer langen Zeit der weitgehenden Vernachlässigung im Mittelalter wurde in der Renaissance, die sich auf das antike Erbe zurückbesann, ein neuer Aufschwung der Gattung eingeleitet. Das Humanistendrama des 16. Jahrhunderts und die barock-klassizistischen Dramen des 17. Jahrhunderts (franz. *haute tragédie*) übernehmen die gestalterischen Elemente der antiken Tragödie, füllen diese Form jedoch mit neuen Inhalten. Die Gattungsdefinitionen von Aristoteles und Horaz werden einer aktualisierenden Umdeutung unterzogen, so daß nur noch Personen von hohem Stand als würdige Helden einer Tragödie erscheinen. Der Katharsis-Effekt wird im Sinne einer Erziehung zum stoischen Ideal der Gemütsruhe (*ataraxia* bzw. *constantia*) interpretiert. Mit Beginn des bürgerlichen Zeitalters fallen jedoch diese Restriktionen. Lessing begründet das *bürgerliche Trauerspiel*, in dem die Ständeklausel keine Geltung mehr besitzt, er ersetzt die im Barock üblichen Alexandriner durch Prosa, und er liefert eine Neuinterpretation des Katharsis-Begriffes, die sich allerdings noch weiter von Aristoteles entfernt als die barocke Umdeutung. Furcht und Mitleid (eigentlich 'Schauder' und 'Jammer') sind Affekte, von denen sich der Zuschauer nach Lessing nicht befreien soll, sondern die mit Hilfe des Dramas zu verfeinern sind, so daß eine moralische Läuterung und Sensibilisierung durch Identifikation mit den tragischen Figuren stattfinden kann. Von den kultisch-rituellen Anfängen der Tragödie hat sich dieses bürgerliche Gattungsverständnis offenkundig weit entfernt, was weniger gegen die Geschichtskenntnis des auch als Altertumsforscher hervorgetretenen Lessing als vielmehr für die

Wandlungsfähigkeit der antiken Gattung spricht, die in der Form des Schicksalsdramas und der Geschichtstragödie im ganzen bürgerlichen Zeitalter großen Widerhall fand. Trotz vereinzelter Versuche (O'Neill, Hauptmann) konnte die Tradition der Tragödie dagegen im demokratisch-pluralistischen Zeitalter mit seinem Glauben an die Veränderlichkeit des Menschen und der Welt im allgemeinen nicht mehr weitergeführt werden und ist seither nahezu ausgestorben. Tragödieninszenierungen im modernen Regietheater sind folgerichtig fast niemals werktreu.

Als direktes Gegenstück zur Tragödie kann die **Komödie** aufgefaßt werden, die möglicherweise ebenfalls aus dem Dionysos-Kult stammt. Formal ähnlich strukturiert wie ihre ernstere Schwester, wendet sich die Komödie seit ihren Anfängen bei Aristophanes und Menander mit den Mitteln des Humors, des Spottes und der übertreibenden Satire kritisch gegen Mißstände in Politik und Gesellschaft sowie gegen charakterliche und moralische Schwächen des Menschen. Römische Autoren wie Plautus und Terenz führen die griechische Tradition der Gattung fort, bevor im Mittelalter volkstümlichere Dramenarten wie z.B. das Fastnachtsspiel oder die Farce an ihre Stelle treten. Mit der Renaissance beginnt eine Rückbesinnung auf die antike Form, die dann über England, Spanien und Frankreich auch den Weg nach Deutschland findet, wo sie zunächst in der Spielart der aufklärerischen *Sächsischen Typenkomödie* erscheint. In Übereinstimmung mit den klassizistischen Dichtungsregeln Gottscheds (Alexandriner, drei Einheiten, Ständeklausel) setzt diese schrullige Negativcharaktere, die bestimmte Untugenden wie Geiz, Lügenhaftigkeit o.ä. verkörpern, dem Spott der Zuschauer aus, die ihr eigenes Fehlverhalten darin wiedererkennen und sich davon befreien sollen. Mit Lessings *Minna von Barnhelm* und den Komödien Heinrich von Kleists gelingt der Durchbruch zu einer komplexeren Form, die jedoch schon im 19. Jahrhundert zugunsten verschiedener Sonderformen wie der Konversationskomödie, der Boulevardkomödie oder der Kriminalkomödie aufgegeben wird. Bei diesen Sonderformen handelt es sich einerseits häufig um volkstümliche, zuweilen auch triviale Unterarten der Gattung, die nur selten Eingang in den bürgerlichen Literaturkanon fanden. Andererseits kam es wiederholt zu einer Vermischung mit 'ernsteren' Dramengattungen, was die Ausbildung der Tragikomödie, der Groteske oder der engagierten politischen Komödie beförderte. Die deutschsprachigen Länder gelten bis heute weithin als komödienarm, da sie einem Gogol, Cechov, Shaw usw. - ganz zu schweigen von Shakespeare, Calderón oder Molière - kaum je-

manden an die Seite stellen können. Gleichwohl haben Autoren wie
Schnitzler (*Komtesse Mizzi*), Hofmannsthal (*Der Schwierige*), Hauptmann
(*Der Biberpelz*) oder Dürrenmatt (*Romulus der Große*) einzelne Werke
geschaffen, die dem Vergleich mit Klassikern der internationalen Komö-
dienliteratur standhalten.

Populärer Seitenzweig der im Deutschen oft auch als 'Lustspiel' bezeichneten Komödie ist das **Volksstück**, das vor allem in der ersten Hälfte des
19. Jahrhunderts in Gestalt der Wiener Lokalpossen Ferdinand Raimunds
(*Der Alpenkönig und der Menschenfeind*) und Johann Nepomuk Nestroys
(*Einen Jux will er sich machen*) große Beliebtheit erlangte und das an bestimmten Bühnen wie z.B. dem Hamburger Ohnesorg-Theater oder dem
Kölner Millowitsch-Theater bis heute erfolgreich gepflegt wird. Das begrenzte Themenspektrum, die übersichtliche Konfiguration, die simple
Raum- und Zeitstruktur, die alltäglich-verständliche Sprache und das ob-
ligatorische happy ending sichern dieser Dramenform einen anhaltenden
Erfolg. Didaktisch-volkserzieherische Intentionen haben anerkannte Autoren wie Ludwig Thoma (*Moral*), Ödön von Horváth (*Kasimir und Ka-
roline*) oder Franz Xaver Kroetz (*Stallerhof*) dazu veranlaßt, einzelne
Elemente des breitenwirksamen Volksstückes in ihre - manchmal eher
tragischen - Dramen zu integrieren.

In den Bereich der dramatischen Gattung fällt auch das **Libretto**, also das
Textbuch einer Oper, einer Operette, eines Musicals usw. Zu Beginn seiner Entwicklung, d.h. bei Erfindung der Oper im späten 16. Jahrhundert,
hatte das Libretto zunächst relativ große Bedeutung. Es wurde dann jedoch oft als bloßes Beiwerk zur für wichtiger gehaltenen Musik aufgefaßt, so daß selbst prominenteste Werke der Operngeschichte vielfach auf
sehr simplen und literarisch wertlosen Libretti basieren. Während Lort-
zing, Wagner, Hindemith, Schönberg und andere Komponisten mit wech-
selndem Erfolg ihre Libretti selbst verfaßten, kam es dann im 20. Jahrhundert zu bedeutsamen Kooperationen von anerkannten Komponisten
und Autoren (z.B. Hofmannsthal und R. Strauß, Brecht und Weill, Bachmann und Henze). Während diese anspruchsvolleren Exemplare der Gattung inzwischen einigermaßen gut erforscht sind, haben die Textbücher
von Operetten und Musicals in der Literaturwissenschaft bisher kaum Beachtung gefunden.

Zuletzt ist hier schließlich noch das **Hörspiel** zu erwähnen, das eine
Mischform darstellt, da es zwar die gattungstypische szenische Präsentation durch Schauspieler (Sprecher), nicht aber die für Dramen ebenfalls

charakteristische Plurimedialität aufweist. Ob das Fehlen optischer Signale wie bei Eich oder Bachmann durch Konzentration auf die Innenweltdarstellung und durch besonders plastische und suggestive Schau-
platzschilderungen ausgeglichen werden soll oder ob sich das Hörspiel
ausschließlich als eine 'akustische Kunst' verstehen muß, wie es die
Vertreter des 'Neuen Hörspiels' (Wolf Wondratschek, Ferdinand Kriwet
u.a.) Ende der 60er Jahre forderten, ist bis heute umstritten. Neben abstrakten Hörcollagen aus Sprache, Geräuschen und Musik existieren in
der Gegenwart traditionelle und breitenwirksame Formen wie v.a. das
Kriminalhörspiel, das im Sinne der traditionelleren Konzentration auf Innenweltdarstellungen häufig die Grenze zu jenen psychologischen Krimi-
nalerzählungen streift, in denen es weniger um spannende Handlungsab-
folgen als vielmehr um die feinsinnige Ergründung des Seelenlebens von
Opfern und Tätern geht.

Abschließend ist noch darauf hinzuweisen, daß die in den letzten Jahrzehnten vollzogene Begründung und institutionelle Etablierung einer eigenen, von der Literaturwissenschaft weitgehend unabhängigen Theaterwissenschaft weniger philologisch-sachlichen als vielmehr pragmatischen
Erwägungen zuzuschreiben ist. Die Ausübung eines Theaterberufes erfordert u.a. ökonomische, juristische und musikgeschichtliche Zusatz-
kenntnisse, die in den traditionellen philologischen Studiengängen nicht
vermittelt werden. Darüber hinaus setzt die aufgrund technischer Fortschritte immer praktikabler werdende Aufführungsanalyse den Aufbau
kostspieliger eigener Film-, Video- und Tonarchive voraus, die von den
philologischen Instituten mit ihren ohnehin gekürzten Bibliotheksmitteln
nicht aufgebaut und unterhalten werden können. Wer also spezielles Interesse an der Dramengattung hat und unter Umständen einen Theaterbe-
ruf ergreifen möchte, sollte in Ergänzung zu einer Philologie Theaterwis-
senschaften belegen und deshalb in Berlin, Bochum, Greifswald, Köln,
München oder an einer anderen der inzwischen zahlreichen Universitäten
studieren, die dieses Studienfach anbieten.

WICHTIGE BEGRIFFE

Plurimedialität / Lesedrama / Text- und Aufführungsanalyse / Haupt- und Nebentext / Regietheater und Werktreue / Eigenkommentar / Kostüme, Requisiten / Ausstattungsstück / Monolog / Beiseite und Beiseite ad spectatores / Dialog und Mehrgespräch / Hemi-Stichomythie /

Knittelvers / Blankvers / Vereinfachungen der Zeitstruktur (Beibehaltung der Chronologie), der Raumstruktur (Wortkulisse, Mauerschau, Botenbericht), der Kompositionsstruktur und der Segmentierung (Fünf-Akte-Schema, Stationendrama) / wichtige Gattungen: Tragödie (hamartia, Katharsis; Bürgerliches Trauerspiel), Komödie (Sächsische Typenkomödie), Volksstück, Libretto, Hörspiel / Literatur- und Theaterwissenschaft

DISKUSSIONSFRAGEN UND ARBEITSAUFGABEN

- Was spricht für und was spricht gegen eine Abkehr vom Prinzip der werktreuen Drameninszenierung?
- Wodurch unterscheiden sich im einzelnen der Monolog, das Beiseite und das Beiseite ad spectatores?
- Suchen Sie Beispiele für Wortkulisse, Mauerschau und Botenbericht und erörtern Sie die Funktion dieser Passagen in ihrem konkreten Kontext!
- Erörtern Sie die Funktionen der Textsegmentierung im Stationendrama!
- Informieren Sie sich über die Unterschiede zwischen Literatur- und Theaterwissenschaft!

LITERATURHINWEISE

Asmuth, Bernhard: Einführung in die Dramenanalyse. 5., aktualis. Aufl. Stuttgart 1997. [Verständliche Erklärung aller wichtigen Analysekategorien.]

Brauneck, Manfred: Die Welt als Bühne. Geschichte des europäischen Theaters. 3 Bde. Stuttgart 1993ff. [Umfassende Darstellung der Gattungsgeschichte mit zahlreichen Illustrationen, die auch über den Wandel der Bühnenformen, der Schauspielerausbildung, der Publikumszusammensetzung u.ä. informiert.]

Fischer-Lichte, Erika: Geschichte des Dramas. Epochen der Identität auf dem Theater von der Antike bis zur Gegenwart. 2 Bde. Tübingen 1990. [Verständliche Überblicksdarstellung mit Schwerpunkt auf dem deutschsprachigen Drama vom 18. Jahrhundert bis zur Gegenwart.]

Kirschner, Jürgen: Fischer Handbuch Theater, Film, Funk und Fernsehen. Frankfurt a.M. 1997. [Nützliche Zusammenstellung wichtiger Publikationen und Institutionen.]

Pfister, Manfred: Das Drama. Theorie und Analyse. 9., erw. u. aktualis. Aufl. München 1997. [Unverzichtbares Standardwerk mit ausführlicher Bibliographie, das detailliert über alle Aspekte der Dramenanalyse informiert.]

2.4 Gebrauchsliteratur: Die Analyse von Briefen, Essays, Reiseberichten und Texten aus ähnlichen Gattungen

Lyrik, Epik und Drama wurden im bürgerlichen Zeitalter als die drei 'Hauptgattungen' der Literatur etabliert. Bis heute schlägt sich dies ganz deutlich in vielen Literaturgeschichten sowie in den Lehrangeboten der literaturwissenschaftlichen Universitätsinstitute nieder. Philologische Abhandlungen oder Vorlesungen über Aphorismen, Essays oder Tagebücher sind also vergleichsweise selten.

Wie der in Kap. 1.1 vorgestellte Literaturbegriff zeigt, können die Begriffe 'Lyrik', 'Epik' und 'Drama' auf keinen Fall die Literatur in ihren sämtlichen Erscheinungsformen abdecken. Eine Literaturwissenschaft, die ihren Namen verdient, bedarf also mindestens einer weiteren Kategorie, in der jene 'Reste' versammelt sind, die sich keiner der drei Hauptgattungen zuordnen lassen.

Über die Benennung dieser vierten Kategorie wurde lange gestritten. In der Praxis haben jedoch zwei Begriffe größere Bedeutung erlangt, und zwar im englischen Sprachraum das Wort 'Nonfiction' sowie im deutschen Sprachraum die Bezeichnung 'Gebrauchsliteratur'. Beide sind indes problematisch, da sie den großen und heterogenen Bereich der nicht-lyrischen, nicht-epischen und zugleich nicht-dramatischen Literatur jeweils unter einem bestimmten, eingeschränkten Gesichtspunkt betrachten und subsumieren. So umfaßt der Begriff 'Nonfiction' in erster Linie unsere Teilmengen L2, L6 und L7, und in einem eingeschränkteren Sinne wird er sogar nur auf das (stilistisch anspruchsvolle) Sachbuch bezogen. Die Bezeichnung 'Gebrauchsliteratur' hebt hingegen vor allem auf den Umstand ab, daß Texte unseres vierten Typs ursprünglich nicht innerhalb der literarischen Kommunikation angesiedelt waren, sondern - wie z.B. die Predigt oder das Tagebuch - in alltäglich-pragmatischen Kommunikationssituationen erschienen und erscheinen. Solange die Philologie mit der im bürgerlichen Zeitalter etablierten Trias der Hauptgattungen operiert, bleibt uns jedoch - wenn wir nicht unseren Literaturbegriff in unzeitgemäßer Weise verengen wollen - keine andere Wahl, als (mindestens) eine ergänzende Zusatzkategorie danebenzustellen. Als naheliegende Alternative könnte es uns höchstens erscheinen, auf einen gemeinsamen Namen für Texte dieser Kategorie zu verzichten. Dies wäre jedoch insofern unzweckmäßig, als die im Deutschen zur Gebrauchsliteratur gerechneten

Einzelgattungen einige Gemeinsamkeiten aufweisen, die ihre Subsumierung unter einen gemeinsamen Oberbegriff rechtfertigen.

Dabei sind zunächst die bei allen diesen Einzelgattungen zu beobachtenden Versuche zu nennen, sie auf die eine oder andere Weise 'aufzuwerten' und doch noch einer der drei etablierten Hauptgattungen zuzuordnen. Wie die beschriebene Debatte über die Benennung der ergänzenden vierten Gattungskategorie schon ahnen läßt, waren es vor allem die Strategien der Fiktionalisierung und der Ästhetisierung, die hierbei verfolgt wurden. Man versuchte also, die Grenzen zwischen literarischen und nichtliterarischen Kommunikationssituationen zu verwischen, so daß auch Predigt, Brief oder Essay primär als sprachkünstlerisch-fiktionale Darstellungs- und Äußerungsformen erschienen. Die vier Formen der literarischen Emanzipation und das Konzept der Autonomieästhetik, über die oben in Kap. 1.7 gesprochen wurde, spielten und spielen in derartigen Argumentationen eine herausragende Rolle (s.u.).

Eine weitere wichtige Gemeinsamkeit der hier als Gebrauchsliteratur bezeichneten Einzelgattungen ergibt sich aus ihrer Behandlung durch die Editionsphilologie. Häufig wurden Texte dieses Typs nämlich vergleichsweise nachlässig ediert, ja in vielen Fällen gab es lange Zeit nur Leseausgaben derartiger Werke. Erst in den letzten Jahrzehnten hat sich hieran etwas geändert. So wurden bzw. werden beispielsweise die phänomenal umfangreiche und wichtige Korrespondenz Albrecht von Hallers, die geistesgeschichtlich hochbedeutsamen Predigten Johann Gottfried Herders sowie viele der wirkungsmächtigen Reiseberichte Alexander von Humboldts erst in jüngster Zeit zuverlässig ediert und auf philologisch zeitgemäßem Niveau kommentiert. Vielfach liegen lyrische, epische und dramatische Texte jedoch noch immer in aufwendigeren, anspruchsvolleren und zuverlässigeren Editionen vor als solche aus dem Bereich der Gebrauchsliteratur.

Es bedarf kaum eines Hinweises, daß ähnliche Spuren der Vernachlässigung auch im Bereich der philologischen Hilfsmittel, der Sekundärliteratur, der Literaturlexika etc. festzustellen sind. Selbst in den umfangreichsten Werk- und Autorenlexika werden Briefe, Reiseberichte und Essays nur am Rande berücksichtigt, von Aphorismen, Predigten oder Sachbüchern ganz zu schweigen. Häufig muß man zufrieden sein, wenn derartige Werke überhaupt erwähnt werden, stilistische Analysen sucht man in der Regel vergeblich. Auch auf diesem Gebiet läßt sich jedoch seit einigen Jahren eine Trendwende konstatieren. Die Erweiterung des Literaturbegriffes, die generelle Zunahme der literaturwissenschaftlichen Produktion sowie institutionsbedingte Profilierungszwänge bringen immer mehr Forscher dazu, sich den vermeintlichen Randzonen der Literatur, und damit auch der Gebrauchsliteratur, zuzuwenden.

Wie schon erwähnt, spielen ästhetisch-poetologische Probleme in der Diskussion über und in der Analyse von Gebrauchsliteratur eine herausragende Rolle. Dies wird verständlich, wenn wir uns unter Rückgriff auf die oben in Kap. 1.7 eingeführten Analysekategorien fragen, welche Formen und Grade der literarischen Emanzipation in Texten dieses Typs realisiert werden können und welche Konsequenzen dies für ihre ästhetische Autonomie nach sich zieht.

Wenden wir uns hierbei zunächst dem Aspekt der weltanschaulichen Emanzipation zu, so können wir sofort konstatieren, daß manche Einzelgattungen der Gebrauchsliteratur eine sehr große Bedeutung für die Bestimmung der weltanschaulichen Position eines Autors haben. Zumal in Zeiten einer verschärften Zensur wirkt es sich für die historische Analyse günstig aus, daß gebrauchsliterarische Texte häufig nicht zur (sofortigen) Publikation vorgesehen sind und deshalb geheime oder sehr intime Informationen enthalten. Das *Tagebuch der Anne Frank* (Amsterdam 1947) oder die Briefe Kafkas und Thomas Manns können hierfür als prominente Beispiele herangezogen werden. Doch auch die stärker wirkungs- und publikumsorientierten Einzelgattungen der Gebrauchsliteratur wie z.B. der Aphorismus, der Essay oder die Predigt waren und sind für die Literaturwissenschaft nicht zuletzt unter dem Aspekt der weltanschaulichen Emanzipation von Interesse. Die vor Geist sprühenden und funkelnden Aphorismen Lichtenbergs, die kecken Essays von Karl Kraus oder auch die unorthodoxen Predigten Schleiermachers sind wichtige geistesgeschichtliche Dokumente, die dem Leser einen Eindruck davon vermitteln, welche Eigenständigkeit und Kreativität des Denkens diese Autoren - teilweise unter widrigen Umständen - entwickelten. Insgesamt steht also außer Frage, daß die weltanschauliche Emanzipation in der Gebrauchsliteratur bis zu einem sehr hohen Grade realisiert werden kann und demgemäß in der Analyse derartiger Werke breiten Raum einnehmen muß.

Ähnliches gilt für den Aspekt der formalen Emanzipation. Wie für Sonette, Novellen oder Komödien so existieren zwar auch für Aphorismen, Briefe, Reiseberichte usw. (epochenspezifische) Gattungskonventionen, doch zugleich gibt es natürlich auch prominente Beispiele für Autoren, die sich über veraltete Gattungsnormen hinwegsetzten und die ein Genre durchgreifend veränderten. Nietzsches 'überlange' Aphorismen, Gellerts ungekünstelte Briefe oder Georg Forsters plastisch-lebendige Reiseberichte können als Beispiele für derartige Innovationsleistungen angeführt werden. Die Möglichkeiten zur formalen Emanzipation sind in der Gebrauchsliteratur also keineswegs geringer als in Epik, Lyrik oder Drama; ja im Falle des Essays können wir die Freiheit der Form sogar zu den gattungskonstituierenden Merkmalen rechnen.

Schwierig wird es nun allerdings, wenn wir uns dem Problem der ontologischen Emanzipation zuwenden. Wie schon die Bezeichnung 'Gebrauchsliteratur' (bzw. 'Nonfiction') suggeriert, bleiben Texte dieser Gattung in der Regel in lebensweltlich-pragmatische Handlungs- oder Kommunikationszusammenhänge verwickelt. Sie beschäftigen sich also mit Phänomenen und Sachverhalten, die von den an dieser Kommunikation Beteiligten nicht für erfunden, sondern für wirklich gehalten werden. Nach dem weiter oben Gesagten kann es uns allerdings nicht überraschen, daß Literaturwissenschaftler des demokratisch-pluralistischen Zeitalters diese Realitätsunterstellung als Irrtum zu entlarven versuchten. Wie der Glaube an die Identität des Individuums und an die Kontrollierbarkeit der Sprache so wurde auch die Vorstellung von einer einzigen, wahren, eindeutigen Wirklichkeit als bürgerliche Illusion entlarvt und verabschiedet. Die sogenannte Wirklichkeit erscheint heute vielen Literaturwissenschaftlern als ein Konstrukt, in dem sich vornehmlich die Einstellungen, Vorurteile, Wahrnehmungsgewohnheiten und Erkenntnisgrenzen des konstruierenden Subjektes widerspiegeln. Eine Biographie Napoleons, ein Reisebericht aus der Südsee oder ein Sachbuch über die Erfindung der Eisenbahn werden deshalb heute eher als indirekte Selbstdarstellung des Autors und seiner eigenen Zeit denn als zuverlässige Reproduktion eines bestimmten Wirklichkeitsausschnittes interpretiert. Die Rezeptionsweise der modernen Literaturwissenschaftler unterscheidet sich in diesem Bereich allerdings besonders drastisch von derjenigen des Durchschnittslesers. Obwohl weithin bekannt ist, daß selbst Schrift- und Bilddokumente beliebig verfälschbar sind, daß Nachrichten selektiert und auf parteiliche Weise interpretiert werden, daß Bericht und Kommentar immer ineinanderfließen und daß Sprache meistens vieldeutig ist, werden gebrauchsliterarische Texte häufig für bare Münze genommen. Was dem Angehörigen eines demokratisch-pluralistischen Zeitalters eigentlich wie ein Konstrukt erscheinen müßte, ist also in den Augen vieler Leser nach wie vor eine authentische Wirklichkeitsdarstellung.

Es ist deshalb schwer zu sagen, ob und in welchem Maße die ontologische Emanzipation in gebrauchsliterarischen Texten realisiert werden kann. Aus der Sicht vieler Durchschnittsleser ist sie in derartigen Texten nicht erwünscht und nicht vorhanden. Aus der Sicht vieler neuerer Geisteswissenschaftler ist sie dagegen konstituierender Bestandteil dieser wie aller literarischen Werke. Offen bleibt hierbei aber die Frage, ob das skeptisch-pluralistische Wirklichkeitsverständnis der aktuellen Geisteswissenschaften ohne weiteres auf Texte aus vorpluralistischen Epochen übertragen werden kann. Hält man dieses Wirklichkeitsverständnis für unumstößlich und überzeitlich richtig, so akzeptiert man selbstverständlich solche Übertragungen, doch gleichzeitig gerät man in Selbstwidersprüche, weil eine pluralistische Wirklichkeitsauffassung das Nebeneinander verschiedenartiger Wirklichkeitsdefinitionen impliziert, zu denen dann auch nichtrelativistische gehören können. Hält man andererseits das pluralistische Wirklichkeitsverständnis für ein zeitbedingtes Phänomen der demokratischen Gegenwartskultur, so wird man die genannten Übertragungen eher ablehnen, doch gleichzeitig muß man dann erklären, wie man als Angehöriger des pluralistischen Zeitalters nichtpluralistisch denken und sich in frühere Wirklichkeitskonzepte hineinversetzen können soll. Wie man sieht, erweisen sich gerade die lange Zeit wie Stiefkinder behandelten Gattungen der 'Restekategorie' Gebrauchsliteratur als Frontphänomene, an denen sich zentrale Probleme des Wirklichkeits-, Literatur- und Selbstverständnisses der aktuellen Literaturwissenschaft mustergültig demonstrieren lassen. Vorläufig können wir deshalb nur resümieren, daß die meisten aktuellen Analysen derartiger Werke um das Problem der ontologischen Emanzipation kreisen bzw. mit diesem Problem zu kämpfen haben.

Kaum wagen wir nach diesen komplizierten Erörterungen, nun auch noch die Frage nach der vierten und letzten Emanzipationsform, also nach der semiotischen Emanzipation, zu stellen. Doch sowohl in historischer als auch in theoretischer Hinsicht treten hierbei keine Probleme von vergleichbarer Kompliziertheit auf. Literaturgeschichtlich können wir nämlich konstatieren, daß Wortneubildungen, kreative Eingriffe in die Syntax oder gar idiolektische (d.h. individual- oder privatsprachliche) Elemente in den gebrauchsliterarischen Einzelgattungen eher untypisch und unterrepräsentiert sind. Das gilt selbst für Aphorismen und Essays, die zwar per definitionem von besonderer stilistischer Virtuosität geprägt sind, die jedoch gleichzeitig publikums- und wirkungsorientiert sind, weshalb derartige verständniserschwerende Elemente in ihnen nur selten vorkommen. Auch die in manchen Tagebüchern und Briefen verwendeten Kürzel und Geheimzeichen ändern nichts an diesem Befund, da es sich bei ihnen nicht um originelle neue Zeichen, sondern nur um abgeleitete Sekundärzeichen handelt, die (von Eingeweihten oder Experten) in aller Regel verlustfrei in konventionelle sprachliche Zeichen rückübersetzt werden können. Im Hinblick auf Theorie und Praxis der semiotischen Emanzipation bietet die Gebrauchsliteratur also keine besonderen Schwierigkeiten. Vielmehr brauchen wir nur das zuvor über das pluralistische Wirklichkeitsverständnis Gesagte auf die Sprachauffassung zu übertragen. Während der Normalleser bei Sachbüchern, Briefen oder Reiseberichten eine unkomplizierte Entsprechung zwischen Gesagtem und Gemeintem unterstellt, wittert der Anhänger gegenwartstypischer Sprachauffassungen natürlich auch hier an allen Ecken und Enden Vieldeutigkeiten, Bedeutungsverschiebungen und selbstzweckhafte sprachkünstlerische Einsprengsel oder Subtexte.

Damit ist eine wichtige Möglichkeit eröffnet, gebrauchsliterarische Texte mehr und mehr in den Bereich der Autonomieästhetik zu rücken. Schon terminologisch scheint dies auf den ersten Blick ein Widerspruch in sich zu sein, doch hier ist dringend vor übereilten Schlußfolgerungen zu warnen. Wie wir uns erinnern (vgl. Kap. 1.7), waren es vier verschiedene Zentralbegriffe, auf die autonomieästhetische Konzepte gegründet werden konnten, und zwar die Kategorien Schönheit, Nutzlosigkeit, Utopie sowie (im Sinne Gerhard Plumpes) Unterhaltung. In offenem Widerspruch zu der Bezeichnung 'Gebrauchsliteratur' steht hierbei aber lediglich der Begriff 'Nutzlosigkeit'. Denn nur wer Autonomie mit Nutzlosigkeit identifiziert, muß die gesamte Gebrauchsliteratur der Heteronomieästhetik zuschlagen. Wer hingegen von einem autonomieästhetischen Konzept ausgeht, das die Schönheit, das Utopische oder die Unterhaltung in den Mittelpunkt stellt, kann zu einem ganz anderen Resultat gelangen. Denn in Aphorismen oder Essays läßt sich ja ohne weiteres eine selbstzweckhafte sprachliche Schönheit erreichen, die den Inhalt oder Nutzen eines derartigen Textes vergessen machen kann. Tagebücher, Briefe und Predigten können utopische Passagen enthalten, die sich einer Integration in pragmatisch-alltägliche Kommunikationssituationen u.U. entziehen. Und Biographien, Sachbücher oder Reiseberichte können primär der Unterhaltung (im Sinne Plumpes) dienen, zumal wenn sie besonders fesselnde, kurzweilige oder pittoreske Gegenstände behandeln. Darüber hinaus kann der Leser seine Aufmerksamkeit gezielt auf die Form derartiger Texte richten und nach Indizien für eine ontologische und semiotische Emanzipation im oben geschilderten Sinne suchen. Einer pauschalen Zuordnung der Gebrauchsliteratur zur Heteronomieästhetik wird er dann kaum noch zustimmen können.

Wie wir nicht verhehlen wollen, kann die ästhetische Autonomie von gebrauchsliterarischen Texten hierbei u.U. mehr im Auge des Betrachters als im betrachteten Objekt selbst zu verorten sein. Für seine zeittypische erhöhte Sensibilität in puncto Autonomie braucht sich der Leser des pluralistisch-demokratischen Zeitalters jedoch nicht zu schämen und zu entschuldigen. Problematisch wird es nur, wenn der 'autonomisierende' Blick unreflektiert und bedenkenlos auf die Erzeugnisse früherer Zeitalter zurückprojiziert wird, weil damit eine überzeitliche Gültigkeit des gegenwartstypischen Autonomieverständnisses unterstellt wird. Jedenfalls sollte ggf. zumindest erwähnt werden, daß es dem Selbstverständnis vieler Biographen, Prediger oder Reiseschriftsteller des bürgerlichen Zeitalters zuwiderläuft, wenn wir ihre Texte - woran uns freilich niemand hindern kann - mit dem Blick des modernen Autonomieästhetikers durchmustern. Bei allen Nachteilen, die ein solches unhistorisches Vorgehen mit sich bringen mag, hat es jedoch zumindest einen ganz wichtigen Vorteil. Wie uns die neuere Literatursoziologie (Bourdieu) lehrt, stand die Autonomieästhetik - nicht nur in Deutschland - seit Kant und Schiller meistens in erheblich höherem Ansehen als die Heteronomieästhetik. Sie wurde für anspruchsvoller und feiner gehalten, weshalb sich viele Gelehrte auf ihre Erforschung konzentrierten. Neben dem Pfau der drei problemloser autonomieästhetisch deutbaren Hauptgattungen vermochte also das häßliche Entlein der pauschal mit heteronomieästhetischen Konzepten in Verbindung gebrachten Gebrauchsliteratur nicht zu glänzen. Es sei ihm gegönnt, daß es neuerdings Brillen gibt, durch die uns sein Gefieder plötzlich heller und prächtiger erscheint.

Freilich sollte das Entlein hierauf eigentlich nicht angewiesen sein. Denn wie in Kap. 1.7 ausgeführt, sind autonomie- und heteronomieästhetische Konzepte aus wissenschaftlicher Sicht prinzipiell als gleichrangig einzustufen. Auch wer in der Gebrauchsliteratur beim besten Willen keine Anzeichen von ästhetischer Autonomie zu erkennen vermag, sollte also Werke dieses Typs nicht per se als halbliterarisch abqualifizieren. Für viele Leser erbringen sie wertvolle Informations- und Orientierungsleistungen, ganz zu schweigen von ihrer massenhaften Verbreitung, die ihr ohnehin das Interesse einer Literaturwissenschaft sichern sollte, die seit den 1960er Jahren auch die Rezeptionsforschung (s.u.) zu ihrem festen Methodeninventar rechnet.

Wenden wir uns nun jedoch der Gebrauchsliteratur in ihrer Erscheinungsvielfalt zu, indem wir uns mit einigen ihrer Einzelgattungen vertraut machen.

Wir beginnen mit dem **Aphorismus**, der zuweilen - nach einem Wort von Friedrich Schlegel - als das 'Sprichwort des gebildeten Menschen' bezeichnet wird und der in pointierter, oftmals auch hintergründig-humorvoller Weise besonders geistreiche Gedanken formuliert, die meistens unkonventionell sind und in Widerspruch zum common sense stehen. Anders als Sprichwörter sind Aphorismen nicht anonym, doch ähnlich wie diese können sie - jedoch nur mit Autorangabe - in bestimmten Lebens- und Gesprächssituationen laut zitiert werden. Meistens bestehen sie aus einem einzigen Satz; nur selten sind sie länger als drei oder vier Zeilen. Meister dieser Gattung waren in Deutschland unter anderem Georg Christoph Lichtenberg, Friedrich Schlegel, Marie von Ebner-Eschenbach, Friedrich Nietzsche und Karl Kraus. Als Beispiele für diese Gattung nenne ich Lichtenbergs Aphorismus „Die Menschen denken über die Vorfälle des Lebens nicht so verschieden, als sie darüber sprechen" und den von Karl Kraus stammenden Satz „Das Familienleben ist ein Eingriff in das Privatleben".

Die **Autobiographie** dürfte heute von vielen für die interessanteste und wichtigste Einzelgattung der Gebrauchsliteratur gehalten werden. Das ist nicht verwunderlich in einem Zeitalter, in dem der Pluralismus auch die Vorstellung vom Menschen selbst erfaßt hat. Der Einzelne versteht sich heute immer weniger als ein mit sich selbst immer und überall identisches Individuum, sondern als ein Konglomerat aus verschiedenen, unter Umständen inkompatiblen Rollen, Larven und Persönlichkeitsfacetten. Privates und Offizielles, Vergangenes und Gegenwärtiges, Erträumtes und Wirkliches, Begehrtes und Gutgeheißenes klaffen oftmals weit auseinander. Umso interessanter sind deshalb für viele Leser unserer Gegenwart Texte, in denen das Problem der Konstituierung und Realisierung eines bestimmten Lebensentwurfes thematisiert und imaginär durchgespielt wird. Ob dabei ein heute nicht mehr zeitgemäßes Bild von persönlicher

Identität entworfen wird oder ob umgekehrt das Identitätsideal als eine Illusion entlarvt wird, ist hierbei literatur- und mentalitätsgeschichtlich von hohem Interesse, weil sich darin allgemeinere Tendenzen des Epochenwandels widerspiegeln. Während Autobiographien des feudalistischen Zeitalters oftmals 'Augenzeugenberichte' sind, in denen das darstellende Ich eher Berichterstatter als Hauptgegenstand ist (z.b. bei Hermann von Weinsberg), konzentrieren sie sich im bürgerlichen Zeitalter auf das Herausarbeiten der Individualität des Autors und seiner im Wechselspiel mit äußeren Gegebenheiten geformten Identität (z.B. bei Goethe). Im demokratisch-pluralistischen Zeitalter begegnen uns dann erstmals Autobiographien, in denen keine abgerundete Persönlichkeitsdarstellung, sondern eine bewußt bruchstückhafte und multiperspektivische Selbstdarstellung angestrebt wird (z.B. bei Gertrude Stein, Michel Leiris, Wolfgang Koeppen). Nicht nur in der deutschsprachigen Literatur wirkt jedoch das Identitätsideal des bürgerlichen Zeitalters bis in die Gegenwart hinein sehr stark fort, was vor allem die zahlreichen und auflagenstarken Memoirenbände von bekannten Politikern, Filmschauspielern, Sportlern usw. bestätigen, in denen das Problem der persönlichen Identität oft nur oberflächlich oder gar nicht behandelt wird.

In ihren Haupttendenzen nicht ganz gleichartig verlief die Entwicklung der **Biographie**, und zwar vor allem aufgrund ihrer größeren Nähe zur wissenschaftlichen Geschichtsschreibung. Die Ideale der Faktentreue und der distanzierten Sachlichkeit sowie der Hang zur Funktionalisierung des Einzelporträts für die übergreifende Epochendarstellung wirken der literaturnahen Psychologisierung und der ausschließlichen Konzentration auf eine Hauptfigur und ihre Innenwelt naturgemäß entgegen. Gerade das bürgerliche Zeitalter, in dem der Positivismus (s.u.) besonders gedieh, brachte deshalb faktenbetonte und detailverliebte Biographien hervor (z.B. Droysens *Leben des Feldmarschalls York v. Wartenburg*). Erst im 20. Jahrhundert erfuhr die literarische Biographie (biographischer Roman), in der auch Gedanken und Empfindungen des Beschriebenen 'referiert' und in der neuere literarische Formen der Innenweltdarstellung wie die erlebte Rede oder der innere Monolog verwendet wurden, einen Aufschwung (z.B. Stefan Zweigs *Marie Antoinette*).

Im Falle des **Briefes** fällt besonders auf, daß der Wechsel vom feudalistischen zum bürgerlichen Zeitalter wesentlich stärker hervortritt als derjenige vom bürgerlichen zum demokratisch-pluralistischen. Waren die Briefe des 16. und 17. Jahrhunderts fast immer formelhaft, unpersönlich und nach starren rhetorischen Kompositionsmustern gestaltet, so vollzog sich seit Gellerts *Abhandlung von dem guten Geschmacke in Briefen* von 1751 eine allmähliche Hinwendung zu einem individuelleren, natürlicheren, stärker der gesprochenen Alltagssprache angenäherten Briefstil. Autoren wie Goethe, Hofmannsthal, Th. Mann oder Kafka haben umfangreiche und bedeutende Briefwechsel hinterlassen, die unmittelbaren Einblick in ihre Denkweise und in ihre Lebensverhältnisse vermitteln. Auch wenn die Gedichte, Erzählungen oder Dramen dieser Autoren nicht allein aus ihren brieflichen Selbstkommentaren heraus interpretiert werden dürfen, finden sich in ihrer Korrespondenz doch zahlreiche wichtige Hinweise auf Begegnungen, Ereignisse, Lektürepräferenzen u. dgl., die für den Literaturwissenschaftler von großem Interesse sind. Im 20. Jahrhundert hat sich hieran nichts Wesentliches geändert, wobei allerdings eine zuverlässige Beurteilung durch den Umstand beeinträchtigt wird, daß viele Briefwechsel aus Gründen des Persönlichkeitsschutzes erst viele Jahre nach dem Ableben ihrer Verfasser und Empfänger publiziert werden. Erst in einigen Jahrzehnten wird man deshalb feststellen können, ob Schriftsteller des demokratischen Zeitalters - wie zu vermuten wäre - in ihren Briefwechseln zerrissener und janusköpfiger erscheinen als die Briefautoren des bürgerlichen Zeitalters.

Als einen größeren Bruder des Aphorismus könnte man den **Essay** bezeichnen, der auf einigen Seiten geschliffener, anspielungsreicher und oftmals besondere Gelehrtheit demonstrierender Prosa ein (intellektuell anspruchsvolles) Thema erörtert. Stilistische Raffinesse, geistige Freiheit und stimulierendes Querdenken sind hierbei von größerer Wichtigkeit als argumentative Logik oder wissenschaftliche Beweiskraft. Wie der Aphorismus so impliziert auch der Essay einen Appell zum Weiterdenken. Er will keine Resultate liefern, sondern den Leser auf geistreiche und unterhaltsame Weise zum Selbstdenken anregen. Als besonders individualistische Textgattung ist der Essay natürlich ein Lieblingskind des bürgerlichen Zeitalters. Von Herder über die Gebrüder Humboldt und Heine spannt sich bis hin zu Th. Mann, Theodor W. Adorno und Walter Jens ein reicher Traditionsstrang deutschsprachiger Essayistik, die den internationalen Vergleich mit den Werken von Oscar Wilde, Paul Valéry oder André Gide nicht zu scheuen braucht. Wie beim Brief so tritt auch beim Essay der Wechsel vom feudalistischen zum bürgerlichen Zeitalter stärker hervor als derjenige vom bürgerlichen zum demokratisch-pluralistischen. Seine freie Form, die den Autor weder inhaltlich noch formal bindet, läßt sich mit den Gegebenheiten des pluralistischen Zeitalters ohne weiteres in Einklang bringen und ist deshalb nach wie vor aktuell.

Ganz anders verhält es sich mit der **Predigt**, die natürlich maßgeblich von den Denk- und Sprechverboten geprägt wurde und wird, die mit dem Bekenntnis zu einer bestimmten Doktrin - sei sie religiöser, politischer oder sonstiger Natur - automatisch verbunden sind. Allerdings hat es auch in der Geschichte dieser Gattung eine Entwicklung hin zu mehr Natürlichkeit, Subjektivität und Spontaneität gegeben. Folgte die Predigt bis ins 18.Jahrhundert hinein fast durchgängig dem fünfschrittigen Textproduktionsschema der Rhetorik, wobei meistens der Kirchenkalender das Redethema vorgab, so zeigte sich vor allem im Protestantismus im bürgerlichen Zeitalter eine allmähliche Abkehr von diesem starren Muster. Zuvor hatte schon Luther außerordentlich wirkungsmächtige, formal wie inhaltlich z.T. durchaus unkonventionelle Predigten gehalten, und am Ende des 18. Jahrhunderts war es dann Schleiermacher, der verstärkt alltägliche Beobachtungen zum Ausgangspunkt seiner Darstellungen machte, die den alten Predigtton vermieden und stattdessen auf Anschaulichkeit, Lebhaftigkeit und Natürlichkeit setzten. Bis heute hat sich daran nicht viel geändert, doch die elektrisierende Wirkung der unkonventionellen Predigten Schleiermachers ist im pluralistischen Zeitalter nicht mehr wiederherzustellen und nachzuvollziehen. Bisher gibt es wenig Anzeichen dafür, daß die Predigt den Wechsel vom bürgerlichen zum pluralistischen Zeitalter schon nachvollzogen hätte.

Zu den ältesten Literaturgattungen überhaupt zählt der **Reisebericht**. Von der nüchternen Faktenvermittlung bis hin zur plastischen Schilderung von Land und Leuten gibt es hierbei ein breites Spektrum an Darstellungsmöglichkeiten, wobei die subjektiveren, stärker das individuelle Erleben des Berichterstatters betonenden Ausprägungen der Gattung im Laufe der Jahrhunderte hinzutraten. Informative Reiseführer in der Art unseres *Polyglott* oder *Baedeker* hat es also schon früh gegeben. Im feudalistischen Zeitalter existierten daneben vor allem mehr oder minder phantastische Reiseberichte, die von wunderbaren Abenteuern in exotischen Fernen erzählten. Ein bekanntes Beispiel hierfür ist etwa Hans Stadens *Wahrhaftig' Historia Vund Beschreibung Eyner Landtschafft der Wilden, Nacketen, Grimmigen Menschfresser Leuthen* (1557), worin der Autor seine Erlebnisse während zweier Aufenthalte in Brasilien schildert. Das bürgerliche Zeitalter konzentrierte sich dagegen stärker auf die pädagogische Bedeutung des Reisens für die Entwicklung des Individuums. Getreu dem Motto, daß Reisen bildet, entstanden nun zahlreiche Beschreibungen halb-autobiographischen Charakters, in denen die Nützlichkeit des Reisens für die Selbstfindung und die Persönlichkeitsbildung hervorgehoben wurde. Das bekannteste Beispiel für diesen Typus lieferte Goethe mit seiner *Italienischen Reise* (1786-88; ersch. 1829), in der die Italienfahrt geradezu als eine Wiedergeburt, d.h. als die Neu- und Selbstkonstituierung einer individuellen Identität dargestellt wird. Der Unterschied zwischen Reise-berichten des bürgerlichen und des pluralistischen Zeitalters tritt uns deut-lich vor Augen, wenn wir Goethes Schrift mit der Text-Collage *Rom, Blicke* (1972-73; ersch. 1979) von Rolf Dieter Brinkmann vergleichen. Postkarten, Fotos, Literaturzitate, Romanentwürfe u.a. werden hierin zu einem bewußt heterogenen Werk zusammengefügt, in dem die Ewige Stadt nur noch als eine „riesige Schalttafel" erscheint. Der Reisende ge-langt hier nicht mehr zu einer neuen Identität und zur Übereinstimmung mit sich selbst; vielmehr spiegelt die Vielfalt und Widersprüchlichkeit seiner Beobachtungen die innere Zerrissenheit und Vielschichtigkeit einer nur noch im Plural zu denkenden Subjektivität.

Informationsbetonte Reiseführer können die Grenze zum **Sachbuch** strei-fen, das allerdings auch andere Themen wie z.B. die Technik, die Natur, die Geschichte und ähnliche Gegenstände behandelt. Im Idealfall befindet sich das Sachbuch auf dem neuesten Stand der jeweils behandelten Wis-senschaften; es konzentriert sich jedoch meistens auf die alltagsrelevanten oder spektakulären Aspekte des Themas und bedient sich einer dem Laien verständlichen und anschaulichen Sprache, weshalb wissenschaftliche Beweisführungen, Darstellungen divergierender Lehrmeinungen etc. häu-fig fehlen. Obwohl Nachschlagewerke und praktische Ratgeber im weite-sten Sinne schon seit der Antike bekannt waren, erlebte das Sachbuch erst im bürgerlichen Zeitalter seinen großen Aufschwung. Die im 19. Jahr-hundert realisierte allgemeine Alphabetisierung und der zeitgleiche Über-gang von der Agrar- zur Industrie- und Dienstleistungsgesellschaft ver-langten dem Einzelnen ein steigendes Maß an Allgemeinbildung ab und rückten immer mehr neue, fremdartige, erklärungsbedürftige Phänomene und Sachverhalte in sein Blickfeld. Genügten dem (die große Bevölke-rungsmehrheit stellenden) analphabetischen Landarbeiter des 16. oder 17. Jahrhunderts die in Familie, Kirche und Lebenspraxis erworbenen Kenntnisse weitgehend zur Bewältigung seines Daseins, so hatte z.B. der Handwerksmeister, Vorarbeiter oder Buchhalter des späten 19. Jahrhun-derts die zweifellos schwierigere Aufgabe, seinen Kindern zu erklären, wie der Telegraph, die Eisenbahn oder das Mikroskop funktionieren. Das Sachbuch wurde so zu einer fast unentbehrlichen Auskunftsquelle, was sich an seinen z.T. astronomischen Auflagenziffern ablesen läßt. Werke wie z.B. das von Kurt W. Marek 1949 unter dem Pseudonym C. W. Ceram publizierte Buch *Götter, Gräber und Gelehrte* erreichten Millionenauflagen und sorgten dafür, daß das Sachbuch insgesamt den größten Teil aller überhaupt verkauften Bücher ausmachte. Da die elektronischen Medien u.a. aus Kostengründen immer stärker auf Unterhaltung statt auf Information setzen, wird sich hieran auf absehbare Zeit kaum etwas ändern. Im Hinblick auf seine massenhafte Verbreitung kann man das Sachbuch - sofern es nicht dem Bereich der vergleichsweise breit erforschten Kinder- und Jugendliteratur angehört - heute als die von der Literaturwissenschaft am sträflichsten vernachlässigte Literaturgattung bezeichnen.

Zuletzt sei hier noch das **Tagebuch** erwähnt, das in chronologischer Abfolge die subjektiven, oft auch intimen Gedanken, Einfälle, Empfindungen, Tagesnotizen usw. seines Autors enthält. Da es voraussetzt, daß sich sein Verfasser als Individuum versteht und für wichtig hält, ist es ein typisches Erzeugnis der bürgerlichen Kultur. Nach einzelnen Vorläufern im 17. Jahrhundert (z.B. Sigmund von Birken) gelangt es deshalb erst im 18. und 19. Jahrhundert zu größerer Verbreitung. Herder, Hebbel, Keller u.a. haben bedeutende Tagebücher hinterlassen, doch auch literarische Laien und Vertreter der unterschiedlichsten Berufsgruppen treten als Autoren dieser Textgattung in Erscheinung. Abgesehen von ihrem dokumentarischen Wert für den Historiker sind solche Tagebücher für jene Literaturwissenschaftler von Interesse, die sich mit den Formen des nicht-künstlerischen Schreibens - etwa im Hinblick auf den Übergang von der Alltagserzählung zur fiktionalen Kunstprosa - beschäftigen. Im 20. Jahrhundert war das Tagebuchschreiben vor allem während der Zeiten des Totalitarismus und der Kriege von großer Bedeutung. Werke wie z.B. Victor Klemperers Tagebücher 1933-1945, die unter dem Titel *Ich will Zeugnis ablegen bis zum letzten* (Berlin 1995) publiziert wurden, liefern detaillierte und authentische Augenzeugenberichte, die als wertvolle Bausteine für eine 'Geschichte von unten' gelten. Wie im Falle des Briefes so läßt sich aufgrund der Publikationslage zur Zeit noch nicht abschließend beurteilen, ob Tagebuchschreiber des demokratischen Zeitalters - wie zu vermuten wäre - in ihren Werken zerrissener und janusköpfiger erscheinen als die Tagebuchautoren des bürgerlichen Zeitalters. Briefe und Tagebücher werden eben nicht nur von Schriftstellern, sondern auch von Laien verfaßt, weshalb sich eine wissenschaftlich stichhaltige Aussage über derartige Sachverhalte nicht nur auf die Auswertung und den Vergleich entsprechender Dichterbriefwechsel und -tagebücher stützen kann.

Zum Abschluß unserer Beschäftigung mit gattungsspezifischen Analysekategorien sei hier noch einmal ausdrücklich darauf hingewiesen, daß selbst die vier Begriffe 'Lyrik', 'Epik', 'Drama' und 'Gebrauchsliteratur' nicht alles beinhalten, was als 'Literatur' definiert und angesehen werden kann. Wie in Kapitel 1.1 dargelegt, läßt sich der Literaturbegriff u.U. noch beträchtlich ausweiten, so daß von der improvisierten Gute-Nacht-Geschichte über die Festansprache bis hin zum alltäglichen Wortspiel noch manches anzuführen wäre, was nicht ohne weiteres unter einen der vier genannten Begriffe zu subsumieren ist. Das ist jedoch kein Unglück. Denn die Literatur soll sich nicht nach der Literaturwissenschaft und ihren Einteilungen richten, sondern frei und selbständig gedeihen. Daß nicht jedes Pflänzchen aus ihrem Garten sogleich in ein philologisches Herbarium gepreßt werden kann, macht die Sache nur umso bunter und vielfältiger, wie es dem Zeitalter des demokratischen Pluralismus geziemt. Und deshalb wäre es natürlich auch kein Schaden, wenn in Zukunft verstärkt künstlerische Mischgattungen entstehen sollten, in denen z.B. Sprache und Bilder stärker miteinander verknüpft sind. Ob das Internet in dieser Hinsicht neue eigene Gattungen hervorbringen kann, läßt sich kaum prognostizieren. Beim bisherigen Stand der Dinge müssen wir jedoch resümieren, daß in diesem Medium bisher nur mehr oder minder originelle Kombinationen von visueller Poesie, Animationsfilmen, Bildergeschichten, Photoromanen und filmartigen Gebilden mit phantasievoll gestalteten Unter- und Zwischentiteln entstanden sind. Hinsichtlich ihrer Verbreitung und Akzeptanz können diese Mischformen mit etablierten Gattungen wie Lied, Roman, Komödie oder Reisebericht zur Zeit noch nicht konkurrieren.

WICHTIGE BEGRIFFE

Problematik der Begriffe 'Nonfiction' und 'Gebrauchsliteratur' / traditionelle Strategien zur 'Aufwertung' der Gebrauchsliteratur / literaturwissenschaftliche Vernachlässigung / weltanschauliche, formale, ontologische und semiotische Emanzipation in der Gebrauchsliteratur /

2.4 Gebrauchsliteratur: Die Analyse von Briefen, Essays etc.

Autonomieästhetik und Gebrauchsliteratur / wichtige Gattungen: Aphorismus, Autobiographie, Biographie, Brief, Essay, Predigt, Reisebericht, Sachbuch, Tagebuch

DISKUSSIONSFRAGEN UND ARBEITSAUFGABEN

- Welche besonderen Schwierigkeiten sind bei der Edition von Gebrauchsliteratur zu berücksichtigen?
- Muß die Qualität von Gebrauchsliteratur nach anderen Maßstäben bewertet werden als diejenige von lyrischen, epischen oder dramatischen Texten?
- Können alle der in Kapitel 1.1 unterschiedenen Teilmengen (L1 bis L7) Texte enthalten, die der Gebrauchsliteratur zuzurechnen wären?
- Erörtern Sie das Problem der ontologischen und der semiotischen Emanzipation bei gebrauchsliterarischen Texten!
- Informieren Sie sich über den aktuellen Marktanteil der Gebrauchsliteratur am Gesamtumsatz von Büchern und CD-ROMs!

LITERATURHINWEISE

Belke, Horst: Literarische Gebrauchsformen. Opladen 1973.
[Informative Überblicksdarstellung, in der auch das Für und Wider der konkurrierenden Gattungsbezeichnungen auf verständliche Weise erörtert wird.]

Fischer, Ludwig u.a. (Hg.): Gebrauchsliteratur. Methodische Überlegungen und Beispielanalysen. Stuttgart 1976.
[Einzelbeiträge zu verschiedenen Aspekten des Themas; von unterschiedlicher Qualität.]

Weissenberger, Klaus (Hg.): Prosakunst ohne Erzählen. Die Gattungen der nicht-fiktionalen Kunstprosa. Tübingen 1985.
[Enthält weiterführende Informationen über Aphorismus, Autobiographie, Biographie, Brief, Dialog, Essay, Fragment, Predigt, Reisebericht und Tagebuch.]

3. Methodologie und Literaturtheorie

3.1 Allgemeines

Haben wir alle bisher vorgestellten Analysekategorien bei der Untersuchung eines literarischen Werkes berücksichtigt, so steht uns jetzt eine Fülle an Einzelinformationen über dieses Werk zur Verfügung. Was uns aber noch fehlt, das ist ein übergreifendes Deutungskonzept, also ein Rahmen, in den unsere Einzelbeobachtungen integriert werden können, so daß sich daraus eine - mehr oder minder - abgerundete Gesamtdeutung ergibt. Vergleichen ließe sich dies ungefähr mit der Situation eines Richters, der gegen Ende eines Gerichtsverfahrens zahlreiche Zeugenaussagen, Ermittlungsakten, Vernehmungsprotokolle, Fachgutachten usw. vor sich auf dem Tisch liegen hat und der nun zu einem abschließenden Urteil gelangen soll, das auf der Berücksichtigung aller dieser Einzelzeugnisse beruht.

Hierbei sind zunächst bestimmte *wissenschaftliche Primärtugenden* gefordert, die eine weitgehende Ausschaltung des Subjektivitätsfaktors gewährleisten sollen. Besonnenheit, Toleranz, Intelligenz, Fleiß und die Fähigkeit zur Erkenntnis und Relativierung eigener Vorurteile oder Abneigungen sind hier an erster Stelle zu nennen. Von einem Richter, der nach dem ersten Eindruck urteilt, der uns aufgrund dieser oder jener Eigenschaft grundsätzlich ablehnend gegenübersteht, der wichtige Gutachten gar nicht versteht, der die Akten nicht gründlich durchgearbeitet hat oder der sich prinzipiell für unvoreingenommen hält, würden wir uns jedenfalls ungerne aburteilen lassen. In ähnlicher Weise kann es sich auch der Literaturwissenschaftler nicht leisten, z.B. einen Roman von vornherein abzulehnen, weil er den Anfang langweilig findet, weil er sowieso keine Romane mag, weil er den Text schlichtweg nicht versteht, weil er den Umfang des Werkes für eine Zumutung hält oder weil er glaubt, einen 'Riecher' für die Sache zu haben.

Damit jedoch nicht genug. Denn selbstverständlich enthebt uns auch die Beachtung dieser Grundanforderungen nicht der Pflicht, Rechenschaft über das weitere Zustandekommen unserer Gesamtdeutung abzulegen. Es stellt sich also die Frage, ob es nicht bestimmte objektive, in der Sache selbst und nicht in der Subjektivität des Urteilenden begründete Kriterien gibt, nach denen wir über die Relevanz bestimmter Indizientypen entscheiden können. So wird ein Richter beispielsweise davon ausgehen, daß Augenzeugenberichte von Kleinkindern oder Betrunkenen prinzipiell unzuverlässiger sind als solche von Erwachsenen und Nüchternen. Der Urteilsfindung kann also eine Gewichtung und Beurteilung der relevanten Befunde nach einzelfallunabhängigen Regeln vorausgehen. Dabei macht sich jedoch sogleich ein gewichtiger Unterschied zwischen Jurisprudenz und Literaturwissenschaft bemerkbar. Denn während der Richter letzten Endes immer nur darüber zu befinden hat, ob eine schuldhafte Gesetzesübertretung vorliegt, gibt es für den Literaturwissenschaftler einen ganzen Strauß möglicher Fragen, die er an einen Text richten kann. Dabei können ethische, ästhetische, soziologische, historische, psychologische und viele andere Aspekte mit ins Spiel kommen, deren Berücksichtigung dann über die Relevanz der einzelnen Analyseergebnisse entscheidet. Die Resultate der Figurenanalyse sind beispielsweise im Hinblick auf soziologische Fragestellungen meistens ergiebiger als diejenigen der metrischen Analyse; unter ästhetikgeschichtlichen Aspekten verhält es sich umgekehrt.

Voraussetzung einer Gesamtdeutung wäre also zunächst einmal eine Präzisierung der Frage, mit welchem Erkenntnisinteresse wir an die Sache herangehen. Warum beschäftigen wir uns überhaupt wissenschaftlich mit literarischen Texten? Weshalb sollen wir eine Figurenanalyse, Inhaltsanalyse, Stilanalyse usw. überhaupt durchführen?

Wie im demokratisch-pluralistischen Zeitalter nicht anders zu erwarten, gibt es heute eine Vielzahl verschiedenartiger Antworten auf diese Fragen. Strenggenommen kann und darf sie sogar jeder für sich selbst beantworten, doch in der Praxis haben wir es bisher 'nur' mit einem Methodenpluralismus und nicht mit einem radikalen Methodenindividualismus zu tun. Es gibt also bestimmte Schulen oder Forschergruppen, deren Mitglieder ungefähr gleiche Antworten auf die besagten Fragen geben würden. Weltanschauliche, politische, pädagogische und andere Übereinstimmungen bilden meistens die Grundlage für derartige Gruppenbildungen. Und der Begriff 'Pluralismus' bezeichnet hierbei ein Mittelding zwischen Relativismus und Verdrängungswettbewerb. Die Vertreter verschiedenartiger Schulen ignorieren einander nicht, doch sie bekämpfen sich auch nicht direkt, sondern stehen in einer relativ 'milden' Konkurrenz zueinander. Methoden lösen einander also nicht sukzessive ab; vielmehr gibt es ein relativ friedliches Nebeneinander verschiedener Ansätze, deren Auf und Ab weniger durch Aktionen der direkten Konkurrenten als vielmehr durch die Veränderung der Rahmenbedingungen, unter denen der Pluralismus insgesamt existiert, geprägt wird. Man kann also *nicht* sagen, daß z.B. die Kultursoziologie die Systemtheorie ersetzte, die ihrerseits die zwischenzeitlich vom Dekonstruktivismus verdrängte Kritische Theorie bezwang. Vielmehr haben sich nur die Rahmenbedingungen in einer Weise verändert, daß alle diese vier Theorien zu einer bestimmten Zeit in den Vordergrund gerückt wurden bzw. werden. Wer schon länger im Geschäft ist, sieht dieses Auf und Ab gelassener als der Neuling, der sich u.U. mit Verve auf eine bestimmte Theorie stürzt und sich gar nicht vorstellen kann, daß in zehn oder zwanzig Jahren wahrscheinlich kaum noch jemand die Werke kennen und zitieren wird, die er heute für den Schlüssel zur (literarischen) Welt hält. Am Sortiment gutsortierter Fachbuchhandlungen läßt sich dieser Wechsel ablesen; leicht könnte man in Regalmetern bzw. -zentimetern ausmessen, wie sich der Einfluß von Meisterdenkern wie Sartre, Adorno, Foucault, Derrida, Frank, Luhmann oder Bourdieu allmählich entwickelt, wie er seinen Höhepunkt erreicht und wie er dann langsam wieder zurückgeht, bis schließlich nur noch jene longseller dieser Autoren im Regal stehen, deren Lektüre zur Rekapitulation ihrer fachgeschichtlichen Bedeutung ausreicht.

Stellen wir uns nun aber der bangen Frage, wie man als Anfänger an 'seine' Theorie(n) gelangt und wie man später rechtzeitig wieder davon loskommt! Ideal wäre es gewiß, wenn jeder sich zunächst einen Überblick über das gesamte Angebot auf dem aktuellen Theoriemarkt verschaffen könnte und wenn er oder sie dann aufgrund fachlicher und wissenschaftstheoretischer Kriterien eine wohlüberlegte Auswahl treffen würde. Die Praxis ist von dieser Idealvorstellung leider weit entfernt. Der Soziologe Max Weber hat einmal zwischen rationaler, traditionaler und charismatischer Herrschaft unterschieden, und diese Kategorien lassen sich auch zur Erklärung der zeitweiligen Dominanz oder Vorherrschaft bestimmter Forschungsmethoden heranziehen. Der gerade beschriebene theoretische Idealfall entspräche hierbei dem ersten dieser drei Typen. Von traditionaler Herrschaft könnte man dagegen in der literaturwissenschaftlichen Methodologie dort sprechen, wo bestimmte Theorien oder Ansätze - letztlich unreflektiert - aufgrund ihrer Etabliertheit übernommen werden. Dieser Fall dürfte (nicht nur) in der Philologie die Regel darstellen, d.h. viele Studenten übernehmen einfach einige der Theorien, die ihnen von den an ihrer Universität unterrichtenden Lehrern vermittelt werden. Häufig geschieht dieser Vorgang halb unbewußt, so daß manchen erst im Zuge der Examensvorbereitungen oder bei einer Promotion so richtig klar wird, in welchem Fahrwasser sie bisher geschwommen sind und in welche Richtung sie das führt. Bei diesem zweiten Verfahren 'rutscht' man also allmählich in bestimmte methodologische Ausrichtungen hinein, ohne sich der Sache unter Umständen jemals bewußt zu werden. Etwas spektakulärer und dramatischer ist demgegenüber der dritte der von Weber analysierten Herrschaftstypen, nämlich die charismatische Herrschaft aufgrund von herausragenden Persönlichkeitsmerkmalen. Tatsächlich ist es nicht zu leugnen, daß manche akademischen Lehrer kühner denken, geistreicher argumentieren, selbstbewußter auftreten, anschaulicher erklären oder auch aufmerksamer zuhören, was u.U. mit Anerkennung und erhöhter Autorität honoriert wird. Das ist einerseits verständlich, andererseits jedoch problematisch, sofern auf diese Weise ein Gefolgschaftsverhältnis oder gar ein Starkult begründet wird, ohne daß eine eigenständige gedankliche Abwägung zwischen verschiedenen Methoden überhaupt noch stattfindet. Wer nicht der Überzeugungskraft einer Theorie, sondern nur dem Charisma eines ihrer Vertreter erliegt, profitiert zwar vom Reiz des Außeralltäglichen, gelangt jedoch unter Umständen auf Dauer in Abhängigkeit von einem 'Wissenschaftsguru'.

Vergleichen wir zusammenfassend alle drei Weberschen Typen unter den Gesichtspunkten der Methodenwahl und der Methoden*ab*wahl miteinander, so zeigen sich deutliche Unterschiede. Das rationale Verfahren ist wissenschaftstheoretisch vorzuziehen, da es zu wohlbegründeter Auswahl und bei regelmäßiger ehrlicher Selbstüberprüfung ggf. auch zur wohlbegründeten Abkehr von Theorien zugunsten von neuen anderen führt. Leider ist es nicht sehr verbreitet. Für das traditionale Verfahren spricht nur, daß es Methodenwechsel zuläßt, da mit der Präsenz der akademischen Lehrmeister in der Regel auch ihr Einfluß schwindet, so daß sich bei Studienortwechsel, Berufseintritt oder ähnlichen Anlässen neue Einflußfaktoren geltend machen können, die u.U. - allerdings genauso schleichend und unbemerkt - zu einem Methodenwechsel führen. Der Mangel an Selbstreflexion stellt zweifellos ein großes wissenschaftliches Manko dieses Verfahrens dar. Besonders problematisch ist schließlich das dritte Verfahren, da es in der Regel den Methodenwechsel nachhaltig unterbindet, was in unserem pluralistischen Zeitalter langfristig zur Isolation der Gefolgsleute führt. Obwohl dies nicht leicht zu realisieren ist, sollte man also schon im Studium nach Möglichkeit mehrere verschiedene Methoden austesten, im Berufsleben auf dem laufenden zu bleiben versuchen und ruhig mehrmals im Leben die Methode(n) wechseln. Bei akademischen Prüfungen ist es ratsam, sich über die aktuellen Methodenpräferenzen des Prüfers zu informieren und ggf. zutage tretende Differenzen gegenüber dem eigenen Ansatz - wie es sie aus der Sicht moderner Prüfer durchaus geben kann und darf - klar erkennen, benennen und begründen zu können. Das rationale Verfahren ist in dieser Hinsicht - wie einzuräumen ist - etwas heikler als das traditionale und das charismatische, bei denen methodologische Unterschiede zwischen Prüfern und Geprüften seltener auftreten und schwächer ausgeprägt sind.

Nach diesen wissenschaftspsychologischen und -soziologischen Vorüberlegungen können wir uns nun der Frage zuwenden, welche Methoden denn überhaupt existieren und wodurch sie sich voneinander unterscheiden. Zuvor muß dabei allerdings noch kurz über die Frage gesprochen werden, ob es überhaupt möglich ist, verschiedene Methoden unvoreingenommen zu beschreiben, und ob man es nicht lieber den Vertretern der jeweiligen Ansätze überlassen sollte, sich selbst vorzustellen. Die meisten aktuellen Darstellungen zu diesem Thema beschreiten in der Tat diesen anderen Weg, indem sie entweder Textauszüge aus den Werken der jeweiligen Meisterdenker oder aber kurze Selbstdarstellungen von Vertretern der jeweiligen Methoden in einem Sammelband vereinigen. Obwohl dies einerseits eine gewisse Fairneß garantiert, hat es andererseits zwei gravierende Nachteile. Erstens sind die Methodenvertreter oftmals dermaßen in ihr Denksystem und in ihre Terminologie eingesponnen, daß sie viele ihrer Voraussetzungen und Vorentscheidungen gar nicht erst klären oder thematisieren. Und zweitens bleibt hierbei leicht die Frage nach Gemeinsamkeiten und Unterschieden auf der Strecke, so daß die verschiedenen Ansätze völlig unverbunden nebeneinander stehen. Nachfolgend sollen deshalb an alle Methoden die gleichen Fragen gestellt werden, und zwar diejenigen nach ihrem Erkenntnisinteresse oder Untersuchungsziel, nach ihrem Literaturbegriff sowie schließlich nach ihrer Fähigkeit zur Verwertung der im ersten und zweiten Kapitel vorgestellten Analysekategorien. In einer Spezialabhandlung über literaturwissenschaftliche Methoden würde sich dieses Verfahren - wie mir durchaus bewußt ist - nicht rechtfertigen lassen, denn mit der Auswahl der Fragen ist schon festgelegt, welche Methoden besser und welche schlechter abschneiden. Hier geht es jedoch nur um eine beispielhafte Verdeutlichung der Tatsache, daß verschiedenartige Methoden auf verschiedenartigen Vorstellungen davon basieren, was Literatur überhaupt ist, welche Aufgaben der Literaturwissenschaftler hat und welche Analyseverfahren er anwenden soll. Es sei deshalb ausdrücklich betont, daß im folgenden keine komplette Methodengeschichte und keine 'Methodenhitparade' geliefert wird; vielmehr geht es darum, anhand von einigen ausgewählten Beispielen dem Leser dieser Einführung vor Augen zu führen, welche literaturtheoretischen Vorentscheidungen zu welchen interpretationsmethodischen Konsequenzen führen. Übrigens ist hierbei noch kurz zu erwähnen, daß die Literaturtheorie eine Art philologische Ergänzung zur Ästhetik darstellt, während sie von der Poetik im allgemeinen relativ weit entfernt bleibt. Meistens wird Poetik von Dichtern, Ästhetik von Philosophen und Literaturtheorie von Philologen betrieben, wobei sich letztere aber oftmals Schützenhilfe von den Philosophen oder von Denkern aus anderen Geistes- und Gesellschaftswissenschaften holen.

3.2 Methoden und Theorien

Eine der traditionsreichsten Methoden ist die **Hermeneutik**, die vor allem richtigere von weniger richtigen Textinterpretationen zu unterscheiden und den Begriff des Verstehens zu erklären versucht. Geschichtlich erklärt sich das Erkenntnisinteresse dieser Methode aus ihrer Herkunft aus der Theologie und der Jurisprudenz. Bei der Bibel und bei Gesetzestexten kam es den Hermeneutikern ursprünglich auf eine möglichst klare und unverfälschte Textauslegung an, und als der Literatur im Zuge der Säkularisierung am Ende des 18. Jahrhunderts teilweise der Charakter einer Ersatzreligion zugesprochen wurde (Kunstreligion), kam es immer häufiger zu einer Übertragung entsprechender Interpretationskategorien auf literarische Werke. Da es jedoch vor allem der schon im Abschnitt über die Predigt erwähnte unkonventionelle Theologe Schleiermacher war, der diese Übertragung beförderte, wurde hierbei zum Glück ein weniger strenger Begriff von 'richtiger' Textauslegung zugrundegelegt. Schleiermacher ging nicht davon aus, daß es eine einzige wahre Textauslegung gibt, sondern er definierte das Verstehen als den Prozeß einer 'unendlichen Approximation' (Annäherung), bei der man niemals zu einer einzigen endgültigen Deutung gelangt. In einem sogenannten *hermeneutischen*

Zirkel pendelt man stattdessen beständig zwischen dem Einzelnen und dem Ganzen hin und her. Verdeutlichen wir uns dies an einem Beispiel. Ich lese ein Gedicht und habe danach ein erstes grobes Vorverständnis. Bei zweiter Lektüre entdecke ich jedoch eine Einzelheit wie z.B. ein mehrdeutiges Wort, eine Abweichung vom Reimschema o.ä., und daraufhin gelange ich zu einer zweiten, verbesserten Gesamtdeutung. Bei erneuter Lektüre identifiziere ich vielleicht ein Zitat oder eine Anspielung. Ich lese den zitierten Text und komme daraufhin zu einer noch tieferen, dritten Gesamtdeutung usw. Prinzipiell ist hier kein Ende absehbar, denn wie Schleiermacher selbst schon wußte, kann letzten Endes jedes winzige Textdetail zum Ausgangspunkt unendlicher stilistischer, intertextueller, etymologischer und sonstiger Zusatzerklärungen werden, bis schließlich jedes einzelne Wort im Text einen ganzen Rattenschwanz von erklärenden Kommentaren hinter sich herzieht. Der Hermeneutiker hält eine Deutung für umso richtiger, umso mehr (gelehrte und plausible) Kommentare sie berücksichtigt und beinhaltet. Und dabei geht er sogar davon aus, daß der kommentierende Hermeneutiker einen Autor besser verstehen kann, als dieser sich selbst verstand. Drei Argumente werden hierfür ins Feld geführt, und zwar ein historisches, ein psychologisches und ein linguistisches. Das historische Argument besagt, daß der Autor im Moment der Abfassung seines Textes noch nicht zutreffend beurteilen konnte, in welchen Kontexten seine Worte standen, da ihm der hierzu erforderliche Abstand und Überblick zwangsläufig fehlte. Als z.B. Rousseau seine Abhandlung *Über den Gesellschaftsvertrag* (1762) verfaßte, konnte er noch nicht ahnen, daß nur wenige Jahre später die Französische Revolution ausbrechen würde, die dann seine Schrift als einen wichtigen geistigen Beitrag zur Revolutionsvorbereitung erscheinen ließ. Das psychologische Argument besagt, daß der Autor seine eigenen Seelenregungen und Charaktereigenschaften nicht vorurteilsfrei betrachten kann, so daß ihm vielleicht seine subjektive Weltsicht wie eine objektive Wirklichkeit vorkommt. In seiner Verteidigungsschrift *Rousseau urteilt über Jean-Jacques* (1780-82) hatte der Genfer Philosoph so z.B. eine gigantische Verschwörung gegen seine Person aufzudecken versucht, die sich im nachhinein als Produkt einer überreizten Phantasie herausstellte. Das dritte, linguistische Argument besagt schließlich, daß der Autor die Bedeutung seiner Worte nicht perfekt kontrollieren oder stillstellen kann. Das Gesagte deckt sich also niemals vollständig mit dem Gemeinten, es läßt sich immer mehr als nur dieses eine Gemeinte aus ihm herauslesen.

Wie man sofort erkennt, atmet dieses dritte Argument den typischen Geist des pluralistischen Zeitalters. Und in der Tat gibt es einen Streit darüber, ob schon Schleiermacher selbst das linguistische Argument vorformulierte oder ob nicht Manfred Frank, der wichtigste Vertreter der modernen Hermeneutik, diesbezügliche Andeutungen Schleiermachers zu einem vollgültigen Argument ausbaute. Für diese These spricht, daß Manfred Frank seine Schleiermacher-Deutung in der Auseinandersetzung mit Derrida, Lacan und anderen Theoretikern der Gegenwart entwickelt, die dieses dritte Argument zum Dreh- und Angelpunkt ihrer ganz andersartigen, nicht-hermeneutischen Sprach- und Literaturtheorien machten (s.u.). So oder so liefert aber Manfred Frank in seinen Schriften, die auch in anderer Hinsicht Schleiermacher weit hinter sich lassen, das komplexe und durchdachte System einer konkurrenzfähigen modernen Hermeneutik, die plausibel begründen kann, weshalb zwar nicht zwischen einer richtigen und zahllosen falschen, dafür aber doch zwischen richtigeren und weniger richtigen Textdeutungen unterschieden werden kann. Die moderne Hermeneutik arbeitet grundsätzlich mit einem sehr weiten Literaturbegriff, doch in der Praxis stößt sie dort an gewisse Grenzen, wo es - wie z.B. bei der Computer-, Zufalls- oder Nonsenselyrik - nichts zu 'verstehen' gibt, weil die 'unendliche Approximation' ziel- und richtungslos bleibt.

Das Untersuchungsziel der **Geistesgeschichte** geht über das richtige Verstehen einzelner Texte weit hinaus. Unter mehr oder minder direkter Anknüpfung an die idealistische Philosophie Hegels will diese Methode die spezifische innere Entwicklungslogik des Geistes nachzeichnen, so wie er (u.a.) aus der historischen Entwicklung der Literatur herausgelesen werden kann. Wann kam in der Literatur, so fragten z.B. Geistesgeschichtler wie Wilhelm Dilthey, Rudolf Unger oder Fritz Strich, zum ersten Mal die Vorstellung zum Ausdruck, daß jeder Mensch ein Individuum mit ganz eigenen, unverwechselbaren Merkmalen ist? In welchem Text wird zum ersten Mal der romantische Liebesbegriff des bürgerlichen Zeitalters ausformuliert? Und wie haben sich die Vorstellung vom Individuum oder von der Liebe dann im Laufe der Zeit verändert? Ein zentrales Problem dieser Methode ergibt sich aus der Frage, wessen Geist es denn eigentlich war, dessen Geschichte geschrieben werden soll. Bei Hegel und seinen Schülern war dieser Geist überhaupt nicht an bestimmte Träger gebunden; er wurde als eine eigene Substanz aufgefaßt, die gleichsam ein menschenunabhängiges Eigenleben besitzt. In der Gegenwart finden derartige

Vorstellungen natürlich kaum noch Resonanz, und so hat die abstrakte Instanz des 'Geistes' im Laufe der Zeit immer mehr Fleisch und Kontur bekommen. Zunächst war es hierbei - z.B. bei Richard Benz - der Nationalgeist, der als Geist der deutschsprachigen Kulturgemeinschaft zum historischen Subjekt einer Reihe von heute überholten, nicht selten patriotischen bis chauvinistischen Darstellungen der deutschen Literaturgeschichte wurde. Nach den historischen Erfahrungen mit dem Nationalismus im 20. Jahrhundert trat die *Ideengeschichte* (z.B. von Hermann August Korff) die Nachfolge der Geistesgeschichte an, wobei als Träger der Ideen im wesentlichen die Vordenker aller Zeiten und Länder aufgefaßt wurden, die eben bestimmte Vorstellungen vom Individuum, von der Liebe usw. erstmals entwickelten. Ideengeschichtliche Darstellungen dieses Typs spannen großräumige Bögen von Denker zu Denker, wobei die literarischen Werke überwiegend daraufhin durchmustert werden, ob in ihnen eine neuartige Gedankenkombination ihren Niederschlag findet oder gar erstmals formuliert wird. Die Ideengeschichte will also nicht die ganze Wirklichkeit der literarischen Kommunikation in ihrer historischen Entwicklung abbilden, sondern gleichsam die Geschichte der Bewußtseinselite oder der geistigen Avantgarde nachzeichnen, die konkret vor allem bei den Philosophen, Geisteswissenschaftlern und Künstlern verortet wird.

Nach dem Boom der Soziologie in den 60er und 70er Jahren erschien dieses Konzept vielen Literarhistorikern als zu begrenzt und geistesaristokratisch. Die Nachfolge der Ideengeschichte trat deshalb die sogenannte *Mentalitätsgeschichte* an, die nicht mehr nach der Entstehung und dem ersten Auftreten bestimmter Vorstellungen, sondern nach den tatsächlich vorhandenen Vorstellungen der breiten Masse und aller anderen Bevölkerungsschichten in ihrer historischen Entwicklung fragt. Die von Peter Dinzelbacher herausgegebene *Europäische Mentalitätsgeschichte* (Stuttgart 1993) beschreibt dementsprechend in 17 instruktiven Artikeln, wie sich die Einstellungen v.a. des Durchschnittsmenschen gegenüber der Familie, der Sexualität, der Religion, der Arbeit, der Umwelt usw. im Verlauf der Jahrhunderte entwickelt und verändert haben. Wie sich dabei zeigt, klaffen hierbei natürlich Welten zwischen der Ideen- und der Mentalitätsgeschichte. Was der analphabetische Landarbeiter oder Handwerksgehilfe, der am Ende des 18. Jahrhunderts noch die ganz überwiegende Bevölkerungsmehrheit stellte, über die genannten Themen dachte, hat mit den Vorstellungen eines Lessing, Kant oder Goethe kaum etwas gemein. Ob und in welcher Weise literarische Werke als Dokumente zur Vervollständigung der Mentalitätsgeschichte, die eigentlich eine interdisziplinäre Universalgeschichte ist, beitragen kann, bedarf noch genauerer Untersuchungen. Ein großes Hemmnis ist hierbei die bis heute andauernde und von der Ideengeschichte natürlich noch beförderte Vernachlässigung der Trivialliteratur in der literaturgeschichtlichen Forschung. Es bleibt abzuwarten, ob das naturgemäß hohe Niveau der Ideengeschichte und das im demokratischen Zeitalter hohe Legitimationspotential der Mentalitätsgeschichte im Sinne einer gegenseitigen Steigerung zu einer fruchtbaren Kooperation beider Methoden führen können. Der Literaturbegriff der Mentalitätsgeschichte ist denkbar weitgefaßt, während die Ideengeschichte auf das Kriterium der anspruchsvollen künstlerischen Sprachgestaltung natürlich nicht verzichten will und generell stärker am traditionellen Kanon der Literaturgeschichte orientiert ist. Grundsätzlich steht die philologische Einzeltextanalyse bei beiden Methoden nicht im Vordergrund, weshalb die im ersten und zweiten Kapitel vorgestellten Analysekategorien bei ihnen zwar auch vorkommen, jedoch im wesentlichen als nachrangige Hilfsinstrumente zur Ermittlung der in einem Werk dokumentierten Idee oder Mentalität aufgefaßt werden.

Ganz anders verhält es sich demgegenüber beim **Formalismus**, der die Analyse der sprachkünstlerischen Gestaltungsmittel und ihrer geschichtlichen Entwicklung für das wichtigste, wenn nicht sogar für das einzige legitime Untersuchungsziel der Philologie hält. Der Formalismus legt großen Wert auf wissenschaftliche Objektivität und vermeidet deshalb nach Möglichkeit inhaltliche Interpretationen, in die ja fast zwangsläufig ästhetische und ethische Werturteile mit einfließen. Ein Formalist würde also z.B. möglichst exakt beschreiben, wann die erlebte Rede zum ersten Mal in der Epik erscheint, wie sie sprachlich realisiert wird, in welchen Variationen sie vorkommt oder welche Autoren sie besonders häufig verwenden. Warum dies so ist, würde der Formalist jedoch nicht mehr zu erklären versuchen, da sich eine derartige Frage nur auf der Basis von Deutungen beantworten läßt, die ein gewisses Maß an subjektiver Bewertung beinhalten und die deshalb mit dem Wissenschaftlichkeitsideal des Formalisten nicht zu vereinbaren sind. Allerdings ist hierbei einzuräumen, daß ein ganz strenger, wertungsfreier Formalismus kaum zu realisieren ist, da jede Textanalyse auf unausgesprochenen Vorentscheidungen und Werturteilen beruht. Ob die erlebte Rede überhaupt ein lohnenswerter Un-

3.2 Methoden und Theorien

tersuchungsgegenstand ist und welche (in der Regel kanonischen) Texte ich einer Analyse dieses Gestaltungsmittels zugrundelege, kann ich nur auf der Basis ästhetischer und pädagogischer Prämissen entscheiden. Durch die Hintertür kommen also auch beim strengen Formalismus immer wieder subjektive Werturteile mit ins Spiel. Dies zeigte sich deutlich bereits in der Gründungsphase des Formalismus, als Literaturwissenschaftler wie Viktor Sklovskij oder Jurij Tynjanov ihre Analysekategorien besonders auf jene Literaturformen des frühen 20. Jahrhunderts zuschnitten, in denen die ontologische und die semiotische Emanzipation eine herausragende Rolle spielten (Futurismus, Dadaismus). Im Hinblick auf die zeitgleiche Verfestigung und institutionelle Etablierung des Realismus innerhalb der marxistischen Ästhetik und Kulturpolitik implizierte der Formalismus eine indirekte Stellungnahme gegen derartige Verfestigungstendenzen. In der deutschen Literaturwissenschaft gibt es gleichartige Phänomene, was besonders die Geschichte der Germanistik nach 1945 illustriert, in der die Konzentration auf politisch und weltanschaulich angeblich neutrale sprachkünstlerische Untersuchungsaspekte bei Philologen wie Kurt May, Wolfgang Kayser oder anderen Vertretern der sogenannten *werkimmanenten Interpretation* ganz deutlich als Ausdruck einer Abkehr von jedweder Ideologie erscheint. Gerade diese politische Abstinenz verhinderte jedoch andererseits eine Aufarbeitung der - zumindest zeitweiligen - Verstrickung vieler Philologen in den faschistischen Kultur- und Wissenschaftsapparat. Wo der Formalismus seine verdeckten politischen Implikationen nicht offenlegte, konnte er also zu einem Refugium für jene Philologen werden, die aufgrund geschichtlicher Erfahrungen oder eigener Verfehlungen eine Haltung größtmöglicher Neutralität einnehmen wollten. Trotz dieser problematischen Neigung zur Pseudoobjektivität hat der Formalismus jedoch unzweifelhaft große fachgeschichtliche Verdienste, da er eine nützliche Ausdifferenzierung und Präzisierung zahlreicher Analysekategorien erbrachte. Da er das Definitionskriterium der anspruchsvollen künstlerischen Sprachgestaltung besonders betont, arbeitet er jedoch mit einem relativ enggefaßten, qualitäts- und kanonzentrierten Literaturbegriff, der für Trivialliteratur, Sachbücher u. dgl. in der Regel wenig Raum läßt.

Der **Positivismus** vertritt ein ähnliches Wissenschaftlichkeitsideal wie der Formalismus, richtet jedoch sein Erkenntnisinteresse nicht nur auf die sprachkünstlerische Gestaltung literarischer Texte. Vielmehr interessiert sich der Positivist für sämtliche Faktoren im Prozeß der literarischen Kommunikation und sammelt alles, was darüber an zuverlässigen, keiner subjektiven Deutung unterliegenden Fakten zu bekommen ist. Das beginnt bei der Person des Autors mit seinen genauen Lebensdaten und erstreckt sich bis zur präzisen Dokumentation der Publikationsgeschichte mitsamt der Angabe von Erscheinungsdaten für alle Ausgaben und Auflagen eines Textes inklusive genauer Verkaufszahlen usw. Der Positivismus hat eine Vorliebe für quantifizierbare Fakten, was ihm einerseits den Glanz besonderer Objektivität verleiht, was jedoch andererseits den Vorwurf nahelegt, daß die Vertreter dieser Methode sich an Äußerlichkeiten festklammern, die den Blick auf das eigentlich Künstlerische und auf den Sinn oder Gehalt eines Textes verdecken. Um diesen Mangel zu kompensieren, verschrieben sich am Ende des 19. Jahrhunderts viele Positivisten einem interpretatorischen *Biographismus*, der den Inhalt eines Werkes möglichst vollständig aus den Lebensdaten und -umständen des Autors zu erklären versuchte. Die veränderte Subjekt- und Identitätsauffassung des demokratisch-pluralistischen Zeitalters hat diesem Biographismus den theoretischen Boden entzogen, so daß heute eine Monographie über 'Leben und Werk' dieses oder jenes Autors in der Regel davon ausgeht, daß die Lebensverhältnisse höchstens notwendige, nicht jedoch hinreichende Bedingungen für Entstehung und Erklärung des Werkes liefern. Der Positivismus, dessen prominentester Vertreter Wilhelm Scherer war, kann u.U. in kleingeistigen Detailfetischismus oder gar in prahlerische Faktenhuberei ausarten, doch die Literaturwissenschaft verdankt den Positivisten zweifellos eine Fülle unentbehrlicher Nachschlagewerke, Bibliographien und Editionen. Ähnlich wie der Formalismus so erlebt auch der Positivismus in politischen Krisenzeiten regelmäßig einen besonderen Boom, da er im Sinne einer inneren Emigration die Möglichkeit bietet, Philologie zu betreiben, ohne explizite ästhetische und ethische Werturteile abgeben zu müssen.

Eine direkte Gegenposition hierzu bildet die **sozialgeschichtliche Methode**, welche die Literatur unter mehr oder minder strenger Anwendung des marxistischen Basis-Überbau-Schemas primär als einen Schauplatz symbolischer Auseinandersetzungen zwischen gegnerischen Klassen oder Gesellschaftsschichten auffaßt. Politisch-ethische Stellungnahmen werden von den Vertretern dieser Richtung für unvermeidlich und unverzichtbar gehalten. Literarische Werke werden demzufolge explizit beurteilt und je nachdem als progressiv oder als reaktionär eingestuft. Reaktionäre Werke werden einer enthüllenden Ideologiekritik unterzogen, die häufig den marxistischen Satz bestätigt, daß die herrschende Meinung die Meinung der Herrschenden sei. Progressive Werke werden demgegenüber für ihr Engagement zugunsten ausgebeuteter, marginalisierter oder sonstwie unterdrückter Personengruppen gelobt. Gab es hierbei ursprünglich relativ klare Frontverläufe, bei denen 'Reaktionäre' wie Goethe, Eichendorff oder Fontane 'Progressiven' wie Heine, Büchner oder Tucholsky gegenübergestellt wurden, so brachte die Weiterentwicklung der sozialgeschichtlichen Untersuchungsmethode in der Mitte des 20. Jahrhunderts eine deutliche Verfeinerung der Beurteilungskriterien mit sich. So entdeckte Georg Lukács in den Werken von Goethe und Thomas Mann Elemente einer entlarvenden Wirklichkeitsdarstellung, der diese Autoren unverhofft zu respektablen Ahnherren des sozialistischen Realismus aufsteigen ließ. Und Theodor W. Adorno, neben Max Horkheimer wichtigster Vertreter der sogenannten *Kritischen Theorie*, rehabilitierte umgekehrt einige bis dahin von der Linken als unengagierte Formkünstler geschmähte Autoren wie George und Beckett, in deren ontologischer und semiotischer Emanzipation er eine provokante Kommunikationsverweigerung und einen gezielten Protest gegen Nützlichkeitsdenken und kapitalistische Konsumhaltung erblickte. Adorno öffnete damit den Blick für jene Formen des Engagements, die sich nicht inhaltlich, sondern auf subtilere Weise durch die formale Gestaltung von Texten äußern. Er aktualisierte im Prinzip einen von Schiller vorformulierten Gedanken und trug wesentlich dazu bei, daß auch solche Literaturwissenschaftler für die sozialgeschichtliche Methode gewonnen werden konnten, die vor explizitem politischen Engagement zurückschreckten und die sich selbst keineswegs als Marxisten verstanden. Nach der Auflösung der Studentenbewegung wurde dieser Trend noch verstärkt, und seit der politischen Wende von 1989 gibt es nur noch wenige Literaturwissenschaftler, die sich ausdrücklich zum Marxismus bekennen. Die Konzepte von Lukács und Adorno hatten jedoch rechtzeitig den Weg hin zu moderateren Formen der Sozialgeschichte gebahnt, so daß heute noch keineswegs von einem Niedergang dieses Ansatzes gesprochen werden kann. Methodologisch ist es jedoch ein Problem, daß hierbei häufig nicht ganz klar zu erkennen ist, für wie eng oder lose die Relation zwischen ökonomisch-gesellschaftlicher Basis und kulturellem Überbau im einzelnen gehalten wird. Nicht selten kommt es so zu einem rätselhaften Nebeneinander von wirtschafts-, gesellschafts- oder auch technikgeschichtlichen Hintergrund-Fakten und literaturgeschichtlichen Einzelanalysen und -interpretationen, ohne daß deutlich ausgesprochen wird, was die Einkommenssituation der schlesischen Textilarbeiter mit Heines Lyrik oder der Ausbau des Eisenbahnnetzes mit Fontanes Balladen konkret zu tun hat. Das bleibende forschungsgeschichtliche Verdienst der sozialgeschichtlichen Methode liegt dennoch unstrittig darin, daß sie am Thron der kanonisierten, manchmal sogar im Sinne eines Starkultes für Gebildete verehrten Klassiker rüttelte, daß sie politisch verfemte Autoren rehabilitierte und daß sie den Literaturbegriff zumindest auf die Trivialliteratur ausdehnte. Aufgrund der Innovationen Adornos läßt sich heute auch nicht mehr behaupten, daß die Sozialgeschichtler zu inhaltsbezogen argumentieren und kein Verständnis für künstlerische Gestaltungstechniken, ästhetische Qualität und ontologische oder semiotische Emanzipation besitzen. Die sozialgeschichtliche Methode ist de facto weit verbreitet und trägt trotz gewisser theoretischer Defizite ganz wesentlich zum inhaltlichen Verständnis vieler Texte und des Prozesses der literarischen Kommunikation in seiner geschichtlichen Entwicklung bei.

Zu den meistdiskutierten Methoden der letzten Jahre gehört fraglos der sogenannte **Poststrukturalismus**, den wir als charakteristisches Produkt des demokratisch-pluralistischen Zeitalters auffassen können. Die ontologische und die semiotische Emanzipation werden von den Vertretern dieser Richtung nicht als mögliche Optionen des modernen Schriftstellers und Theoretikers, sondern als unumgängliche Komponente jedweder sprachlichen Äußerung aufgefaßt. Im klassischen *Strukturalismus*, vor allem in den 1906 bis 1911 gehaltenen Vorlesungen des Schweizer Sprachwissenschaftlers Ferdinand de Saussure, war dieser Gedanke bereits vorbereitet worden. Saussure hatte festgestellt, daß sich die Bedeutung eines Wortes nicht unmittelbar aus seiner Beziehung zu einem von ihm bezeichneten Gegenstand ergibt. Vielmehr begrenzen nach seiner Vorstellung die bedeutungsverwandten Wörter einer Sprache einander, so daß die Bedeutung des einzelnen Wortes von den Relationen zwischen diesen bedeutungsverwandten Wörtern abhängt. Nehmen wir als Beispiel die Wörter 'Haus', 'Baracke', 'Bude' und 'Zelt'. Nach Saussure bilden diese (und weitere) Wörter ein Wortfeld mit einer bestimmten inneren Struktur. Was eine 'Baracke' ist, ergibt sich also nicht nur aus der Beziehung dieses Wortes zu bestimmten Gegenständen, sondern auch aus der

Differenz, die dieses Wort von seinen bedeutungsverwandten Nachbarwörtern trennt. Würde sich also z.B. die Bedeutung des Wortes 'Haus'
verändern, so hätte dies Rückwirkungen auf die Bedeutung des Wortes
'Baracke', und zwar unabhängig davon, ob in der wirklichen Welt irgendwelche Architekturstile, Bauvorschriften o.ä. geändert worden wären. Bis zu einem gewissen Grad ist also die Bedeutung eines Wortes
nach Saussure von der Differenz abhängig, die es von seinen Nachbarwörtern trennt. Es könnte demnach zu Bedeutungsveränderungen kommen, selbst wenn kein einziges Bauwerk dieser Welt in irgendeiner Hinsicht verändert worden wäre. Dieser Gedanke einer Eigendynamik der
Bedeutungsveränderung wird nun von den Poststrukturalisten ausgeweitet
und radikalisiert, wobei es zwei Hauptrichtungen der Argumentation gibt,
und zwar eine linguistische und eine psychologische.

Die linguistische Radikalisierung wurde von dem algerisch-französischen
Philosophen Jacques Derrida entwickelt und erlangte unter der Bezeichnung *Dekonstruktivismus* - vor allem an amerikanischen Universitäten -
zeitweilig eine große Verbreitung. Derrida erklärte im Unterschied zu
Saussure, daß die Bedeutung eines Wortes nicht nur von der Differenz zu
seinen bedeutungsverwandten Nachbarwörtern, sondern von der Differenz zu sämtlichen (neuen und alten) Wörtern der Sprache abhängt. Würde sich z.B. die Bedeutung des Wortes 'Haus' verändern, so wären davon
nicht nur die Wörter 'Baracke' oder 'Zelt', sondern auch die Wörter 'es-
sen', 'drüben', 'ich' und alle möglichen anderen Wörter betroffen. Nicht
nur die Differenz zu bedeutungsverwandten Wörtern, sondern die von
Derrida in Abgrenzung von Saussure als 'différance' bezeichnete Relation
zu sämtlichen anderen Wörtern wäre also von einer solchen Veränderung
betroffen. Wie man leicht erkennt, ist es unter dieser Annahme nun allerdings schwierig, überhaupt noch von so etwas wie der festen Bedeutung
irgendeines Wortes zu sprechen. Und tatsächlich unterstellt Derrida, daß
die Bedeutungen den Wörtern gleichsam permanent entgleiten. Es gibt
keine feste Bedeutung irgendeines Wortes, sondern nur das unendliche
Spiel der permanent fluktuierenden Bedeutungen, das innerhalb von Wörtern oder Texten immer nur provisorisch stillgestellt werden kann (und
soll). Wörter besitzen demnach Derrida zufolge keine feste Identität, sondern stellen proteusartige, fluktuierende Gebilde dar, deren Bedeutung
beständig wechselt und die keinerlei festen Bedeutungskern besitzen. Tö-
richt wäre nach dieser Sprachauffassung jeder Autor und Interpret, der die
Sprache als kontrollierbares Werkzeug der Kommunikation auffassen

wollte. Möglich und wünschenswert ist nach Derrida lediglich eine bewußte Hingabe an die unkontrollierbaren Wandlungen der Bedeutungen, und jede Deutung kann demzufolge nur als aussichtsloser Versuch zur Fixierung eines von Natur aus nicht Fixierbaren aufgefaßt werden. Da dies auch die Erklärungsversuche und theoretischen Konzepte der Dekonstruktivisten selbst betrifft, sind deren Texte meistens in einer sperrig-unverständlichen Sprache verfaßt, die zum Ausdruck bringen soll, daß sich dieses Konzept (wie alles andere auch) prinzipiell nicht mitteilen oder beschreiben läßt. Unter professionellen Linguisten findet Derridas Radikalisierung des gegenwartstypischen Gedankens einer unendlichen Pluralität der Bedeutungen nur wenig Zustimmung. Vielen Literaturwissenschaftlern erschien sie jedoch als eine nützliche Waffe im Kampf gegen bürgerliche Sprach- und Literaturauffassungen, die im Sinne des traditionellen Identitätskonzeptes nach der einzigen 'richtigen' Bedeutung irgendeines Textes suchen wollten. Vertreter dieser Spezies sind allerdings ohnehin selten geworden; manche Dekonstruktivisten errichteten sich deshalb ein wirklichkeitsfernes Feindbild von identitätsversessenen Hermeneutikern, die angeblich auf eine derartige Bedeutungsfestlegung abzielen. Mit der von Manfred Frank entwickelten (nachbürgerlichen) Neo-Hermeneutik darf dieses Feindbild nicht verwechselt werden.

Nicht auf linguistische, sondern auf psychologische Hypothesen stützt sich die zweite wichtige Spielart des Poststrukturalismus, die hier vorgestellt werden soll und die vor allem an die Theorie des französischen Psychoanalytikers Jacques Lacan anknüpft. Auch der *Lacanismus* geht davon aus, daß nicht nur bedeutungsverwandte, sondern sämtliche Wörter einer Sprache einander begrenzen und beeinflussen. Seine Erklärung hierfür rekurriert jedoch auf den Umstand, daß Sprachbenutzer individuelle Verknüpfungen zwischen den unterschiedlichsten Wörtern herstellen können, und zwar sowohl aufgrund inhaltlicher als auch aufgrund rein formaler Parallelen und Analogien. Wenn z.B. das Wort 'Haus' für einen Sprecher aufgrund irgendwelcher traumatischen Erlebnisse sehr negativ besetzt ist, so kann das nach Lacan auf seine Verwendung des Wortes 'Zelt' (inhaltliche Verwandtschaft) oder des Wortes 'Maus' (formal-klangliche Verwandtschaft) abfärben. So könnte etwa aus einer auffälligen Anhäufung der Wörter 'Zelt' und 'Maus' in einem Text von geschickten Literaturpsychologen und -interpreten darauf geschlossen werden, daß der Text in Wirklichkeit ein 'Haus'-Trauma des Sprechers behandelt, obwohl im Text selbst womöglich mit keinem Wort explizit von etwas derartigem die Rede ist. Lacans Theorie der psychischen Entwicklung unterstellt, daß nicht nur Kranke, sondern im Prinzip alle Menschen derartige Wortverschiebungen und -ersetzungen in ihren Äußerungen durchführen, so daß auch der psychoanalytische Laie über entsprechende - wenngleich ihm selbst unbewußte - Erfahrungen bei der Textproduktion und -rezeption verfügt. Für den Literaturwissenschaftler bedeutet dies, daß er in einem Text bei sorgfältiger und kreativer Suche nach Wortersetzungen des beschriebenen Typs u.U. einen verborgenen Subtext aufspüren kann, der etwas ganz anderes thematisiert als das, was mit den konventionellen Methoden der Inhalts- oder Figurenanalyse herauszufinden ist. Für Lacan, der in seinen schwerverständlichen Schriften eine verzwickte und anspruchsvolle Weiterentwicklung des Freudschen Systems der Psychoanalyse lieferte, existiert hierbei allerdings nur eine begrenzte Menge typischer Subtexte. Denn es gibt nach seiner Auffassung bestimmte, allen Menschen gemeinsame psychische Konflikte, die in der Kunst vorzugsweise thematisiert bzw. unwillentlich und unterschwellig enthüllt werden.

Für den Anfänger sind poststrukturalistische Textanalysen sowohl des Derridaschen als auch des Lacanschen Typs im allgemeinen harte Nüsse, da in ihnen auf den ersten Blick völlig am Text vorbeigeredet wird. Erst ein genaueres Studium der Schriften dieser beiden Meisterdenker macht deutlich, daß in ihnen nach bestimmten Verfahrensregeln vorgegangen wird und daß die zunächst frappierenden Ergebnisse dieser Methoden nicht auf willkürlichen Spekulationen beruhen, sondern die unmittelbare Konsequenz bestimmter linguistischer und psychologischer Prämissen sind. Diese Prämissen werden allerdings nur von relativ wenigen Literaturwissenschaftlern akzeptiert. Gleichwohl hat der Poststrukturalismus das fachgeschichtliche Verdienst, als eine der ersten Theorien überhaupt eine in sich stimmige Begründung für eine maximale Ausweitung des Literaturbegriffes geliefert zu haben. Da alle Wörter auf alle anderen verweisen können, existieren auch unterschwellige Verbindungen zwischen literarischen Texten unterschiedlichster Art, ja man muß sogar von einer Verbindung zwischen allen nur denkbaren Äußerungen, seien sie literarischer oder nicht-literarischer Natur, ausgehen.

In zwei verschiedene Schulen ist auch die **Rezeptionsforschung** aufgeteilt, die sich am Ende der 60er Jahre ausbildete und etablierte. Auf der einen Seite steht hierbei die systematisch-deduktiv verfahrende *Rezeptionsästhetik* von Hans Robert Jauss und Wolfgang Iser, auf der anderen

Seite die induktiv operierende *empirische Rezeptionsforschung*, die vor allem von Norbert Groeben vertreten wird. Beide Schulen richten ihr Augenmerk auf die Rezeption literarischer Texte und beziehen hierbei auch solche Lektüreweisen mit ein, die in der Philologie bis in die 60er Jahre hinein vernachlässigt und belächelt wurden, weil sie als laienhaft oder naiv galten. Die Rezeptionsforschung behandelt also prinzipiell nicht nur die professionellen und philologisch plausiblen Deutungen eines Textes, sondern sämtliche Reaktionen, die ein Werk bei seinen Lesern, seien es Laien oder Profis, auslösen kann. Für die Literaturwissenschaft bedeutete diese Ausweitung des Untersuchungsgegenstandes eine wichtige Bereicherung, die - wie unschwer zu erkennen ist - den Rezeptionsbedingungen eines demokratisch-pluralistischen Zeitalters viel eher entsprach als die bis dahin übliche Fixierung auf für seriös oder plausibel gehaltene Interpretationen. Tatsächlich werden literarische Werke, zumal best- und longseller oder verfilmte Texte, nicht nur von Literaturwissenschaftlern rezipiert und nicht nur für sie verfaßt. Es ist deshalb ein wichtiges Anliegen der modernen Philologie, Aufschluß über die Verbreitung und Wirkung literarischer Texte in allen Gesellschafts- und Bildungsschichten zu gewinnen.

Die Vertreter der *empirischen Rezeptionsforschung* arbeiten hierbei mit aus Soziologie und Demoskopie bekannten Verfahren wie z.B. dem Leserinterview, der Auswertung von Verlagsarchiven, der Analyse von Zensurakten, der Befragung von Buchhändlern usw. Seit Anfang der 80er Jahre sind diese Verfahren so verfeinert worden, daß wir heute eine relativ genaue Kenntnis davon besitzen, wer welche Texte wo kauft, wann liest und wem empfiehlt. Was wir jedoch bisher nur unzureichend beschreiben können, ist die eigentliche Wirkung literarischer Werke. Mit psychologisch ausgefeilten Interviewtechniken läßt sich zwar ungefähr ergründen, welche Empfindungen und Überlegungen ein Text bei einem bestimmten Leser auslöste; ob diese Empfindungen und Überlegungen jedoch zu langfristigen und stabilen Veränderungen seiner Einstellungen und seiner Bewußtseinshaltung führten, läßt sich bisher nicht zuverlässig rekonstruieren. Selbst bei international verbreiteten Klassikern wie Goethes *Faust* oder Fontanes *Effi Briest* können wir deshalb nicht angeben, welche Wirkung sie tatsächlich innerhalb einer bestimmten Bildungsschicht, einer Nation, einer Sprachgemeinschaft oder innerhalb einer anderen Rezipientengruppe ausgeübt haben. Hat beispielsweise Fontanes Erfolgsroman die Toleranz gegenüber Ehebrecherinnen erhöht? Zumindest zeitweise? Zumindest in bestimmten Bevölkerungsschichten? Wir wissen es nicht, und wir werden es nicht erfahren, solange die Gebrauchsliteratur zu den Stiefkindern der philologischen Forschung gehört. Tagebücher und Briefe stellen die einzigen halbwegs zuverlässigen Zeugnisse dar, die uns hierüber belehren könnten. Doch in der Literaturwissenschaft finden diese Gattungen bisher fast ausschließlich Berücksichtigung, sofern es sich bei den Verfassern derartiger Texte um bekannte Künstler, Wissenschaftler oder sonstige Geistesgrößen handelt. Was Heine, Nietzsche und Rilke über den *Faust* dachten, läßt sich also ungefähr rekonstruieren, doch für die eigentliche Wirkungsforschung, deren Hauptinteresse den Breitenwirkungen gelten muß, sind solche Zeugnisse aufgrund ihrer Originalität und mangelnden Repräsentativität vergleichsweise irrelevant. Wenn in der Monographie über einen Klassiker also zuletzt in einem Kapitel mit der Überschrift 'Rezeptionsgeschichte' noch kurz rekapituliert wird, was andere Klassiker von ihm hielten, handelt es sich um einen kleinen Etikettenschwindel. Was Nietzsche und Rilke über Goethe dachten, hat vermutlich nur wenig mit dem zu tun, was Goethes Werke in der breiten literarischen Öffentlichkeit an Einstellungsveränderungen bewirkten. Erst die Auswertung mehrerer Tausend Briefe und Tagebücher von Rezipienten aus allen Bildungs- und Gesellschaftsschichten kann uns hier weiterhelfen. Der empirischen Rezeptionsforschung wird also die Arbeit so schnell nicht ausgehen.

Nach wie vor aktuell ist auch die andere Schule der Rezeptionsforschung, also die von Jauss und Iser entwickelte *Rezeptionsästhetik*. Vertreter dieser Richtung gehen deduktiv-introspektiv vor und versuchen auf diese Weise zu ergründen, wie der Rezeptionsvorgang abläuft und welche Schritte hierbei im einzelnen vom Leser vollzogen werden. Die wichtigste Grunderkenntnis dieser Schule lautet, daß Lesen ein aktiver Prozeß ist, bei dem der Rezipient nicht nur passiv Informationen aufnimmt, sondern bei dem er kreativ agiert und eine individuelle Interpretation eines Textes hervorbringt. Jauss zeigte, daß jeder Rezipient einen spezifischen 'Erwartungshorizont' besitzt, d.h. eine aufgrund seiner bisherigen Lebens- und Leseerfahrungen gebildete Vorerwartung, mit der er an einen Text herangeht. Diese Vorerwartung kann ihn blind oder intolerant gegenüber Textpassagen machen, die seinen Erwartungshorizont sprengen. Sie wirkt andererseits aber auch positiv, indem sie - was auch schon die Hermeneutiker betonten - eine Verbindung oder Verschmelzung des Gelesenen

mit der eigenen Erfahrung ermöglicht, so daß es zu einer wirklichen An-
eignung und Verinnerlichung kommt. Iser, der allerdings in mancher Hinsicht von Jauss abweicht, hat die rezeptionsästhetische Grundthese vom
aktiven Charakter der Rezeption vor allem durch sein Konzept der 'Leerstellen' ergänzt. Hierbei handelt es sich *nicht* um fehlende Informationen
über Figuren (Kleidung, Haarfarbe o.ä.), Schauplätze oder Handlungsgeschehen, die der Leser aus eigener Phantasie ergänzt (und die z.b. bei einer Verfilmung hinzugefügt werden könnten oder müßten). Vielmehr bezeichnet Isers Begriff jene Passagen innerhalb eines Textes, an denen der
Leser sein bisheriges Deutungskonzept verwirft und ersetzt, weil er z.b.
aufgrund von auktorialen Erzählerkommentaren, plötzlichen Handlungs-
wenden, veränderten Sympathielenkungsstrategien u.ä. zu einer neuen
Textinterpretation gelangt. Schematisch können wir uns das so vorstellen,
daß ein Romanleser z.B. nach 50 Seiten ein erstes Urteil über die Moral
der Figuren, über die politische Tendenz des Textes, über die Plausibilität
der Erzählerkommentare u.ä. fällt. Nach weiteren 50 Seiten begegnet ihm
jedoch womöglich eine Textpassage (Leerstelle), die ihn zu einer Korrektur dieses ersten Urteils nötigt. Im Verlauf der Lektüre eines dicken
Romanes kann es auf diese Weise zu einer mehrfachen Revision des ursprünglichen Urteils und damit zu einer fluktuierenden Interpretations-
tätigkeit des Lesers kommen. Und da der Inhalt und die Haltbarkeit der
einzelnen Zwischeninterpretationen von der Lebens- und Lektüreerfahrung des Rezipienten abhängen, bringt jede individuelle Lektüre ihre
eigenen Leerstellen hervor. Was für den einen eine irritierende Zusatz-
information darstellt, die ihn zu einer Korrektur seiner bisherigen Interpretation nötigt, ist für den anderen eine unproblematische Textpassage,
die sich ohne weiteres in sein bisheriges Deutungskonzept integrieren
läßt. Auch Isers Leerstellenmodell bestätigt damit die Grundthese der Rezeptionsästhetik, daß Lesen eine aktive Tätigkeit ist, die auf kreativer und
individueller Mitarbeit des Rezipienten beruht.

Die von dem Philosophen Michel Foucault begründete **Diskursanalyse**
ist mit den Ergebnissen der Rezeptionsforschung auf den ersten Blick
nicht leicht zu vereinbaren. Foucault ging nämlich von der Prämisse aus,
daß es in allen Bereichen der menschlichen Kultur bestimmte unausgesprochene Zwänge und Regeln gibt, die unser Denken, Empfinden und
Sprechen reglementieren. Der Geltungsbereich dieser Regeln variiert
hierbei im Hinblick auf seinen Umfang. Bestimmte Zwänge machen sich

also z.B. vorwiegend im Diskurs der Gentechnik, andere im Diskurs der Biologie und wieder andere im gesamten Diskurs der Naturwissenschaft geltend. So kann es etwa im Rahmen der Gentechnik als Tabuverletzung empfunden und geahndet werden, wenn eine unbegrenzte Freiheit der Forschung gefordert wird. In der Naturwissenschaft im allgemeinen kann dies hingegen als akzeptable Äußerung erscheinen. Tabus, der Ehrenkodex einer Wissenschaftsdisziplin, Gattungsregeln für die korrekte Verfertigung von Textsorten, institutionalisierte Hierarchien u.ä. schränken also unser Denken, Empfinden und Sprechen von allen Seiten ein. Wer als Wissenschaftler einen Vortrag hält, muß demnach bestimmten anerkannten Methoden folgen, allgemein akzeptierte Autoritäten berücksichtigen, Fachtermini korrekt verwenden, sachlich formulieren usw. Wenn er gegen diese Regeln verstößt, tritt die von Foucault so genannte 'Diskurspolizei' in Aktion, d.h. bestimmte unausgesprochene Mechanismen der Ächtung, der Marginalisierung oder Isolation werden wirksam und sorgen dafür, daß der betroffene Diskurs zukünftig nicht mehr gestört wird. Dabei ist die Diskurspolizei nach Foucault nicht nur in der Wissenschaft wirksam, sondern in der gesamten Kultur und Gesellschaft. Es gibt also auch einen Diskurs des Privatlebens, d.h. es können z.B. bei einer Geburtstagsparty meistens nur bestimmte Sätze über bestimmte Gegenstände geäußert werden, ohne daß es zu Repressionen kommt. Small talk über Reisen, Wetter, Filme o.ä. ist also 'erlaubt', während es der Gastgeber im allgemeinen nicht schätzen und mit weiteren Einladungen honorieren würde, wenn seine Charaktereigenschaften, sein Intimleben, seine Vermögensverhältnisse o. dgl. zum Hauptgegenstand der Konversation würden. Wo dies doch erwünscht wäre, würde wahrscheinlich umgekehrt ein belangloses Gespräch über das Wetter als oberflächlich und unpassend empfunden werden. So oder so gibt es immer Arbeit für die Diskurspolizei.

Was hat dies aber alles mit der Literatur zu tun? Nun, auch dieser Bereich kann natürlich auf die darin geltenden Zwänge und Regeln hin untersucht werden, was vor allem hinsichtlich des Problems der ideologischen und formalen Emanzipation bzw. im Hinblick auf die literarische Autonomie und Heteronomie von großer Bedeutung ist. Können Textproduzenten und -rezipienten völlig frei schalten und walten? Oder hat auch die Literatur ihre eigene Diskurspolizei, die darüber wacht, daß nur bestimmte Dinge geschrieben und in ganz bestimmter Weise gelesen werden? Die Antwort der Foucault-Anhänger unter den Philologen ist nicht einheitlich. Manche sehen in der Literatur das Reich der Freiheit, in dem phantasievolle und tabuverletzende 'Gegendiskurse' gestiftet werden, welche die in anderen Bereichen geltende Ordnung des Diskurses zerstören und die Diskurspolizei allgemein schwächen und lähmen. Andere hingegen halten die Literatur für eine Sphäre besonders subtiler Zwänge und Reglementierungen, in der das falsche (unerlaubte) Wort an der falschen Stelle massive Sanktionen von Kritikern, Verlegern, Philologen oder Lesebuchherausgebern provozieren und damit eine Schriftstellerkarriere ruinieren kann. Beides ist indes plausibel und miteinander vereinbar. Denn einerseits ist die Kunst im Prinzip frei und kann sich in alle Diskursbereiche kritisierend und regelsprengend einmischen, doch andererseits ist diese Freiheit nicht unbegrenzt und hat sich über die Jahrhunderte hinweg erst allmählich entwickelt und etabliert. Indem die Diskursanalyse diese Entwicklung rekonstruiert, leistet sie einen wichtigen Beitrag zur Kanondebatte, in der die Entstehungsvoraussetzungen und Existenzbedingungen des heute gültigen Kanons thematisiert werden. Aber auch bis in Details der Stilistik hinein läßt sich das Wirken der Diskurspolizei verfolgen, weshalb die ganz im Trend des demokratischen Pluralismus liegende Diskursanalyse Interesse an nahezu allen oben vorgestellten Analysekategorien hat und leicht für philologische Fragestellungen fruchtbar gemacht werden kann. Ihrem Selbstverständnis entsprechend hat die Diskursanalyse einen außerordentlich weiten Literaturbegriff, in dem diejenigen Autoren und Gattungen einen Ehrenplatz besitzen, die aufgrund ihrer Unkonventionalität durch die Maschen der Literaturgeschichtsschreibung fielen. Daß auch erzkonservative Autoren Gegenstand derartiger Aufwertungsversuche werden können, hängt damit zusammen, daß die formale Emanzipation in den Augen mancher Diskursanalytiker dauerhafter und wirkungsmächtiger als die weltanschauliche ist.

Wie Foucault so war auch der Begründer der **Systemtheorie**, der Soziologe Niklas Luhmann, von Haus aus kein Philologe. Sein Ziel war nicht die Analyse einzelner Künste und Kunstwerke, sondern die Entwicklung einer großangelegten Universaltheorie, die das Funktionieren von Gesellschaft im allgemeinen erklären soll. Luhmanns Augenmerk richtet sich hierbei allerdings in erster Linie auf die moderne Gesellschaft der europäischen Neuzeit und Gegenwart. In ihr hat sich nach Luhmanns Auffassung ein grundlegender Differenzierungsprozeß vollzogen, in dessen Verlauf verschiedene soziale Systeme entstanden, die aus einzelnen Kommunikationsakten bestehen und die sich durch eine weitgehende Eigengesetzlichkeit und Unabhängigkeit von anderen Systemen auszeichnen. Die Wissenschaft, die Religion, die Politik oder auch die Kunst stellen z.B. derartige Systeme dar. Ihre Hauptleistung ist es, die unübersichtliche (gesellschaftliche) Wirklichkeit der Moderne durch Komplexitätsreduktion durchschaubar und handhabbar zu machen. Zu diesem Zweck werden hauptsächlich binäre Codes benutzt, d.h. simple Filter- oder Sortierverfahren, die eine Beurteilung gesellschaftlicher Phänomene nach einem für das jeweilige System relevanten Kriterium ermöglichen. In der Wissenschaft werden so z.B. nach Luhmann alle Kommunikationsakte nach dem wahr/falsch - Kriterium beurteilt. Für die Religion gilt hingegen die Leitdifferenz immanent/transzendent. Von einer Autonomie der sozialen Systeme in der Moderne läßt sich nun nach Luhmann insofern sprechen, als die einzelnen Systeme hier erstmals stabil genug sind, um nur ihr eigenes Kriterium gelten zu lassen. So kann ein Wissenschaftler ungestraft irgendeine blasphemische oder atheistische Theorie vertreten, solange sie nur wahr im Sinne des Wissenschaftssystems ist. Und die Forschung z.B. ökonomischen Erwägungen unterordnen zu wollen, wäre aus Sicht der Systemtheorie ein Schritt in die Vormoderne, ein Ausdruck von Rückschrittlichkeit.

Für die Philologie ist die Systemtheorie insofern interessant, als man sich fragen kann, ob auch die Kunst ein eigenes soziales System mit relativer Autonomie darstellt. Luhmann selbst hat diese Frage bejaht. Doch sein Vorschlag, den binären Code schön/häßlich als systemkonstituierende Leitdifferenz aufzufassen, hat in den zuständigen Fachwissenschaften überwiegend ablehnende Reaktionen hervorgerufen. Als Alternativen wurden von systemtheoretisch orientierten Literaturwissenschaftlern stattdessen die Begriffsdichotomien interessant/langweilig, verständlich/unverständlich oder auch gelungen/mißlungen vorgeschlagen. Eine Einigung über diese Frage ist unwahrscheinlich, zumal spekuliert werden könnte, ob nicht die Kunst das einzige soziale System ohne Leitdifferenz darstellt. Doch für ein solches - womöglich dem Foucaultschen 'Gegendiskurs' nachgebildetes - Antisystem ist kein Platz in dem relativ geschlossenen Theoriegebäude Luhmanns, das allerdings kaum zusammenbrechen wird, wenn die Kunst mit ihren vielen Ecken und Kanten (auch) in ihr letztes Endes kein ganz passendes Plätzchen findet. Vorläufig ist es gewiß eine vordringliche Aufgabe der noch relativ jungen Systemtheorie, den ihr eigenen Autonomiebegriff mit den weiter oben vorgestellten Konzepten von weltanschaulicher, formaler, ontologischer und semiotischer Emanzipation abzugleichen. Denn nur so läßt sich eine Verengung des systemtheoretischen Literaturbegriffs vermeiden, für den z.B. jede Art von politisch engagierter Gegenwartskunst einen die Autonomie der sozialen Systeme Politik und Kunst verkennenden Atavismus darstellt. Daß künstlerische Autonomie heute soviel wie Einflußlosigkeit bedeuten kann, ist allerdings ein unbestreitbares, von der Systemtheorie in aller Deutlichkeit herausgearbeitetes Faktum. Ob es sich hierbei um eine bedeutende Gefahr oder um einen akzeptablen Nebenkostenfaktor des gesamtgesellschaftlichen Modernisierungsprozesses handelt, ist für den häufig der Affirmation bezichtigten Luhmann jedoch eine nicht mit wahren oder falschen Aussagen und damit nicht von Wissenschaftlern beantwortbare Frage.

Ganz andere Untersuchungsziele verfolgt die **feministische Literaturwissenschaft**, die Ende der 60er Jahre im Gefolge der Frauenbewegung entstand und die zunächst von dem skandalösen Faktum ausging, daß Frauen in der traditionellen Literaturgeschichtsschreibung nur eine Nebenrolle spielten. Droste-Hülshoff, Lasker-Schüler, Bachmann, Aichinger: unter den kanonisierten Klassikern gab es bis dahin nur wenige weibliche Autoren, und so war es ein erstes wichtiges Anliegen dieser Forschungsrichtung, alternative Literaturgeschichten zu schreiben und an die vielen 'vergessenen' Schriftstellerinnen zu erinnern, die - vor allem im 18., 19. und 20. Jahrhundert, als Frauen allmählich mehr Zugang zu Bildungseinrichtungen bekamen - schrieben und teilweise sehr erfolgreich publizierten. Gisela Brinker-Gabler, Renate Wall, Hiltrud Gnüg und Renate Möhrmann haben wichtige Nachschlagewerke und Bibliographien veröffentlicht, in denen diese Autorinnen mit ihren jeweiligen Werken aufgelistet und charakterisiert wurden. Auf der Basis dieser Datensammlungen konnte dann in den 80er Jahren ein Übergang zu analytischen Einzeluntersuchungen und zu theoretischen Reflexionen erfolgen. Silvia Bovenschen, Barbara Hahn, Sigrid Weigel, Marianne Schuller u.a. griffen in die vor allem von nordamerikanischen und französischen Feministinnen geführte Theoriedebatte ein und machten sie in der deutschsprachigen Literaturwissenschaft bekannt. Die Publikationen von Judith Butler, Shoshana Felman, Hélène Cixous, Luce Irigaray, Julia Kristeva und anderen international diskutierten Literatur- und Kulturwissenschaftlerinnen fanden auf diese Weise auch in der Germanistik starke Beachtung.

Inhaltlich geht es den genannten Forscherinnen nicht bzw. nicht nur um die Frage, wie es zu dem oben beschriebenen Ausschluß weiblicher Autoren aus dem Kanon kommen konnte, sondern um grundsätzlichere Fragen des Selbstverständnisses und der Selbstbestimmung von Frauen. Schreiben und lesen Frauen anders als Männer? Mußten Frauen ggf. diese Andersartigkeit verleugnen, wenn sie in der althergebrachten Männerwelt der Literatur Anerkennung oder zumindest Berücksichtigung finden wollten? Können männliche Autoren die Gedanken und Empfindungen weiblicher Figuren und können weibliche Autoren die Gedanken und Empfindungen männlicher Figuren adäquat darstellen? Ist das weibliche Schreiben unmittelbar an das biologische Geschlecht geknüpft (angeboren) oder eine gesellschaftliche Konstruktion (anerzogen)? So unterschiedlich die Antworten der genannten Wissenschaftlerinnen auf all diese Fragen sind, so unverkennbar ist doch andererseits ihr Bestreben, das Übel an der Wurzel zu packen und nicht nur nachträgliche Ergänzungen zur Literaturgeschichte von Männern über Männer zu schreiben. In den letzten Jahren hat es hierbei eine Wende zu den *Gender Studies* gegeben, die das Problem der Geschlechterrollen nicht nur aus weiblicher Sicht, sondern aus der teils komplementären, teils antagonistischen, sich teilweise aber auch überschneidenden Perspektive beider Geschlechter beleuchten. Männliche und weibliche Literaturwissenschaftler arbeiten hierbei zusammen, um z.B. charakteristische Geschlechtsrollenstereotype und ihre Beziehung zur epochenspezifischen Situation von Autoren und Autorinnen bzw. Lesern und Leserinnen zu untersuchen. So werden wir hoffentlich dereinst erfahren, weshalb uns in der kanonischen Literatur (aber auch z.B. in der Trivialliteratur) so viele starke Helden, nixenhafte Verführerinnen und ähnliche Klischeefiguren begegnen, deren Bezug zur Lebenswirklichkeit der Textproduzenten und -rezipienten zumindest fraglich ist. Neben den Kategorien der Figuren-, der Handlungs- und der Stilanalyse finden hierbei auch die gattungsspezifischen Normen und ihre Erforschung besondere Berücksichtigung.

Relativ neu auf dem Markt der Methoden ist die **Medientheorie**, die vor allem durch die Publikationen der Kanadier Harold A. Innis und Herbert Marshall McLuhan in den 60er Jahren erste bedeutende Impulse erhielt. Während allerdings Innis eine engagierte Kritik der Massenmedien formulierte, kam McLuhan, der ihm in seinem kommunikationsgeschichtlichen Ansatz zunächst gefolgt war, zu einer positiven, ja geradezu eupho-

rischen Bewertung des Fernsehens, das alle Sinne des Menschen zu aktivieren vermöge und das ihm - anders als Buch, Kinofilm oder Radio -
dennoch die Freiheit zu individueller und kreativ-selbstbestimmter Rezeption lasse. Die Einzelheiten seiner Argumentationsführung konnten
von der empirischen Rezeptionsforschung zwar nicht bestätigt werden,
doch McLuhans These vom Ende der Gutenberg-Galaxis, d.h. von der be-
grüßenswerten Verdrängung des gedruckten Buches durch das Fernsehen,
wird seither in der Medientheorie breit diskutiert, wobei vielfach das Internet als Ersatz für den inzwischen fragwürdig gewordenen Hoff-
nungsträger Fernsehen einspringen muß. Da in dieser Theorie viel von
zukünftigen Entwicklungen die Rede ist, gibt es hier nicht nur seriöse
wissenschaftliche Analysen, sondern auch viel lautstarke prophetische
Zeitgeistschriftstellerei, wie sie die großen technischen Innovationen
schon immer begleitete. Starke Werturteile und kühne Spekulationen sollten uns jedoch nicht von der wissenschaftlichen, sachlich-besonnenen Reflexion auf jene Phänomene abhalten, die in der Tat zum Gegenstand einer seriösen Medientheorie werden können und müssen. Dabei ist
zunächst zwischen zwei verschiedenen Bedeutungen des Wortes 'Medien'
zu unterscheiden:

a) Medien = Zeichensysteme (Bilder, Sprache)
b) Medien = Zeichenübermittlungssysteme (Buch, TV, PC u.a.)

Zu a: Als Lehre von den Zeichensystemen und ihrer Relation zueinander
stellt die Medientheorie eine Unterdisziplin der allgemeinen Semiotik dar.
Während in der Semiotik die Syntax, Semantik und Pragmatik sämtlicher
Zeichensysteme erforscht wird, konzentriert sich die Medientheorie
hauptsächlich auf den Aspekt der Konkurrenz zwischen abbildhaften und
sprachlichen Zeichen. Aus Sicht der Literaturwissenschaft handelt es sich
hierbei um ein außerordentlich gravierendes Problem. Denn gemäß unserer im ersten Kapitel vorgestellten Begriffsbestimmung ist die Literatur
hiervon im Kern berührt, da sie per definitionem sprachliche Zeichen enthalten muß. Stehende und bewegte Bilder mit Sprache zu kombinieren, ist
hierbei vergleichsweise unproblematisch, wie uns die Erforschung von
Comics, Theateraufführungen und Literaturverfilmungen lehrt. In allen
diesen Fällen ist gesprochene oder geschriebene Sprache noch mit im
Spiel, und folgerichtig finden diese Gattungen in der Literaturwissenschaft seit langem Berücksichtigung. Ist jedoch eventuell damit zu rech-

nen, daß die sprachlichen *ganz* von den abbildhaften Zeichen verdrängt werden? Oder gibt es natürliche Grenzen der Visualisierbarkeit, d.h. der Ersetzbarkeit von Sprache durch Bilder? Zunächst einmal ist hierbei festzuhalten, daß das Fernsehen, die CD-ROM und das Internet nicht auf Sprache schlechthin verzichten, sondern - zumindest teilweise - bloß die geschriebene in gesprochene Sprache übertragen. Auch das heute boomende Audiobook folgt diesem Trend, so daß keineswegs von einer Ersetzung der Literatur durch stehende oder bewegte Bilder, wohl aber - wenngleich mit Vorsicht - von einer zunehmenden Verdrängung der schriftlichen durch die mündliche Erscheinungsform von Literatur gesprochen werden kann. Auf die Literatur wirkt sich die technische Revolution der Gegenwart also primär insofern aus, als es weitreichendere Möglichkeiten gibt, gesprochene Sprache zu fixieren. Macht es jedoch einen Unterschied aus, ob ich Goethes *Werther* als Buch oder als Bilderroman (Comic) lese, als Audiobook höre, als Verfilmung im Fernsehen anschaue (und höre) oder von der CD-ROM bzw. als aus dem Internet importierte Datei lese (oder höre oder anschaue)? Ja, und zwar erstens im Hinblick auf die Vollständigkeit des Textes und zweitens unter dem Aspekt seiner Bearbeitbarkeit.

Das Buch, das Audiobook, die CD-ROM und das Internet können nämlich die vollständige Sequenz der den Goetheschen Text konstituierenden sprachlichen Zeichen (in geschriebener und/oder in gesprochener Form) übertragen; das Fernsehen ist hierzu aus ökonomischen Gründen nur theoretisch (Videotext), nicht aber praktisch in der Lage. Sobald Fernsehen und Netzcomputer verschmelzen, wird man jedoch die Wahl haben, sich den Text entweder in schriftlicher Form auf den Monitor bringen oder in mündlicher Form vorlesen zu lassen (audiobook on demand). Zusätzlich kann man auch Teilübertragungen des Textes in abbildhafte Zeichen, d.h. in stehende oder bewegte Bilder (Comic, Photoroman; Verfilmung) zum Vergleich heranziehen. Es ist demnach unsinnig, davon auszugehen, daß die Fortentwicklung der elektronischen Medien per se das Ende der Literatur bedeutet. Allenfalls werden Mischformen aus sprachlichen und abbildhaften Zeichen leichter verfügbar werden, und vor allem wird die mündliche gegenüber der schriftlichen Erscheinungsform von Sprache und damit auch von Literatur an Verbreitung und Verfügbarkeit gewinnen. Gerade dieser letzte Aspekt hat übrigens schon früh bei einem prominenten Gegenwartsschriftsteller Begeisterung ausgelöst, und zwar bei Hans Magnus Enzensberger, der 1970 in seinem *Kursbuch*-Artikel *Bau-*

kasten zu einer Theorie der Medien die Hoffnung äußerte, daß die elektronischen Medien eine zwanglosere, spontanere, individuellere, demokratischere Form der Kommunikation ermöglichen werden als der schon aufgrund von Orthographie und festgelegtem Seitenlayout normiertere, unflexiblere und formellere Buchdruck.

Wir kommen damit auf den zweiten der oben genannten Aspekte zu sprechen, d.h. auf die Frage der Bearbeitbarkeit. Hierbei sind das Audiobook und andere Formen der Rezeption durch Vorlesenlassen insofern problematisch, als es beim augenblicklichen Stand der Technik schon aufgrund des Fehlens einer Anzeige von Seitenzahlen schwierig bis unmöglich ist, den vorgelesenen Text mit Anmerkungen oder Hervorhebungen ('Unterstreichungen') zu versehen und textanalytisch durchzuarbeiten. Für die professionelle Rezeption ist dies ein bedeutender Minuspunkt, der jedoch unter Umständen durch technische Innovationen kompensiert werden könnte. Übrigens ist in diesem Zusammenhang daran zu erinnern, daß bis zum Ende des 18. Jahrhunderts die Textrezeption durch Vorlesen bzw. Vorlesenlassen eher die Regel als die Ausnahme darstellte. Erich Schön hat in seinem empfehlenswerten Buch *Der Verlust der Sinnlichkeit oder Die Verwandlungen des Lesers* (Stuttgart 1987) aufgezeigt, daß der Übergang vom lauten zum leisen Lesen als dominierender Rezeptionsform am Ende des 18. Jahrhunderts nur gegen beträchtliche Widerstände durchgesetzt werden konnte, weil das stille einsame Lesen als unnatürlich und unbequem empfunden wurde. Beim *Anhören* eines literarischen Textes ist man nicht an einen Sitz und in eine bestimmte Körperhaltung gefesselt, sondern freier, u.U. nicht alleine und offenbar auch in gewissem Sinne entspannter und aufnahmebereiter. Bisher ist jedoch nicht abzuschätzen, ob dieser Vorteil auch für die professionelle Lektüre gilt und demgemäß zurückerlangt werden sollte. Gewiß kann es nicht schaden, wenn ich einen Text zunächst als Radioaufzeichnung, als Audiobook oder als Sounddatei von CD-ROM oder aus dem Internet anhöre; doch für die wissenschaftliche Textanalyse mit Hilfe der im ersten und zweiten Teil des vorliegenden Buches vorgestellten Kategorien ist ein häufiges Hin- und Herblättern, das Anbringen von Hervorhebungen und Anmerkungen sowie das Notieren von Seiten- und Zeilenzahlen unentbehrlich, so daß auf eine begleitende oder anschließende Bearbeitung des Textes in einer schriftlichen Darbietungsform (Buch oder Monitor) nicht verzichtet werden kann. Aus literaturwissenschaftlicher Sicht ist außerdem darauf hin-

zuweisen, daß beim Vorlesenlassen die Art der Rezitation interpreta-
tionslenkend sein kann.

Jedenfalls wäre die Literatur aufgrund der skizzierten, noch unausge-
schöpften Präsentations- und Vermittlungsmöglichkeiten aber auch dann
offenkundig nicht tot, wenn das gedruckte Buch und das stille einsame
Lesen künftig ganz aus der Mode kämen. Sprache und Literatur werden
nur teilweise durch stehende oder bewegte Bilder ersetzt werden; und das
Vorlesenlassen kann das stille einsame Lesen literarischer Werke teilweise ersetzen.

<u>Zu b</u>: Als Lehre von den Zeichenübermittlungssystemen stellt die Me-
dientheorie eine Unterdisziplin der Technik- und Wirtschaftsgeschichte,
aber auch der Pädagogik und der psychologischen Rezeptionsforschung
dar. Aus Sicht der Literaturwissenschaft treten hierbei keine besonders
gravierenden Probleme auf. Denn gemäß unserer im ersten Kapitel vorgestellten Definition ist die Literatur hiervon nicht im Kern berührt. Für
eine Sequenz sprachlicher Zeichen ist es relativ unerheblich, ob sie z.B. in
Buchform, durch zuverlässiges Auswendiglernen, als Audiobook oder auf
elektronischen Datenträgern fixiert wird. Die Sequenz als solche wird dabei nicht verändert. Was allerdings durchaus verändert wird, das ist die
äußerliche Präsentation und damit die Rezeptionsweise der Sequenz. So
werden von technischer Seite aus unterschiedliche Anforderungen an den
Rezipienten gestellt; beim Anhören einer von irgendwem auswendig gelernten Rezitation sind sie am geringsten, beim Öffnen und Importieren
einer Internet-Datei sind sie am höchsten. Bereits jetzt gilt es als wichtige
Aufgabe künftiger Bildungspolitik, die Entstehung eines spezifischen
Computeranalphabetismus zu vermeiden. Dazu kommt der ökonomische
Faktor. Das Anhören einer auswendig gelernten Rezitation ist u.U. kostenlos; der Dateiimport aus dem Internet ist hingegen mit Anschaffungs-
und Betriebskosten verbunden. Die wichtigste Konsequenz hieraus ist die
Subventionierung der technischen Ausstattung aller öffentlichen Bibliotheken, damit jedermann kostenlos oder fast kostenlos Zugang zum Internet erhält. Darüber hinaus ist von pädagogischer Warte aus Sorge dafür
zu tragen, daß die Medienkompetenz als Unterrichtsziel in der Schule
verankert wird und daß eine spezifische wissenschaftliche Didaktik der
Medienkunde entwickelt wird.

Bleibt noch der Bereich der psychologischen Rezeptionsforschung, dem
in der Lehre von den Zeichenübermittlungssystemen, soweit sie unter der

Bezeichnung Medientheorie in die Literaturwissenschaft gelangt, meistens die größte Aufmerksamkeit geschenkt wird. Dabei ist zunächst und vor allem darauf hinzuweisen, daß nicht Texte aus allen literarischen Gattungen gleich gut in alle Zeichenübertragungssysteme transferiert werden können. Daß visuelle Poesie nicht fürs Audiobook taugt, liegt auf der Hand, und daß Aphorismen oder Essays schwer zu verfilmen sind, ist ebenso klar. Aus Sicht der Philologie wäre es zweifellos möglich, jeder Gattung adäquate und weniger adäquate Zeichenübertragungssysteme zuzuordnen, doch natürlich könnte es sich hierbei nur um unverbindliche Empfehlungen handeln. Zu berücksichtigen wären hierbei auch äußere Gestaltungsmittel wie zum Beispiel Seitengröße, Schriftart und -größe, Seitenlayout mit Kopfzeilen, Illustrationen, Hintergrundfarbe usw. Bedeutende Schriftsteller wie Hofmannsthal oder George haben großen Wert auf derartige Äußerlichkeiten gelegt, und gerade der Computer bietet hier zahlreiche Gestaltungsmöglichkeiten, die der Aktivität des Rezipienten ein breites Betätigungsfeld eröffnen. Der für viele Medientheoretiker wichtigste der hier zu behandelnden Gesichtspunkte resultiert jedoch nicht aus solchen editorischen Begleittätigkeiten des Lesers, sondern aus der Frage, ob sich durch die technischen Möglichkeiten der neuen elektronischen Medien veränderte Schreib- und Lesegewohnheiten ergeben werden. Neben der oben erläuterten Bild-Sprache-Problematik sind es vor allem die Möglichkeiten der kollektiven Textproduktion und der nichtlinearen Textrezeption, die hierbei das Interesse der Forscher finden.

Kollektives Schreiben ist in der Literaturgeschichte allerdings ein altbekanntes Phänomen. So entstanden viele der berühmten Dramen Bertolt Brechts in Teamarbeit, der 1970 in Köln gegründete 'Werkkreis Literatur der Arbeitswelt' bemühte sich mit gewerkschaftlicher Unterstützung um die Schaffung einer von Arbeiterkollektiven verfaßten realistisch-dokumentarischen Literatur, und vor allem die erfolgreichen Groschenheftserien werden arbeitsteilig jeweils von mehreren, manchmal sogar mehreren Dutzend Autoren verfaßt. Alle diese Herstellungsweisen erbringen jedoch abgeschlossene, vom einzelnen Koautor überschaubare Werke, während im Internet riesige Textcluster mit unübersehbar vielen Varianten, Fortsetzungen, Umformungen und Querverweisen entstehen können, die kein einzelner mehr überschaut und an denen simultan, aber an verschiedenen Enden Autoren arbeiten, die sich nicht kennen. Textcluster müssen für wissenschaftliche Zwecke auf einem bestimmten Zwischenstand fixiert werden können, was einerseits technische Probleme aufwerfen könnte und andererseits dem per definitionem dynamischen Charakter dieser Gebilde widerspricht.

Schließlich bleibt hier als letzter wichtiger Gegenstand der aktuellen Medientheorie noch die nicht-lineare Lektüre zu erwähnen. Digitalisierte Texte enthalten häufig sogenannte 'links', d.h. farbig unterlegte oder sonstwie markierte Wörter, Symbole oder Bilder, von denen aus man durch Anklicken zu anderen Passagen in der gleichen Datei oder sogar zu anderen Dateien springen kann. Beispielsweise könnte in Goethes *Werther* irgendwo das Wort 'Melusine' blau umrahmt sein. Wenn ich darauf klicke, höre ich vielleicht eine simple Worterklärung ('Wasserjungfrau'), oder ich werde schriftlich auf das *Melusinen-Volksbuch* bzw. auf Goethes Novelle *Die neue Melusine* hingewiesen, oder ich springe damit sofort an den Anfang eines der beiden Texte, oder ich sehe ein Porträt der Melusine Barby aus Fontanes Roman *Der Stechlin*, oder ich springe automatisch an den Beginn dieses Fontane-Romanes usw. usw. Bei alledem stellt sich die Frage, ob künftige Rezipientengenerationen noch fähig und bereit sein werden, den Ausgangstext, also Goethes *Werther*, von Anfang bis Ende durchzulesen. Oder werden sie immer wieder und immer weiter abschweifen, bis sie zuletzt nicht mehr zum Ausgangstext zurückfinden und sich in den Weiten des Datenuniversums verlieren? Das Problem ist demjenigen nicht unbekannt, der sich mit den Thesen der Hermeneutik auseinandergesetzt hat. Denn auch dort - wir erinnern uns - gab es ja die Vorstellung von einem unendlichen Kommentar, der prinzipiell niemals begrenzt werden kann. Eine Grundregel dieser Methode lautet jedoch, daß im Sinne des hermeneutischen Zirkels permanent zwischen dem Ganzen und dem Einzelnen hin- und hergependelt werden muß. Angeboren ist der hermeneutische Zirkel freilich niemandem, und verordnen läßt er sich auch nicht. Theoretisch ist es also schon vorstellbar, daß sich jemand - vielleicht just for fun - durch das Universum der Dateien zappt. Literaturrezeption ist und bleibt also eine Kulturtechnik, die mit einem gewissen Verzicht verbunden ist. Wer den Verlockungen des nächsten 'link' einfach nicht widerstehen kann, wird seinen *Werther* niemals gelesen kriegen. Übrigens ist immer schon jedermann, der ein Universallexikon sein eigen nennt, in einer vergleichbaren Situation gewesen. Denn auch darin könnte ich jeden interessanten Begriff nachschlagen. Im Lexikonartikel gibt es dann vielleicht ein weiteres interessantes Wort, das mich zu anderen Büchern oder Lexikonartikeln führt usw. Anklicken ist im Vergleich dazu natürlich praktischer und schneller zu realisieren. Gleichwohl kann die Konzentrationsfähigkeit durch schulische Maßnahmen der Leseförderung positiv beeinflußt werden, so daß die nicht-lineare Rezeption vielleicht für Unterhaltungszwecke, nicht aber für das Studium literarischer Werke üblich wird. In ihrer informativen Studie über *Literarische Sozialisation* (Stuttgart u. Weimar 1995) behandeln Hartmut Eggert und Christine Garbe viele der den Wandel der Rezeptionsgewohnheiten betreffenden Fragen.

Als letzte Methode wollen wir noch die **Kultursoziologie** behandeln, die ab Anfang der 70er Jahre von dem französischen Soziologen Pierre Bourdieu entwickelt worden ist. Da zentrale Begriffe seiner Theorie wie 'Kapitalstruktur', 'Habitus' und 'Klasse' bereits in unserem Kapitel über die Figurenanalyse erläutert worden sind, können wir uns hierbei etwas kürzer fassen. So genügt im Prinzip bereits der Hinweis, daß die genannten Begriffe nicht nur in der Figuren-, sondern auch in der Autoren- und in der Rezipientensoziologie verwendet werden können. Bourdieu will die Machtmechanismen aufzeigen, die der sozialen Mobilität in allen drei Bereichen entgegenwirken, wobei er sich in seinen eigenen Studien zur Literatur allerdings vorrangig um den Bereich der Autorensoziologie gekümmert hat. Entscheidend ist hierbei, daß er außerdem die Figuren- durch eine Stilanalyse ergänzt, da es nicht nur vornehme und distinguierte Figuren, sondern auch vornehme, angesehene Schreibweisen gibt, die allerdings von Epoche zu Epoche variieren. Insbesondere die Alternative zwischen Autonomie- und Heteronomieästhetik war in der bisherigen Literaturkritik und -geschichte, besonders in Deutschland, soziologisch nicht neutral. Die von Kant und Schiller getragene Autonomieästhetik wurde meistens für feiner und anspruchsvoller als die Heteronomieästhetik gehalten, was zu einer beklagenswerten Vernachlässigung engagierter Autoren in der bürgerlichen Literaturgeschichtsschreibung führte. In unserem demokratisch-pluralistischen Zeitalter sind derartige Distinktionsgesten jedoch nicht mehr zeitgemäß, weshalb Bourdieu für eine Gleichrangigkeit und Annäherung der beiden Lager eintritt. Dabei ist auch noch innerhalb der Philologenzunft viel Aufklärungsarbeit zu leisten, da zum Beispiel die Vernachlässigung der Trivialliteratur, der fälschlich für prinzipiell heteronom gehaltenen Gebrauchsliteratur und der wissenschaftssoziologischen Analyse konkurrierender Methoden für eine Zementierung bürgerlicher Literatur- und Wissenschaftskonzepte sorgte, die im pluralistisch-demokratischen Zeitalter eigentlich überholt sind. Wie Bourdieus Analysen in seinem vieldiskutierten Buch *Die feinen Unterschiede* (Frankfurt a.M. 1982; zuerst franz. 1979) zeigen, ist es nicht primär ein Ausdruck des persönlichen Geschmacks, welche Bücher ich lese, welche Musik ich höre, welche Kleidung ich trage, welche Sportart ich ausübe oder welchen Einrichtungsstil ich bevorzuge. Vielmehr machen sich in derartigen Geschmacksentscheidungen klassenspezifische Distinktionsstrategien geltend, die letzten Endes von meiner Stellung im sozialen Raum und von meinen Chancen zur Veränderung dieser Position abhängen. Im Unterschied zur traditionellen Sozialgeschichte geht Bourdieu also nicht von vagen Parallelen zwischen literarischen Motiven und historisch-politischen Ereignissen und Sachverhalten aus. Vielmehr wendet er sich (z.B. in seinen Studien über Balzac und Flaubert) konkret dem Individuum und seiner Position im sozialen Raum zu. Der Begriff des Habitus stellt hierbei die Schaltstelle zwischen Individuum und Gesellschaft dar, denn durch ihn werden die - ihrerseits historischen Wandlungen unterliegenden - Spielräume des Verhaltens der einzelnen Akteure begrenzt. Daß Flaubert so schrieb, wie er schrieb, hat also - nicht nur im Hinblick auf seine Themen und Motive, sondern auch bis in die Feinheiten seines Stils hinein - etwas mit seiner spezifischen Position im sozialen Raum zu tun. Und auch die Rezeption seiner Schriften wird maßgeblich durch den Umstand beeinflußt, ob der Leser die gleiche oder zumindest eine benachbarte Position in diesem Raum besitzt. Wenn dies nicht der Fall ist, kommt es leicht zu Mißverständnissen oder sogar zur naserümpfenden Abwendung von diesen Schriften. Bourdieus Literatursoziologie ist in eine allgemeine Soziologie eingebettet, die auch den Bereich der Wissenschaft, der Wirtschaft, der Alltagskultur, des Schulsystems sowie vor allem denjenigen der Politik erfaßt. Bourdieu ist ein stark engagierter Intellektueller, der besonders die neoliberale und neukonservative Politik der 80er und 90er Jahre in vielen Reden und Aufsätzen scharf attackiert hat. Eine gute Einführung in sein Denken liefern seine beiden von Margareta Steinrücke herausgegebenen Aufsatz- und Interviewbände *Die verborgenen Mechanismen der Macht* und *Der Tote packt den Lebenden* (Hamburg 1992 und 1997).

Vergleichen wir nun in der Überschau noch einmal die Antworten auf unsere drei an alle Methoden gerichteten Fragen, so überwiegen in einem Punkt die Gemeinsamkeiten, in den zwei anderen Punkten hingegen die Unterschiede.

Gemeinsam ist fast allen Methoden, zumindest in ihrer aktuellen Ausprägung, ein außerordentlich weiter Literaturbegriff, der entschieden mehr als nur den traditionellen Kanon, ja in einigen Fällen sogar alle sieben Teilmengen des im ersten Kapitel vorgestellten Modells umfaßt. Dies entspricht unserem dort bereits erhobenen Befund, daß der Literaturbegriff in der Geschichte der Philologie allmählich erweitert worden ist. Allerdings macht sich hier nach wie vor ein Auseinanderklaffen von Theorie und Praxis bemerkbar, das es noch zu beseitigen gilt. Trivialliteratur, Sachbücher oder Briefe (von Nichtprominenten) werden heute von vielen Literaturwissenschaftlern für ernstzunehmende Gegenstände ihres Faches gehalten, doch nur wenige von ihnen setzen sich kontinuierlich mit derartigen Texten auseinander. In der Praxis von Forschung und Lehre kommt es also zu einer Verengung des in Methodologie und Literaturtheorie dominierenden weiten Literaturbegriffes.

Unterschiede zwischen den einzelnen Methoden ergeben sich erstens im Hinblick auf das Erkenntnisinteresse und die Untersuchungsziele; die Situation eines Philologen ist mit derjenigen eines Richters in dieser Hinsicht offensichtlich nicht vergleichbar. Zweitens haben nicht alle Methoden für alle der im ersten und zweiten Teil des vorliegenden Buches erläuterten Analysekategorien Verwendung; ambitionierte Universaltheorien, die nach dem Motto 'think big' verfahren, interessieren sich nur am Rande für gestalterische Details in irgendeinem ganz gewöhnlichen Einzeltext. Und nicht alle Methoden eignen sich uneingeschränkt für die Analyse aller literarischen Texte.

Für die Außendarstellung der Philologie stellt diese Heterogenität manchmal einen Nachteil dar. Für seine Vertreter ist sie hingegen ein Vorteil. Denn in der Literaturwissenschaft mit ihrer Methodenvielfalt ist gewissermaßen für jeden etwas dabei. Wer seine Methode(n) finden will, sollte deshalb auch seine persönlichen Talente, seinen Wissenschaftsbegriff und seinen politischen Standort überprüfen. Wenn ich nach rationaler Prüfung verschiedener Methoden zu dem Urteil komme, daß die Methode X allen anderen überlegen ist, heißt das leider noch nicht, daß ich auch die persönlichen Voraussetzungen mitbringe, um sie anzuwenden. Wer keine Geduld besitzt, sollte nicht Formalist werden; wer sich nicht für Politik interessiert, wird als Kultursoziologe nicht glücklich werden.

Ein weiterer wichtiger Aspekt bei der Methodenwahl ist zudem das individuelle Berufsziel. Angehende Lehrer sollten mit der modernen Hermeneutik und der sozialgeschichtlichen Methode eher vertraut sein als künftige Archivare oder Museumsfachleute, für die z.B. der Positivismus nach wie vor eine gute Empfehlung darstellt. Die Wahl des Studienortes spielt hierbei übrigens kaum noch eine Rolle. Die Universitätsinstitute sind heute so groß und so pluralistisch besetzt, daß fast überall - wenn auch vielleicht nicht von jedem einzelnen Lehrenden - alle Methoden akzeptiert werden. In jedem Fall sollte man darauf achten, daß man einerseits die Einzeltextanalyse beherrscht und andererseits die übergeordnete Frage nach der Stellung der Literatur in der Gesellschaft im Auge behält. Theorieblindheit und Theorieversessenheit müssen gleichermaßen vermieden werden.

Ich selbst kombiniere seit einigen Jahren vorwiegend die Neohermeneutik von Manfred Frank und die Kultursoziologie von Pierre Bourdieu. Daraus erklärt sich zum einen der Aufbau dieses Buches, das im Sinne der einzeltextorientierten Hermeneutik in den Kapiteln 1 und 2 viel philologisches 'Handwerkszeug' vermitteln will, mit dessen Hilfe eine solide Werkanalyse durchgeführt werden kann. Zum anderen leitet sich aus der genannten Kombination das Adjektivattribut 'modern' im Titel der vorliegenden Einführung ab, die im Sinne der Kultursoziologie auch ein Bewußtsein dafür wecken will, daß dieses Handwerkszeug nicht aus unverrückbarobjektiven Kategorien besteht, sondern von der (über weite Strecken bürgerlichen) Fachgeschichte geprägt wurde und nur im Rahmen bestimmter Interpretationsmethoden und Literaturtheorien angewendet werden kann, deren Verschiedenartigkeit etwas mit unterschiedlichen Erkenntnisinteressen, Wissenschaftlichkeitsidealen und politischen Präferenzen zu tun hat. Wer diese Einsicht nicht mit relativistischer Gleichgültigkeit quittiert, sondern in ein professionelles wissenschaftliches Engagement für die Literatur umzumünzen versteht, kann nach meinem Dafürhalten mit Recht als 'moderner' Literaturwissenschaftler bezeichnet werden.

WICHTIGE BEGRIFFE

rationale, traditionale und charismatische Theorieherrschaft / Hermeneutik, hermeneutischer Zirkel / Geistes-, Ideen- und Mentalitätsgeschichte / Formalismus und werkimmanente Methode / Positivismus und Biographismus / sozialgeschichtliche Methode / Poststrukturalismus, Dekonstruktion, Lacanismus / empirische Rezeptionsforschung und Rezeptionsästhetik / Diskursanalyse / Systemtheorie / feministische Literaturwissenschaft und Gender Studies / Medientheorie / Kultursoziologie

DISKUSSIONSFRAGEN UND ARBEITSAUFGABEN

- Wann und warum sollte man eine gewählte Methode u.U. wieder aufgeben?
- Welche Methoden lassen sich nicht miteinander kombinieren?
- Ermitteln Sie die aktuelle methodologische Orientierung Ihrer Dozenten!
- Untersuchen Sie drei oder vier der oben vorgestellten Methoden hinsichtlich ihrer Affinität zur Autonomie- bzw. Heteronomieästhetik (vgl. Kap. 1.7)!

LITERATURHINWEISE

Bogdal, Klaus-Michael (Hg.): Neue Literaturtheorien. Eine Einführung. 2., neubearb. Aufl. Opladen 1997.
[Relativ anspruchsvoller, aber aktueller Sammelband mit lesenswertem Einleitungskapitel.]

Bundesanstalt für Arbeit (Hg.): Germanist/Germanistin. Unter Mitwirk. v. Winfried Neumann verfaßt v. Hartmut Kugler. 6., völlig neu bearb. Aufl. Bielefeld 1997 (= blätter zur berufskunde, Nr. 3 - X H 01).
[Informiert u.a. über Studiendauer und -orte sowie über Stellenmarkt, Berufsbilder und Verdienstmöglichkeiten.]

Hawthorn, Jeremy: Grundbegriffe moderner Literaturtheorie. Ein Handbuch. Übersetzt v. Waltraud Kolb. Tübingen u. Basel 1994.
[Nützliches Nachschlagewerk, in dem schwierige Begriffe wie 'Diskurs' oder 'Différance' definiert werden.]

Hermand, Jost: Geschichte der Germanistik. Reinbek 1994.
[Kurzgefaßte, leicht lesbare Fachgeschichte von kritischer, 'linker' Position aus.]

Kimmich, Dorothee / Renner, Rolf Günter / Stiegler, Bernd (Hg.): Texte zur Literaturtheorie der Gegenwart. Stuttgart 1996.
[Preisgünstige, kommentierte Sammlung instruktiver Textauszüge aus Standardwerken von Jauss, Bourdieu, Adorno, Lacan, Foucault, Derrida, Kristeva u.v.a.]

Renner, Rolf Günter / Habekost, Engelbert (Hg.): Lexikon literaturtheoretischer Werke. Stuttgart 1995.
[Sehr nützliches Nachschlagewerk, in dem fast alle Standardwerke der Literaturtheorie und Methodologie vorgestellt werden; mit Literaturhinweisen zu allen behandelten Werken.]

4. Personenregister

Adenauer, Konrad 115, 174
Adorno, Theodor W. 91, 94, 98, 110, 202, 210, 220, 243
Aichinger, Ilse 65, 99, 174, 231
Aischylos 187
Altenberg, Peter 117
Andersen, Hans Christian 173
Apuleius, Lucius 171
Ardenne, Armand Léon Baron von 36
Arion aus Methymna 187
Aristophanes 189
Aristoteles 40, 54, 93, 101f., 108, 188
Arminius (d.i. Hermann der Cherusker) 48f.
Arnim, Achim von 123, 148
Arp, Hans 117f.
Asmuth, Bernhard 192

Bachmann, Ingeborg 28f., 95, 117, 190f., 231
Bahr, Hermann 117f.
Bakunin, Michail Alexandrowitsch 107
Ball, Hugo 117, 149, 151
Balzac, Honoré de 240
Bartsch, Kurt 28
Batteux, Charles 97
Baudelaire, Charles 95
Baumann, Hans 116
Becker, Karl Ferdinand 59
Beckett, Samuel 160, 220
Beer-Hofmann, Richard 116
Beißner, Friedrich 133
Belke, Horst 131, 207
Benn, Gottfried 117, 126f.
Benz, Richard 216
Bernhard, Thomas 64, 201
Beutin, Wolfgang 118, 125

Bieler, Manfred 90
Bierbaum, Otto Julius 117
Biermann, Wolf 96, 118, 148
Birken, Sigmund von 149, 205
Bismarck, Otto von 174
Blinn, Hansjürgen 28, 31, 63
Bloch, Ernst 99, 101
Boccaccio, Giovanni 173
Bodmer, Johann Jacob 83, 103
Böll, Heinrich 21-23, 174
Börne, Ludwig 97
Bogdal, Klaus-Michael 243
Bonsels, Waldemar 35
Borchardt, Rudolf 144
Borchert, Wolfgang 174
Bourdieu, Pierre 38f., 42, 45, 67, 98, 199, 210, 239f., 242f.
Bovenschen, Silvia 231
Braak, Ivo 135
Brackert, Helmut 32, 70
Brahms, Johannes 55, 148
Brandes, Ute 28
Brant, Sebastian 174
Brauneck, Manfred 192
Brecht, Bertolt 43, 80, 93, 99, 116, 126, 145, 147f., 168, 174, 181, 186, 190, 237
Breitinger, Johann Jakob 103
Brentano, Clemens 116, 147f., 155, 173
Breuer, Dieter 87
Brinker, Klaus 57
Brinker-Gabler, Gisela 231
Brinkmann, Rolf Dieter 204
Broich, Ulrich 57
Büchner, Georg 35, 186, 220
Buff, Charlotte 36
Buffon, Georges Louis Leclerc, Comte de 61

Burdorf, Dieter 151
Busch, Wilhelm 171
Butler, Judith 231

Caesar, Gaius Julius 48
Calderón de la Barca, Pedro 189
Canetti, Elias 126
Carossa, Hans 116
Celan, Paul 65f., 94, 117
Ceram, C. W. (d.i. Kurt W. Marek) 205
Cechov, Anton 189
Charron, Pierre 33
Chrétien de Troyes 48
Churchill, Winston 174
Cicero, Marcus Tullius 59
Cixous, Helen 231
Claudius, Matthias 148, 174
Corneille, Pierre 118
Croce, Benedetto 129

Däubler, Theodor 145
Da Ponte, Lorenzo 48
Dauthendey, Max 118
Derrida, Jacques 210, 215, 222-224, 243
Deschamps, Eustache 147
Dilthey, Wilhelm 215
Dinzelbacher, Peter 216
Dirks, Walter 22
Döblin, Alfred 116, 127
Dos Passos, John 127, 172
Droste-Hülshoff, Annette von 116, 231
Droysen, Johann Gustav 201
Dülmen, Richard van 113
Dürrenmatt, Friedrich 190

Ebner-Eschenbach, Marie von 200
Eich, Günter 116, 191
Eichendorff, Joseph Freiherr von 123, 146, 220
Eicher, Thomas 20

Eimermacher, Karl 176
Eisenhardt, Thomas 29
Eke, Norbert Otto 123
Elias, Norbert 106, 121f.
Engels, Friedrich 105f., 108
Enzensberger, Hans Magnus 115, 148, 234
Euringer, Richard 116
Euripides 187

Fallada, Hans 117
Felman, Shoshana 231
Fielding, John 155
Fischart, Johann 116
Fischer, Ludwig 207
Fischer-Lichte, Erika 192
Flaubert, Gustave 73f., 89, 91, 240
Fleming, Paul 145
Fontane, Theodor 15, 36, 67, 111, 117, 127, 152, 169, 182, 220f., 225, 238
Forster, Georg 196
Foucault, Michel 210, 227f., 230, 243
Frank, Anne 195
Frank, Horst Joachim 138f., 143, 151, 175
Frank, Manfred 210, 215, 223, 242
Freiligrath, Ferdinand 116
Frenzel, Elisabeth 57, 119, 125
Frenzel, Herbert A. 119, 125
Freud, Sigmund 106, 224
Freytag, Gustav 186
Fromm, Erich 106

Gellert, Christian Fürchtegott 116, 146, 196, 202
Genette, Gérard 165, 176
George, Stefan 117, 145f., 220, 237
Gervinus, Georg Gottfried 114
Gessner, Salomon 117
Gesualdo, Don Carlo 146
Gide, André 127, 202
Glaser, Horst Albert 125

4. Personenregister

Gleim, Johann Wilhelm Ludwig 116f.
Gnüg, Hiltrud 231
Goethe, Johann Wolfgang von 14, 23f.,
  27, 33, 36f., 48, 50, 80, 83, 89, 92,
  94, 97, 104, 116, 123, 130, 132,
  140f., 144f., 148, 171-173, 178f.,
  183, 201f., 204, 216, 220, 225f.,
  234, 238
Götz, Johann Nikolaus 117
Gogol, Nicolaj Vasilevic 189
Gomringer, Eugen 149
Gottfried von Straßburg 48
Gottsched, Johann Christoph 92, 102-
  104, 108f., 116, 145, 184, 189
Gottsched, Luise Adelgunde 140
Grass, Günter 118, 152-154
Greimas, Algirdas J. 56
Grillparzer, Franz 116
Grimm, Jakob und Wilhelm 173
Grimmelshausen, Hans Jakob Christof-
  fel von 117, 171, 174
Grimminger, Rolf 125
Groeben, Norbert 225
Gryphius, Andreas 117, 146
Gumbrecht, Hans Ulrich 125
Günther, Johann Christian 122
Gutzkow, Karl Ferdinand 116

Haag, Agathe 29
Habekost, Engelbert 243
Hagedorn, Friedrich von 117, 146
Hahn, Barbara 231
Haller, Albrecht von 116, 194
Hamburger, Käte 137, 151
Handke, Peter 94, 116
Hanser, Carl 24
Harsdörffer, Georg Philipp 58, 117
Hartmann, Eduard von 133
Hauff, Wilhelm 37, 123
Hauptmann, Georg 117, 183, 189f.
Hawthorne, Jeremy 243
Haydn, Joseph 55
Hebbel, Christian Friedrich 15, 205

Hegel, Georg Wilhelm Friedrich 104f.,
  108, 110, 132, 136, 151, 215
Heine, Heinrich 10, 25, 28, 67, 83, 89,
  91, 96, 116, 140, 147f., 171, 178,
  202, 220f., 226
Henze, Hans Werner 190
Herder, Johann Gottfried 116, 136,
  147, 151, 194, 202, 205
Hermand, Jost 243
Herwegh, Georg 116
Hesse, Hermann 94
Heßelmann, Peter 70
Heym, Georg 146
Himburg, Christian Friedrich 23
Hinck, Walter 135
Hindemith, Paul 190
Hinderer, Walter 151
Hirsch, Rudolf 25
Hölderlin, Johann Christian Friedrich
  26, 31, 65, 92, 94, 116, 133, 140,
  142, 144f.
Hoffmann, E.T.A. 48, 116, 123, 155,
  173
Hofmann von Hofmannswaldau, Chri-
  stian 117, 122
Hofmannsthal, Hugo von 14, 25, 37,
  92, 94, 117, 141, 183, 190, 202,
  237
Hofmannswaldau s. Hofmann von
  Hofmannswaldau
Holz, Arno 117
Homer 171
Horaz 40, 47, 99, 102, 103, 108, 110,
  186, 188
Horkheimer, Max 220
Horváth, Ödön von 190
Huch, Ricarda 118
Humboldt, Alexander von 15, 104, 194,
  202
Humboldt, Wilhelm von 97, 202
Hutten, Ulrich von 117

Ibsen, Henrik 54

Meckel, Christoph 148
Menander von Athen 189
Mendelssohn, Moses 104
Metternich, Klemens Wenzel Fürst von
 96
Meyer, Conrad Ferdinand 92, 140
Meyer-Krentler, Eckhardt 30f.
Middelhauve, Friedrich 21f.
Möhrmann, Renate 231
Mörike, Eduard 116, 147
Molière (d.i. Poquelin, Jean-Baptiste)
 48, 118, 189
Mombert, Alfred 145
Mon, Franz 90
Monteverdi, Claudio 146
Moritz, Karl Philipp 59, 94, 104
Mozart, Wolfgang Amadeus 48
Mühsam, Erich 97
Müller, Günther 159
Mundt, Theodor 59

Napoleon I. 10, 12, 48, 196
Nestroy, Johann Nepomuk 15, 50, 190
Neubauer, Martin 135
Neumann, Winfried 243
Nicolai, Friedrich 104
Nietzsche, Friedrich 114, 196, 200, 226
Nossack, Hans Erich 116
Novalis (d.i. Friedrich von Hardenberg)
 24, 94, 116, 144

Olasz-Eke, Dagmar 123
O'Neill, Eugene 189
Opitz, Martin 102f., 108, 110, 117,
 145f., 151, 183

Pasolini, Picr Paolo 29
Petersen, Jürgen H. 165, 176
Petrarca 85, 132, 146
Pfister, Manfred 43, 45, 57, 192
Plachta, Bodo 32

Platen, August von 143f., 146f.
Plautus, Titus Maccius 189
Plumpe, Gerhard 110, 198f.
Pope, Alexander 33
Pyra, Immanuel Jakob 116

Quintilian, Marcus Fabius 59

Raabe, Wilhelm 127
Racine, Jean Baptiste 118
Raimund, Ferdinand 190
Ransmayr, Christoph 66, 116
Renner, Rolf Günther 243
Rilke, Rainer Maria 27f., 67, 83-85, 95,
 117, 145f., 169, 226
Rimbaud, Jean Nicolas Arthur 95
Rinser, Luise 116
Rinsum, Annemarie und Wolfgang van
 45
Röhring, Hans Helmut 32
Roth, Joseph 117
Roth, Simon 17
Rousseau, Jean-Jacques 214
Rückert, Friedrich 80, 146f.
Ruttkowski, Wolfgang Viktor 131, 135

Sachs, Hans 117
Sachs, Nelly 117
Salten, Felix 35
Sartre, Jean Paul 210
Saussure, Ferdinand de 221f.
Schaaf, Paul 22
Schaukal, Richard 116
Scherer, Wilhelm 219
Schiller, Friedrich von 15, 88, 91, 94,
 97f., 104, 108, 110, 116, 147f.,
 183, 199, 220, 239
Schlaf, Johannes 117
Schlegel, August Wilhelm von 146
Schlegel, Friedrich von 95, 200

Schleiermacher, Friedrich Ernst Daniel 195, 203, 213, 215
Schmid-Bortenschlager, Sigrid 29
Schnitzler, Arthur 117, 190
Schön, Erich 235
Schönau, Walter 45
Schönberg, Arnold 190
Schröder, Rudolf Alexander 144
Schubert, Franz 148
Schütz, Heinrich 146
Schuller, Marianne 231
Schumann, Robert 148
Schwitters, Kurt 117, 149, 151
Seneca, Lucius Annaeus d. J. 188
Sengle, Friedrich 131
Shaftesbury, Anthony Ashley Cooper, Earl of 47
Shakespeare, William 27, 42, 49, 104, 146, 183-185, 189
Shaw, George Bernhard 189
Sklovskij, Viktor 218
Sophokles 187
Sowinski, Bernhard 63f., 70
Staden, Hans 203
Staiger, Emil 133, 135
Stanzel, Franz K. 164-167, 175f.
Stein, Gertrude 201
Steinbrink, Bernd 63f., 70
Steinrücke, Margareta 240
Sterne, Laurence 155
Stiegler, Bernd 243
Stifter, Adalbert 66, 92, 117
Storm, Theodor 117
Strauß, Botho 116
Strauß, Richard 190
Strelka, Joseph 135
Strich, Fritz 215
Strindberg, August 186
Stückrath, Jörn 32, 70
Süßkind, Patrick 66
Susman, Margarete 136, 151
Terenz, Publius 189
Tersteegen, Gerhard 116
Theokrit 149

Thespis 187
Thoma, Ludwig 190
Thomasberger, Andreas 32
Tirso de Molina 48
Toller, Ernst 116
Trakl, Georg 117
Tucholsky, Kurt 96, 147, 220
Tynjanov, Jurij 218

Ueding, Gert 63f., 70
Uhland, Ludwig 64, 139, 146
Unger, Rudolf 215
Uspenskij, Boris 165, 175f.
Uz, Johann Peter 117

Valéry, Paul 202
Vergil, Publius 171
Vesper, Will 116
Villon, François 147
Völker, Ludwig 151
Vogt, Jochen 176
Voßkamp, Wilhelm 129, 135

Wagenknecht, Christian 87
Wagner, Richard 48, 190
Wall, Renate 231
Wallraff, Günter 97
Warren, Austin 129
Weber, Max 210f.
Wedekind, Frank 117
Weerth, Georg 116
Wehler, Hans-Ulrich 113
Weigel, Sigrid 231
Weill, Kurt 190
Weimar, Klaus 20
Weinheber, Josef 143-145
Weinsberg, Hermann von 201
Weissenberger, Klaus 207
Wellek, René 129
Wellershof, Dieter 117
Werfel, Franz 145

Weygand, Johann Friedrich 23
Wickram, Jörg 171
Wiegmann, Hermann 110
Wiemann, Volker 20
Wienbarg, Ludolf 116
Wilde, Oscar 202
Windfuhr, Manfred 25
Wittmann, Reinhard 32
Wolf, Christa 28
Wolff, Christian 103
Wondratschek, Wolf 191
Wundt, Wilhelm 133

Zeller, Hans 31
Zesen, Philipp von 149
Zima, Peter V. 110
Zinzendorf, Nikolaus Lukas Graf von
        116
Zweig, Stefan 201

5. Sachregister